长江经济带发展统计年鉴 2018

STATISTICAL YEARBOOK OF YANGTZE RIVER ECONOMIC BELT

长江经济带发展统计监测协调领导小组办公室 编

图书在版编目（CIP）数据

长江经济带发展统计年鉴. 2018 : 汉英对照 / 长江经济带发展统计监测协调领导小组办公室编. -- 北京 : 中国统计出版社, 2019.2
ISBN 978-7-5037-8765-2

Ⅰ. ①长… Ⅱ. ①长… Ⅲ. ①长江经济带－区域经济发展－研究报告－2018－汉、英 Ⅳ. ①F127.5

中国版本图书馆 CIP 数据核字(2018)第 289917 号

长江经济带发展统计年鉴-2018

作　　者/长江经济带发展统计监测协调领导小组办公室
责任编辑/李　冲
封面设计/李　静
出版发行/中国统计出版社
通信地址/北京市丰台区西三环南路甲 6 号　邮政编码/100073
电　　话/邮购（010）63376909　书店（010）68783171
网　　址/http://www.zgtjcbs.com/
印　　刷/河北鑫兆源印刷有限公司
经　　销/新华书店
开　　本/880mm×1230mm　1/16
字　　数/500 千字
印　　张/15.75　彩页 2
版　　别/2019 年 2 月第 1 版
版　　次/2019 年 2 月第 1 次印刷
定　　价/398.00 元

本书附同版本CD-ROM一张，光盘内容以书面文字为准。

如有印装错误，本社发行部负责调换。

《长江经济带发展统计年鉴-2018》

编委会和编辑人员

Statistical Yearbook of Yangtze River Economic Belt 2018

EDITORIAL BOARD AND EDITORIAL STAFF

编者说明

一、为全面贯彻落实习近平总书记关于推动长江经济带发展的系列重要批示指示精神和国家《长江经济带发展规划纲要》，更好地为推进长江经济带发展提供更加优质、高效、可靠的统计服务，国家统计局成立了“长江经济带发展统计监测协调领导小组办公室”。《长江经济带发展统计年鉴-2018》的编辑和出版，由国家统计局和湖北省统计局（轮值省市）牵头负责，上海、江苏、浙江、安徽、江西、湖南、重庆、四川、贵州、云南省（市）统计局10个成员单位共同协作完成。

二、《长江经济带发展统计年鉴-2018》是一本信息密集的资料工具书，通过大量数据，全面分析、记载和反映长江经济带2017年经济、社会、资源环境、科技、文化等方面的发展，具有信息量大、权威性强、适用性广等特点。

三、本年鉴正文内容分为三个部分26个篇章，即：长江经济带发展统计监测报告；综合；人口；国民经济核算；就业和工资；价格；人民生活；财政；资源和环境；能源；固定资产投资；对外经济贸易；农业；工业；建筑业；批发和零售业；运输、邮电和软件业；住宿、餐饮业和旅游；房地产；科学技术；教育；卫生和社会服务；文化和体育；社会保障；城市和区域发展；附录。

四、本年鉴所使用的度量衡单位均采用国际统一标准计量单位，并统一使用最新颁布实施的产品目录。

五、本年鉴中涉及到的历史数据，均以最新出版的本年鉴数据为准。

六、符号使用说明：年鉴各表中的“空格”表示该项统计指标数据不详或无该项数据；“#”表示其中的主要项；“*”或“①”表示本表下有注解。

Preface

Yangtze River Economic Belt (YREB) covers Shanghai, Jiangsu, Zhejiang, Anhui, Jiangxi, Hubei, Hunan, Chongqing, Sichuan, Guizhou and Yunnan, as total 11 administrative regions. *YREB Development Survey Group* is organized by the National Bureau of Statistics cooperating with these 11 relevant provincial bureau of statistics in order to support for the national development strategy of Yangtze River Economic Belt.

Statistical yearbook of Yangtze River Economic Belt 2018 was produced by *YREB Development Survey Group.* The National Bureau of Statistics and the Hubei Provincial Bureau of Statistics worked as executive editors, in coordination with the other 10 members of the group. This statistical yearbook records and presents the regional development in population, economy, society, resources and environment, science, technology, and culture, etc.

The Yearbook contains 3 parts:

Part I Development Report of Yangtze River Economic Belt.

Part II Statistics on general survey, population, national accounts, employment and wages, prices, people's living conditions, government finance, resources and environment, energy, investment in fixed assets, foreign trade and economic cooperation, agriculture, industry, construction, wholesale and retail trades, transport, postal and telecommunication services and software industry, hotels, catering services and tourism, real estate, science and technology, education, public health and social services, culture and sports, social security, urban and regional development.

Part III Overviews of these 11 administrative regions.

The units of measurement used in the Yearbook are internationally standard measurement units, and the newly published and implemented Product Categories are uniformly adopted.

Please refer to the Yearbook for updated historical data.

Notations used in the Yearbook: " "(blank space) indicates that the data are unknown, or are not available; "#" indicates a major breakdown of the total; and "*" or "①" indicates footnotes at the end of the table.

目　录
Contents

一、长江经济带发展统计监测报告

Development Report of Yangtze River Economic Belt

二、统计数据

Statistical Data

一、综合

General Survey

二、人口

Population

六、人民生活

People's Living Conditions

七、财政

Government Finance

八、资源与环境

Resources and Environment

九、能源

Energy

十、固定资产投资

Investment in Fixed Assets

十一、对外经济贸易

Foreign Trade and Economic Cooperation

十二、农业

Agriculture

二十二、文化和体育

Culture and Sports

三、附录
Appendix

1

长江经济带发展统计监测报告

Development Report of Yangtze River Economic Belt

共建长江经济带　共享发展新机遇

——长江经济带发展统计监测报告

长江是中华民族的母亲河，是中华民族发展的重要支撑，也是我国拥有独特生态系统的生态宝库。推动长江经济带发展是新时代党中央作出的重大战略决策，是关系国家发展全局的重大战略。近年来，上海、江苏、浙江、安徽、江西、湖北、湖南、重庆、四川、贵州、云南等11省市依托黄金水道，以生态引领发展、以改革激发活力、以创新增强动力，积极推动供给侧结构性改革，推进长江经济带全面开发开放、科学发展。长江经济带发展统计数据显示，当前长江流域经济社会持续发展，综合实力稳步提升，成为承载我国经济社会发展的重要战略支撑带。

一、长江经济带是我国发展的重要支撑带

长江经济带横贯我国东中西三大区域，覆盖11省市，地域面积约205万平方公里，以占全国21%的区域面积承载着全国43%的人口和44%的经济总量，是我国密度最高的经济走廊之一，也是目前世界上可开发规模最大、影响范围最广的内河流域经济带，在我国发展总体格局中具有举足轻重的地位。长江经济带覆盖多个经济大省，产业实力雄厚。产业发展体系完善，汇集了我国钢铁、汽车、电子、石化、高端装备等现代工业，具有雄厚的产业创新能力、配套能力、物流供应体系和广阔的市场辐射空间。同时，拥有较为完备的基础设施和辐射带动内地发展的功能，水域干支流网络密集，港口众多，长江干线2800多公里航道全部达到三级及三级以上航道标准，自2005年以来，货运量连续10多年位居全球内河第一，是我国最重要、最发达的内河航运系统。沿线分布多条大小河流、湖泊和湿地，拥有全国40%的可利用淡水资源，不仅哺育了沿江5亿多人民，还通过南水北调工程惠及华北地区上亿人口。

二、长江经济带发展的新形势与新格局

11省市积极贯彻落实中央部署，启动并推进长江经济带建设，生态、交通、产业一体化初见成效，逐步形成优势互补、互利共赢、协调发展的新形势、新格局。

（一）修复生态改善环境，推动形成绿色发展方式

1. 环保力度不断加大。长江经济带11省市严格落实习近平总书记对长江经济带“共抓大保护、不搞大开发”的要求，把修复长江生态环境摆在压倒性位置，积极开展了生态环境专项行动及生态环境综合治理，环保力度不断加大。11省市重点开展了推进“共抓大保护”突出问题专项检查、非法码头和非法采砂专项整治行动、沿江化工污染整治等三项专项行动，坚持推动绿色发展变革，呈现出经济增长与质量、结构、效益相得益彰的良好局面。

2. 环境质量持续改善。长江经济带环境持续改善，实现“天蓝、水清、地绿、景美”。长江经济带湿地面积[1] 11542.3千公顷，占全国的21.5%；森林覆盖率[2]达48.1%，比2015年提高6.6个百分点，其中，江西、浙江两省森林覆盖率分别达到63.1%和61.2%，湖南、云南、贵州3省森林覆盖率也都超过50%；11省市地级及以上城市空气质量优良以上天数比例平均约为81.6%，其中云南空气质量最高，空气质量优良率高达98.2%，贵州空气质量优良率为96.5%，浙江、江西、湖南、重庆、四川5省市空气质量优良率均超过80%；长江流域监测断面的Ⅰ～III类水质比例从2012年的85.3%上升到2017年的89.2%，提升了3.9个百分点，其中贵州省达到94.7%，上海市达到90%；万元GDP用水量由2012年的107立方米/万元，下降至2016年的76立方米/万元，下降了29.0%。

3. 绿色发展走在前列。在2016年生态文明建设年度评价结果中显示，浙江、上海、重庆、湖北、湖南、江苏、云南等长江经济带7个省市位居全国前十，绿色发展处在全国领先地位。2017年，长江经济带11个省市单位GDP能耗降低率平均为5.31%，单位水耗降低率平均为8.5%。一般工业固体废物综合利用率也取得较大幅度提升，上海、江苏、浙江3个省市均达到93%以上。

（二）基础设施建设加快，互联互通加速成网

1. 基础设施投资建设成绩斐然。2017年，长江经济带累计完成固定资产投资291701亿元，增长9.7%，占全国投资总量的45.5%，为经济高质量发展打下了坚实的基础。黄金水道建设加快推进，水利、生态、公共设施等领域投资不断加强，着重围绕解决长江下游卡脖子、中游梗阻、上游瓶颈和支流不畅问题。如江西省在水利、环境和公共设施管理业投资2544.7亿元，增长27.0%，江苏省着力解决水道问题，开展全国最大的内河水运工程长江南京以下12.5米深水航道二期基建疏浚工程。

2. 交通运输能力持续增强。2017年，长江经济带交通运输结构布局持续改善，运输能力大幅增强。区域内铁路及城市轨道里程达到3.95万公里，区域内高速公路里程5.36万公里，内河航道里程9.03万公里，比2015年分别增加3176公里、5510公里、3295公里，高速公路里程占全国的39.3%，内河航道里程占全国的71.1%。长江经济带客货运量约占据全国半壁江山，2017年完成货物运输量204.5亿吨，占全国比重43.3%；2017年完成客运量90.30亿人，占全国比重50.3%。

3. 通信网络蓬勃发展。2017年，长江经济带省份实现邮政业务总量4645.9亿元，电信业务总量11671.6亿元，长江经济带各省份电信业务总量保持较快增速，除上海市电信业务总量增速为40.3%以外，其他各省

[1] 湿地面积为中国第二次湿地调查（2009-2013）资料。
[2] 部分地区森林覆盖率为最新一次的森林资源清查数据。

增速均超过 60%，其中贵州省电信业务总量增速高达 146.2%；互联网宽带接入用户总量达 15546.8 万户，比 2016 年增长 17.4%。

（三）经济实力不断增强，开放水平持续提升

1. 经济总量持续扩大，综合实力稳步提升。2017 年，全国各省地区生产总值排序中，江苏、浙江、四川、湖北、湖南分别位居第 2、第 4、第 6、第 7、第 9，前十的省份中长江经济带占据半壁江山。2012-2017 年，长江经济带地区生产总值由 23.59 万亿元增加到 37.10 万亿元，年均增长 8.6%。2017 年长江经济带地区经济总量占全国经济总量的 43.8%，较 2016 年提高 0.6 个百分点。在 2017 年中国经济增速最高的十大省市中，长江经济带占了 7 个，其中贵州 10.2%，云南 9.5%，重庆 9.3%。在经济总量稳步增长的同时，人均地区生产总值也快速增加。2017 年，长江经济带人均 GDP 达到 62542 元，比全国人均高 3341 元。长江经济带有 5 个省市超过全国平均水平，比 2012 年多 2 个。人均 GDP 最高省市与最低省市相比，从 2012 年的 4.33∶1 下降到 2017 年的 3.7∶1。

2. 财政收入持续增长，地方实力不断增强。2017 年长江经济带地方一般公共预算收入达 41014 亿元，比 2012 年增加 14722 亿元。2017 年长江经济带各省市地方一般公共预算收入超过 3 千亿元的有 5 个，分别是上海、江苏、浙江、湖北和四川，其中江苏省以 8171.5 亿元的地方一般公共预算收入，位列全国第 2。2017 年，长江经济带地方一般公共预算支出达到 7.4 万亿元，比 2012 年增长 64.9%。

3. 全方位对外开放格局逐步扩大。2017 年，长江经济带 11 省市实现货物进出口总额 121331 亿元，占全国的比重达 43.6%，比 2016 年提高 1.1 个百分点；出口总额 71644 亿元，占全国比重达 46.7%，提高了 1.1 个百分点；进口总额 49686 亿元，占全国比重达 39.8%，提高了 1.4 个百分点。对外投资额达 401.14 亿美元，占全国比重 33.4%；入境旅游人数 5372.77 万人，占全国的 38.5%，国际旅游收入 286.2 亿美元，占全国的 25.0%。

（四）经济结构持续变革，新旧动能转换加速推进

1. 农业产业基础稳固。长江经济带是我国重要农业生产核心区。2017 年，长江经济带耕地保有量 44909 千公顷，占全国耕地总面积的 1/3，农业产值占全国农业总产值的 41.2%，比 2012 年提高 2.3 个百分点，粮食产量达 24107 万吨，比 2012 年增加 1738 万吨。成都平原、江汉平原、洞庭湖区、鄱阳湖区、巢湖地区、杭嘉湖和太湖地区都是中国重要的粮食产区。

2. 工业供给逐步改善。长江经济带是我国最重要的工业走廊，工业发展不断向中高端迈进，在近几年推进供给侧结构性改革中，各省市积极实施《中国制造 2025》，推动支柱产业集群升级换代，发展壮大新兴产业，逾 20 种工业产品的产量占全国比重超过 40%。2017 年长江经济带家用电冰箱占比达 67.6%，比 2012 年提高 2.7 个百分点。汽车产量占比 45.7%，比 2012 年提高 2.1 个百分点。移动通信手持机占比达 29.6%，比 2012 年提高 17.5 个百分点。

3. 服务业贡献稳步提升。2017 年，长江经济带服务业发展总体情况良好，总量规模不断提高，产业结构稳步升级。自 2012 年以来，长江经济带地区经济结构中，第一、二产业比重不断降低，第三产业比重持续上升。2017 年长江经济带三次产业结构为 7.2∶42.3∶50.5，与 2012 年比较，第三产业比重上升 8.7 个百分点。服务业层次提升，现代服务业迅猛发展，新动能新业态加快成长，以网上购物、网络约车、网上订餐等为代表的新业态蓬勃兴起。2017 年末，长江经济带各类市场主体总户数达到 4029.66 万家，占全国的 41.1%。网上零售额 34563.3 亿元，占全国的 48.2%。

（五）区域结构重塑，增长极增长带蓄势崛起

1. 城镇化水平提高。长江经济带人口城镇化加速发展，城镇化步伐加快，城镇化空间格局不断优化。2017 年，长江经济带城镇化率为 58.29%，有 5 个省市人口城镇化水平高于全国(58.52%)。从高到低依次是上海市 (87.70%)、江苏省 (68.76%)、浙江省(68.00%)、重庆市 (64.08%)和湖北省(59.30%)。从城镇化发展阶段来看，上海城镇化率处于较高水平，已进入城市化发展后期阶段。

2. “一轴、两翼、三极、多点”态势初见雏形。2017 年，长三角地区生产总值占全国 19.3%，在长江经济带中发挥了引领和带动作用。长江中游城市群是以武汉、长沙、南昌这三个省会城市为中心，覆盖中国中部 4 省 31 市的特大型城市群，2017 年，长江中游城市群的地区生产总值达到 7.9 万亿元，创造了全国 9.6%的经济总量。成渝城市群是西部大开发的重要平台，是长江经济带的战略支撑。2017 年成渝城市群的区域生产总值达到 4.76 万亿元，位居西部第 1 位。

（六）着力共享发展，民生保障焕发新面貌

1. 居民收入高于全国水平。2017 年，长江经济带居民可支配收入总体均有较大幅度的增长，11 省市城镇居民人均可支配收入比 2016 年平均增长 8.5%，农村居民人均可支配收入平均增长 8.9%，均高于全国城乡居民收入平均增速。2017 年长江经济带城乡居民收入比为 2.74∶1。

2. 公共服务更加完善。教育事业稳步推进，2017 年长江经济带 11 省市共有普通高等学校 1131 所，普通本专科在校学生 1173.5 万人；卫生事业力量增强，长江经济带 11 省市城市每千人卫生技术人员超过全国平均水平的有 5 个，农村每千人卫生技术人员超过全国平均水平的有 6 个，城市每千人注册护士超过全国平均水平的有 7 个，农村每千人注册护士超过全国平均水平的有 6 个，卫生事业发展走在前列。

三、长江经济带高质量发展面临的挑战

（一）生态保护有待提质

近年来，沿江各地在生态环境保护方面做了大量的工作，成效显著，但由于历史问题，面临的生态环境形势仍然较严峻。目前，长江依然承载着大量的污染物排放基数，承担了全国 43%的废水和 35%的二氧化硫排放，沿线规模以上的排污口有 6000 多个。沿江产业项目密布，全国 30%的石化产业、40%的水泥产业都布局在长江沿线，仅石化、化工、医药三大行业，就有企业 12 万家之多。沿江部分地区城镇建设规划不合理，挤占了江河湖泊生态空间，导致出现湿地面积缩减、生物多样性减少等问题。

（二）区域发展有待平衡

沿江各地区区域之间经济发展质效存在明显差异，区域中心城市群对外围腹地带动力不足，沿江各省市之间 GDP 的最大差距是 6.3 倍，城镇化率最大相差了 42 个百分点。区域合作上“各自为战”，沿江各省

市在制定经济发展规划和产业布局规划时没有“一盘棋”考虑，自身发展考虑的多，协同发展政策支持少。要素流动上“重重壁垒”，各省市之间存在的跨区域性基础设施互联互通、流域统筹管理、商品流通统一市场、人口流动等资源要素流动壁垒依然没有有效破解，部分地区仍有阻碍要素合理流动的地方性政策法规和市场壁垒。

（三）动能转换有待增效

整体上看，长江经济带呈现传统产业多新兴产业少、低端产业多高端产业少、资源型产业多高附加值产业少、劳动密集型产业多资本科技密集型产业少的特点，新旧动能转换和产业结构转型升级任务依然艰巨。地区之间存在产业重复性建设现象，产业同构化带来了同质化竞争，未形成高效的产业联动。据统计，沿江 11 省市中将电子信息列为主导产业的有 9 个，汽车、石化、装备制造列为主导产业的有 6 个。

四、推动长江经济带高质量发展的几点建议

（一）永葆绿色，生态更加优美

从中华民族长远利益考虑，推动长江经济带高质量发展，按照习近平总书记提出的“共抓大保护，不搞大开发”要求，走生态优先、绿色发展之路，使绿水青山产生巨大效益，使母亲河永葆生机活力。促进长江生态环境更加协调优美，强化环境污染联防联控和流域生态环境综合治理，建成上中下游相协调、人与自然和谐共生的绿色生态廊道；建立负面清单制度，依靠最严格制度和最严密法治保护生态环境；推动区域绿色循环低碳发展，完善资源环境价格机制，加快传统产业绿色化改造，形成节约资源和保护环境的产业结构和生活方式；将生态文明理念全面融入城市建设，建成长江中游资源节约型、环境友好型社会生态示范，打造世界级城市群生态体系。

（二）创新驱动，经济更加协调

加快传统产业升级改造，形成聚集度高、国际竞争力强的现代产业走廊。推动石油化工、钢铁、建材、船舶等传统高能耗高污染产业改造升级。推动长江经济带新旧动能转换，通过产业创新和集聚，形成以国内市场一体化为依托，以流域集聚联系为载体的产业集群。推动绿色产业全面“开花结果”，发挥长江经济带生态资源优势，融入全球绿色产业创新链，成为全国绿色产业前沿创新的领导者。

（三）有机融合，市场更加统一

建立协调发展体制机制，实施统一的市场准入制度和标准，实现区域间质量、资质互认，基础设施共建共享。全面简政放权，清理阻碍要素合理流动的地方性政策法规，清除市场壁垒。创新区域互动合作机制。进一步加强长江上中下游地区在生态环境保护、基础设施互联互通、产业协同发展和市场一体化建设等领域的区域合作。建立公共服务协调机制。促进公共文化协同发展，弘扬长江特色文化，加强对历史文化名城、非物质文化遗产协同保护；完善区域社会保障体系，实现社会保险关系在长江经济带内的转移接续，建立社会保险参保信息共享机制。

（四）联通动脉，交通更加顺畅

全面推进长江综合立体交通走廊建设。加快形成长三角城市群、长江中游城市群、成渝城市群三大城市群轨道交通网络骨架，以长江黄金水道为主轴，以综合交通运输大通道为支撑，加快建设沿江高速铁路和国家高速公路，保持长江干线航道畅通高效。以沿江重要港口为枢纽，统筹推进水运、铁路、公路、航空、油气管网集疏运体系建设，形成网络化、标准化、智能化的综合立体交通走廊，强化与“一带一路”的联接，推动沿江全方位开放新格局。

撰　稿：文静　张满迪

2

统计数据

Statistical Data

一、综　合　General Survey

1-1　行政区划（2017年底）
Divisions of Administrative Areas (End of 2017)

单位：个　　(unit)

省级区划名称	Provinces, Autonomous Regions and Municipalities	地级区划数 Number of Regions at Prefecture Level	#地级市 Cities at Pre-fecture Level	县级区划数 Number of Regions at County Level	#市辖区 Districts under the Jurisdiction of Cities	#县级市 Cities at County Level	#县 Counties
全　国	**National Total**	**334**	**294**	**2851**	**962**	**363**	**1355**
上　海	Shanghai			16	16		
江　苏	Jiangsu	13	13	96	55	21	20
浙　江	Zhejiang	11	11	89	37	19	32
安　徽	Anhui	16	16	105	44	6	55
江　西	Jiangxi	11	11	100	25	11	64
湖　北	Hubei	13	12	103	39	24	37
湖　南	Hunan	14	13	122	35	17	63
重　庆	Chongqing			38	26		8
四　川	Sichuan	21	18	183	53	17	109
贵　州	Guizhou	9	6	88	15	8	53
云　南	Yunnan	16	8	129	16	15	69

1-1 续表 continued

单位：个 (unit)

省级区划名称	Provinces, Autonomous Regions and Municipalities	#自治县 Auto-nomous Counties	乡镇级区划数 Number of Regions at Townships Level	#镇 Towns	#乡级 Towns	#街道 Street Commu-nities
全　国	**National Total**	**117**	**39888**	**21116**	**10529**	**8241**
上　海	Shanghai		214	107	2	105
江　苏	Jiangsu		1284	758	68	458
浙　江	Zhejiang	1	1378	641	274	463
安　徽	Anhui		1486	965	275	246
江　西	Jiangxi		1561	825	579	157
湖　北	Hubei	2	1234	761	165	308
湖　南	Hunan	7	1927	1134	398	395
重　庆	Chongqing	4	1030	626	182	222
四　川	Sichuan	4	4610	2196	2064	350
贵　州	Guizhou	11	1379	839	317	223
云　南	Yunnan	29	1398	682	543	173

1-2　按主要行业分法人单位数（2017年底）
Number of Legal Entities by Sector(End of 2017)

单位：个　　　　(unit)

地区	Region	合计 Total	农、林、牧、渔业 Agriculture, Forestry, Animal Husbandry and Fishery	采矿业 Mining	制造业 Manufacturing	电力、热力、燃气及水生产和供应业 Production and Supply of Electricity, Heat, Gas and Water	建筑业 Construction	批发和零售业 Wholesale and Retail Trades
全　国	**National Total**	**22009092**	**1926771**	**108900**	**3483617**	**120736**	**1045232**	**6252424**
上　海	Shanghai	484495	6755	2	83847	210	18642	165868
江　苏	Jiangsu	2356034	69105	796	553654	5821	144859	723353
浙　江	Zhejiang	1792465	71386	1308	473283	6483	57301	536211
安　徽	Anhui	872865	113629	2716	124605	5449	53227	230282
江　西	Jiangxi	573013	69269	4354	79759	7228	32400	134553
湖　北	Hubei	943502	98049	4771	100481	5910	60677	248575
湖　南	Hunan	685025	76768	7413	75769	7490	28509	161068
重　庆	Chongqing	598575	111669	2655	64767	2616	17869	166014
四　川	Sichuan	629919	78902	4893	62199	6233	25065	116118
贵　州	Guizhou	447650	100143	8003	50398	2610	19090	94259
云　南	Yunnan	579001	109423	7568	32978	3521	26555	166569

1-2 续表 1 continued

单位：个 (unit)

地 区	Region	交通运输、仓储和邮政业 Transport, Storage and Post	住宿和餐饮业 Hotels and Catering Services	信息传输、软件和信息技术服务业 Information Transmission, Software and Information Technology	金融业 Financial Intermediation	房地产业 Real Estate	租赁和商务服务业 Leasing and Business Services	科学研究和技术服务业 Scientific Research and Technical Services
全 国	**National Total**	**540994**	**378974**	**719150**	**135068**	**642893**	**2242096**	**1035170**
上 海	Shanghai	17210	14306	18695	2802	18050	66973	25077
江 苏	Jiangsu	63567	25098	87155	8306	60782	246030	142157
浙 江	Zhejiang	31988	24856	76660	10786	41415	206460	67948
安 徽	Anhui	23453	15319	30019	5452	24983	90744	32816
江 西	Jiangxi	17798	7560	18582	3509	14987	59671	15488
湖 北	Hubei	25551	17027	40205	4944	31630	109524	43452
湖 南	Hunan	13482	12954	22548	3570	19686	62762	28849
重 庆	Chongqing	11134	29331	19167	2976	15666	54829	15457
四 川	Sichuan	13760	13068	16198	3550	17947	52470	25808
贵 州	Guizhou	7698	16341	8080	2535	11711	34597	9234
云 南	Yunnan	11046	14873	17568	4385	14489	54745	18964

1-2 续表 2 continued

单位：个 (unit)

地 区	Region	水利、环境和公共设施管理业 Management of Water Conservancy, Environment and Public Facilities	居民服务、修理和其他服务业 Service to Households, Repair and Other Services	教育 Education	卫生和社会工作 Health and Social Service	文化、体育和娱乐业 Culture, Sports and Entertainment	公共管理、社会保障和社会组织 Public Management, Social Security and Social Organization
全 国	**National Total**	**146295**	**420667**	**517739**	**286858**	**414973**	**1590535**
上 海	Shanghai	2210	13114	6101	3407	8172	13054
江 苏	Jiangsu	11929	41767	29119	23266	37550	81720
浙 江	Zhejiang	9869	23451	27584	11551	30861	83064
安 徽	Anhui	6811	19115	18901	10105	18125	47114
江 西	Jiangxi	4145	10760	16699	10627	9369	56255
湖 北	Hubei	7940	19963	23317	13545	16360	71581
湖 南	Hunan	6036	14930	23726	16501	19582	83382
重 庆	Chongqing	3728	16103	14573	6915	13588	29518
四 川	Sichuan	5200	11354	28633	17699	17780	113042
贵 州	Guizhou	3123	12186	13557	5522	8782	39781
云 南	Yunnan	4194	14686	12641	5956	12425	46415

1-3 按三次产业和机构类型分法人单位数(2017年)

Number of Legal Entities by Three Strata of Industry and Type of Institutions (2017)

单位：个 (unit)

地 区	Region	法人单位数 Number of Legal Entities	按三次产业分 Grouped by Three Strata of Industry		
			第一产业 Primary Industry	第二产业 Secondary Industry	第三产业 Tertiary Industry
全 国	**National Total**	**22009092**	**1670774**	**4731349**	**15606969**
上 海	Shanghai	484495	6375	101788	376332
江 苏	Jiangsu	2356034	49738	702204	1604092
浙 江	Zhejiang	1792465	65778	536493	1190194
安 徽	Anhui	872865	93247	185151	594467
江 西	Jiangxi	573013	60700	123257	389056
湖 北	Hubei	943502	85154	170969	687379
湖 南	Hunan	685025	60149	118652	506224
重 庆	Chongqing	598575	105628	87381	405566
四 川	Sichuan	629919	71812	97894	460213
贵 州	Guizhou	447650	97661	79790	270199
云 南	Yunnan	579001	103864	70301	404836

1-3 续表 continued

单位：个 (unit)

地 区	Region	按机构类型分 By Type of Institutions				
		企业法人 Business Entity	事业法人 Institution Entity	机关法人 Government Entity	社会团体 Social Organization	其他 Others
全 国	**National Total**	**18097682**	**814716**	**255360**	**299248**	**2542086**
上 海	Shanghai	453393	7735	1676	3268	18423
江 苏	Jiangsu	2148335	39479	10474	31021	126725
浙 江	Zhejiang	1599310	32297	8262	21289	131307
安 徽	Anhui	727017	22036	9278	9267	105267
江 西	Jiangxi	439890	32792	9746	9721	80864
湖 北	Hubei	751526	40514	9921	14693	126848
湖 南	Hunan	502984	42006	12686	9830	117519
重 庆	Chongqing	520514	17847	4227	7117	48870
四 川	Sichuan	401716	58571	18546	18547	132539
贵 州	Guizhou	342972	21416	7346	5809	70107
云 南	Yunnan	457374	22241	11415	11123	76848

1-4 按登记注册类型分企业法人单位数(2017年)
Number of Business Entities by Status of Registration (2017)

单位：个 (unit)

地区	Region	企业单位数 Number of Enterprises	内资企业 Domestic Funded Enterprises	#国有企业 State-owned Enterprises	#集体企业 Collective-owned Enterprises	#股份合作企业 Cooperative Enterprises	#联营 Joint Ownership
全国	**National Total**	**18097682**	**17830471**	**133223**	**155641**	**62350**	**16550**
上海	Shanghai	453393	417803	2679	5927	1897	603
江苏	Jiangsu	2148335	2110538	8045	11809	3054	992
浙江	Zhejiang	1599310	1573737	3100	10792	8528	304
安徽	Anhui	727017	724092	5422	4390	1905	923
江西	Jiangxi	439890	437291	4906	2532	1795	571
湖北	Hubei	751526	746546	6908	5441	960	394
湖南	Hunan	502984	500848	4462	4218	994	481
重庆	Chongqing	520514	518047	2007	2328	1017	239
四川	Sichuan	401716	399471	3956	3773	2184	561
贵州	Guizhou	342972	342339	3761	2776	963	477
云南	Yunnan	457374	455346	3738	4827	682	184

1-4 续表 continued

单位：个 (unit)

地 区	Region	#有限责任公司 Limited Liability Corporations	#股份有限公司 Share-holding Corporations Ltd.	#私营 Private	港、澳、台商投资企业 Enterprises with Funds from Hong Kong, Macao and Taiwan	外商投资企业 Enterprises with Foreign Investment
全 国	**National Total**	**2368950**	**151259**	**14368860**	**130214**	**136997**
上 海	Shanghai	35531	2386	366776	13542	22048
江 苏	Jiangsu	118480	10324	1918712	15840	21957
浙 江	Zhejiang	62931	5531	1476631	11461	14112
安 徽	Anhui	97282	7140	565122	1214	1711
江 西	Jiangxi	91991	6897	298909	1706	893
湖 北	Hubei	87314	4768	620232	2065	2915
湖 南	Hunan	68485	7394	382288	1214	922
重 庆	Chongqing	26963	2941	467991	1166	1301
四 川	Sichuan	89306	7579	269875	950	1295
贵 州	Guizhou	45636	2653	272765	345	288
云 南	Yunnan	27509	2796	405613	791	1237

二、人口 Population

2-1 年末人口数 Population at Year-end

单位：万人 (10 000 persons)

地 区	Region	2006	2007	2008	2009	2010	2011	2012	2013	2014	2015	2016	2017
全 国	**National Total**	**131448**	**132129**	**132802**	**133450**	**134091**	**134735**	**135404**	**136072**	**136782**	**137462**	**138271**	**139008**
上 海	Shanghai	1964	2064	2141	2210	2303	2347	2380	2415	2426	2415	2420	2418
江 苏	Jiangsu	7656	7723	7762	7810	7869	7899	7920	7939	7960	7976	7999	8029
浙 江	Zhejiang	5072	5155	5212	5276	5447	5463	5477	5498	5508	5539	5590	5657
安 徽	Anhui	6110	6118	6135	6131	5957	5968	5988	6030	6083	6144	6196	6255
江 西	Jiangxi	4339	4368	4400	4432	4462	4488	4504	4522	4542	4566	4592	4622
湖 北	Hubei	5693	5699	5711	5720	5728	5758	5779	5799	5816	5852	5885	5902
湖 南	Hunan	6342	6355	6380	6406	6570	6596	6639	6691	6737	6783	6822	6860
重 庆	Chongqing	2808	2816	2839	2859	2885	2919	2945	2970	2991	3017	3048	3075
四 川	Sichuan	8169	8127	8138	8185	8045	8050	8076	8107	8140	8204	8262	8302
贵 州	Guizhou	3690	3632	3596	3537	3479	3469	3484	3502	3508	3530	3555	3580
云 南	Yunnan	4483	4514	4543	4571	4602	4631	4659	4687	4714	4742	4771	4801

2-2 年末城镇人口比重
Proportion of Urban Population at Year-end

单位：%　　(%)

地 区	Region	2009	2010	2011	2012	2013	2014	2015	2016	2017
全 国	**National Total**	**48.34**	**49.95**	**51.27**	**52.57**	**53.73**	**54.77**	**56.10**	**57.35**	**58.52**
上 海	Shanghai	88.60	89.30	89.30	89.30	89.60	89.60	87.60	87.90	87.70
江 苏	Jiangsu	55.60	60.58	61.90	63.00	64.11	65.21	66.52	67.72	68.76
浙 江	Zhejiang	57.90	61.62	62.30	63.20	64.00	64.87	65.80	67.00	68.00
安 徽	Anhui	42.10	43.01	44.80	46.50	47.86	49.15	50.50	51.99	53.49
江 西	Jiangxi	43.18	44.06	45.70	47.51	48.87	50.22	51.62	53.10	54.60
湖 北	Hubei	46.00	49.70	51.83	53.50	54.51	55.67	56.85	58.10	59.30
湖 南	Hunan	43.20	43.30	45.10	46.65	47.96	49.28	50.89	52.75	54.62
重 庆	Chongqing	51.59	53.02	55.02	56.98	58.34	59.60	60.94	62.60	64.08
四 川	Sichuan	38.70	40.18	41.83	43.53	44.90	46.30	47.69	49.21	50.79
贵 州	Guizhou	29.89	33.81	34.96	36.41	37.83	40.01	42.01	44.15	46.02
云 南	Yunnan	34.00	34.70	36.80	39.31	40.48	41.73	43.33	45.03	46.69

2-3 人口的城乡构成和出生率、死亡率、自然增长率(2017年)

Total Population by Urban and Rural Residence and Birth Rate, Death Rate, Natural Growth Rate(2017)

地 区	Region	总人口(年末)(万人) Total Population (year-end) (10 000 persons)	城镇人口 Urban Population		乡村人口 Rural Population		出生率(‰) Birth Rate (‰)	死亡率(‰) Death Rate (‰)	自然增长率(‰) Natural Growth Rate (‰)
			人口数 Population	比重 (%) Proportion	人口数 Population	比重 (%) Proportion			
全 国	**National Total**	**139008**	**81347**	**58.52**	**57661**	**41.48**	**12.43**	**7.11**	**5.32**
上 海	Shanghai	2418	2121	87.70	297	12.30	8.10	5.30	2.80
江 苏	Jiangsu	8029	5521	68.76	2508	31.24	9.71	7.03	2.68
浙 江	Zhejiang	5657	3847	68.00	1810	32.00	11.92	5.56	6.36
安 徽	Anhui	6255	3346	53.49	2909	46.51	14.07	5.90	8.17
江 西	Jiangxi	4622	2524	54.60	2098	45.40	13.79	6.08	7.71
湖 北	Hubei	5902	3500	59.30	2402	40.70	12.60	7.01	5.59
湖 南	Hunan	6860	3747	54.62	3113	45.38	13.27	7.08	6.19
重 庆	Chongqing	3075	1971	64.08	1105	35.92	11.18	7.27	3.91
四 川	Sichuan	8302	4217	50.79	4085	49.21	11.26	7.03	4.23
贵 州	Guizhou	3580	1648	46.02	1932	53.98	13.98	6.88	7.10
云 南	Yunnan	4801	2241	46.69	2559	53.31	13.53	6.68	6.85

注：1.本表数据根据2017年全国人口变动情况抽样调查数据推算。全国总人口根据抽样误差和调查误差进行了修正，分地区人口未作修正。

2.全国总人口包括现役军人数，分地区数字中未包括。

Notes:a) Data in the table are estimates from the 2017 National Sample Survey on Population Changes. The national total population was adjusted on the basis of sampling errors and survey errors. Similar adjustments were not made to regional figures.

b) The military personnel were included in the national total population, but were not included in the population by region.

2-4 户数、人口数、性别比和户规模（2017年）
Household, Population, Sex Ratio and Household Size (2017)

本表是2017年全国人口变动情况抽样调查样本数据，抽样比为0.824‰。
Data in this table are obtained from the 2017 National Sample Survey on Population Changes.The sampling fraction in 0.824‰.

地 区	Region	户数（户） Number of Households (household)	家庭户 Family Household	集体户 Collective Household	人口数（人） Population (person)	男 Male	女 Female	性别比 (女=100) Sex Ratio (Female=100)
全 国	**National Total**	**375187**	**367273**	**7915**	**1145246**	**586072**	**559174**	**104.81**
上 海	Shanghai	7906	7729	177	19826	10085	9740	103.54
江 苏	Jiangsu	21275	20575	699	66100	33542	32558	103.02
浙 江	Zhejiang	17686	17238	448	46573	24550	22023	111.48
安 徽	Anhui	16213	16110	103	51658	26449	25209	104.92
江 西	Jiangxi	10689	10658	32	38163	19840	18323	108.28
湖 北	Hubei	15946	15270	676	48684	25090	23594	106.34
湖 南	Hunan	17346	17011	335	56647	28560	28087	101.68
重 庆	Chongqing	9099	9044	55	25337	12641	12696	99.57
四 川	Sichuan	23096	22756	340	68609	34633	33976	101.93
贵 州	Guizhou	8704	8630	75	29612	15323	14290	107.23
云 南	Yunnan	11090	10831	259	39709	20564	19145	107.41

2-4 续表 continued

地 区	Region	家庭户人口数(人) Family Household Population (person)	男 Male	女 Female	集体户人口数(人) Collective Household Population (person)	男 Male	女 Female	平均家庭户规模(人/户) Average Family Size (person/household)
全 国	**National Total**	**1114610**	**570037**	**544573**	**30636**	**16035**	**14600**	**3.03**
上 海	Shanghai	19269	9718	9551	557	367	189	2.49
江 苏	Jiangsu	63536	32217	31319	2564	1325	1239	3.09
浙 江	Zhejiang	45157	23464	21693	1416	1086	330	2.62
安 徽	Anhui	51204	26087	25118	454	363	91	3.18
江 西	Jiangxi	37992	19740	18252	171	100	71	3.56
湖 北	Hubei	46089	23490	22599	2595	1600	994	3.02
湖 南	Hunan	54555	27678	26878	2092	882	1209	3.21
重 庆	Chongqing	25142	12553	12589	196	89	107	2.78
四 川	Sichuan	67106	33777	33328	1504	856	648	2.95
贵 州	Guizhou	29372	15198	14175	240	125	115	3.40
云 南	Yunnan	38260	19661	18599	1449	902	547	3.53

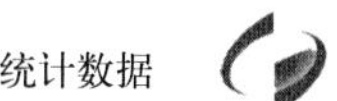

2-5 人口年龄构成和抚养比(2017年)
Age Composition and Dependency Ratio of Population (2017)

本表是2017年全国人口变动情况抽样调查样本数据，抽样比为0.824‰。
Data in this table are obtained from the 2017 National Sample Survey on Population Changes. The sampling fraction is 0.824‰.

地 区	Region	人口数 (人) Population (person)	0-14岁 Aged 0-14	15-64岁 Aged 15-64	65岁及以上 Aged 65 and Over	总抚养比 (%) Gross Dependency Ratio	少年儿童抚养比 Children Dependency	老年人口抚养比 Old Dependency
全 国	**National Total**	**1145246**	**192353**	**822465**	**130428**	**39.25**	**23.39**	**15.86**
上 海	Shanghai	19826	1972	15026	2827	31.94	13.12	18.82
江 苏	Jiangsu	66100	8889	48002	9210	37.70	18.52	19.19
浙 江	Zhejiang	46573	5669	35092	5812	32.72	16.15	16.56
安 徽	Anhui	51658	9867	35079	6713	47.26	28.13	19.14
江 西	Jiangxi	38163	8245	26196	3723	45.69	31.47	14.21
湖 北	Hubei	48684	7701	35028	5955	38.99	21.99	17.00
湖 南	Hunan	56647	10427	39325	6895	44.05	26.51	17.53
重 庆	Chongqing	25337	4154	17566	3618	44.24	23.65	20.60
四 川	Sichuan	68609	10860	48192	9557	42.37	22.53	19.83
贵 州	Guizhou	29612	6305	20362	2946	45.43	30.97	14.47
云 南	Yunnan	39709	7518	28855	3336	37.62	26.06	11.56

三、国民经济核算 National Accounts

3-1 地区生产总值（2017年）
Gross Regional Product (2017)

单位：亿元 (100 million yuan)

地区	Region	地区生产总值 Gross Regional Product	三次产业增加值 Value-Added by Three Strata of Industry			分行业增加值 Value-Added by Sector			
			第一产业 Primary Industry	第二产业 Secondary Industry	第三产业 Tertiary Industry	农林牧渔业 Agriculture, Forestry, Animal Husbandry and Fishery	工业 Industry	建筑业 Construction	批发和零售业 Wholesale and Retail Trades
上海	Shanghai	30632.99	110.78	9330.67	21191.54	115.10	8392.84	970.79	4393.36
江苏	Jiangsu	85869.76	4045.16	38654.87	43169.73	4314.53	34013.60	4651.75	8070.23
浙江	Zhejiang	51768.26	1933.92	22232.08	27602.26	1972.84	19474.48	2845.48	6217.29
安徽	Anhui	27018.00	2582.27	12838.28	11597.45	2706.74	10916.31	1943.56	1910.47
江西	Jiangxi	20006.31	1835.26	9627.98	8543.07	1898.49	7789.59	1838.95	1415.12
湖北	Hubei	35478.09	3528.96	15441.75	16507.38	3690.30	13060.08	2459.68	2682.21
湖南	Hunan	33902.96	2998.40	14145.49	16759.07	3165.28	11879.94	2278.65	2666.71
重庆	Chongqing	19424.73	1276.09	8584.61	9564.03	1300.33	6587.08	1997.53	1595.88
四川	Sichuan	36980.22	4262.35	14328.13	18389.74	4365.11	11576.16	2838.35	2574.15
贵州	Guizhou	13540.83	2032.27	5428.14	6080.42	2139.97	4260.48	1169.47	812.74
云南	Yunnan	16376.34	2338.37	6204.97	7833.00	2388.55	4089.37	2123.68	1567.79

注：表中数据根据第三次全国农业普查结果进行修订。
a) Data in this table are adjusted based on the results of the Third National Agriculture Census.

3-1 续表 1 continued

单位：亿元 (100 million yuan)

地 区	Region	分行业增加值 Value-Added by Sector					人均地区生产总值(元) Per Capita Gross Regional Product (yuan)	
		交通运输、仓储和邮政业 Transport, Storage and Post	住宿和餐饮业 Hotels and Catering Services	金融业 Financial Intermediation	房地产业 Real Estate	其 他 Others		第一产业 Primary Industry
上 海	Shanghai	1344.54	412.33	5330.54	1873.05	7800.44	126634	0.4
江 苏	Jiangsu	3097.67	1406.82	6783.87	5016.54	18514.75	107150	4.7
浙 江	Zhejiang	1938.17	1218.51	3533.05	3222.54	11345.90	92057	3.7
安 徽	Anhui	875.38	500.57	1663.59	1390.48	5110.90	43401	9.6
江 西	Jiangxi	866.30	465.58	1107.12	890.55	3734.61	43424	9.2
湖 北	Hubei	1420.01	814.18	2640.86	1642.98	7067.79	60199	9.9
湖 南	Hunan	1496.01	705.38	1610.31	1019.35	9081.33	49558	8.8
重 庆	Chongqing	939.46	424.78	1813.73	1048.25	3717.69	63442	6.6
四 川	Sichuan	1595.80	1023.46	3203.27	2039.83	7764.09	44651	11.5
贵 州	Guizhou	1070.22	439.19	787.88	283.05	2577.83	37956	15.0
云 南	Yunnan	366.59	523.58	1194.67	345.50	3776.61	34221	14.3

3-1 续表 2 continued

单位：亿元 (100 million yuan)

地 区	Region	构成(地区生产总值=100) Composition(GRP=100)		指数(上年=100) Indices (preceding year=100)				
		第二产业 Secondary Industry	第三产业 Tertiary Industry	地区生产总值 Gross Regional Product	第一产业 Primary Industry	第二产业 Secondary Industry	第三产业 Tertiary Industry	人均地区生产总值 Per Capita Gross Regional Product
上 海	Shanghai	30.5	69.2	106.9	99.2	105.8	107.5	106.8
江 苏	Jiangsu	45.0	50.3	107.2	100.4	106.5	108.5	106.8
浙 江	Zhejiang	42.9	53.3	107.8	102.7	106.6	109.2	106.6
安 徽	Anhui	47.5	42.9	108.5	104.1	108.2	109.9	107.5
江 西	Jiangxi	48.1	42.7	108.8	104.4	108.2	110.5	108.1
湖 北	Hubei	43.5	46.5	107.8	103.7	107.1	109.5	107.3
湖 南	Hunan	41.7	49.4	108.0	103.6	106.7	110.3	107.4
重 庆	Chongqing	44.2	49.2	109.3	104.0	109.3	109.9	108.2
四 川	Sichuan	38.7	49.7	108.1	103.8	107.5	109.8	107.5
贵 州	Guizhou	40.1	44.9	110.2	106.3	110.1	111.5	109.4
云 南	Yunnan	37.9	47.8	109.5	106.1	110.7	109.5	108.8

3-2 最终消费支出及构成（2017年）
Final Consumption Expenditure and Its Composition(2017)

本表按当年价格计算。
Data in value terms in this table are calculated at current prices.

地区	Region	最终消费支出(亿元) Final Consumption Expenditures (100 million yuan)					最终消费支出=100 Final Consumption Expenditures=100		居民消费支出=100 Household Consumption Expenditures=100	
			居民消费支出 Household Consumption	城镇居民 Urban Household	农村居民 Rural Household	政府消费支出 Government Consumption	居民消费支出 Household Consumption	政府消费支出 Government Consumption	城镇居民 Urban Household	农村居民 Rural Household
上海	Shanghai	17551.0	12970.1	12214.0	756.2	4580.9	73.9	26.1	94.2	5.8
江苏	Jiangsu	43020.8	31892.4	25082.7	6809.7	11128.4	74.1	25.9	78.6	21.4
浙江	Zhejiang	25479.0	19036.3	14702.1	4334.2	6442.7	74.7	25.3	77.2	22.8
安徽	Anhui	13498.9	10670.4	7843.3	2827.1	2828.5	79.0	21.0	73.5	26.5
江西	Jiangxi	10223.2	7965.7	5412.5	2553.2	2257.5	77.9	22.1	67.9	32.1
湖北	Hubei	17171.8	12754.5	9728.5	3026.0	4417.3	74.3	25.7	76.3	23.7
湖南	Hunan	18076.0	13283.9	9639.0	3644.9	4792.1	73.5	26.5	72.6	27.4
重庆	Chongqing	9290.6	7019.7	5838.4	1181.3	2270.9	75.6	24.4	83.2	16.8
四川	Sichuan	19365.7	14841.2	9518.1	5323.1	4524.5	76.6	23.4	64.1	35.9
贵州	Guizhou	7506.4	5832.6	3897.4	1935.2	1673.8	77.7	22.3	66.8	33.2
云南	Yunnan	10506.1	7599.8	5265.0	2334.8	2906.3	72.3	27.7	69.3	30.7

3-3 居民消费水平(2017年)
Household Consumption Expenditure(2017)

本表绝对数按当年价格计算，指数按不变价格计算。
Level in this table are calculated at current prices, while indices are calculated at constant prices.

地 区	Region	绝对数(元) Level(yuan)			城乡消费水平对比(农村居民=1) Urban/Rural Consumption Ratio (Rural Household=1)	指数（上年=100） Index(Preceding Year=100)		
		全体居民 All Households	城镇居民 Urban Household	农村居民 Rural Household		全体居民 All Households	城镇居民 Urban Household	农村居民 Rural Household
上 海	Shanghai	53617	57507	25622	2.2	107.3	107.2	107.6
江 苏	Jiangsu	39796	45865	26755	1.7	109.3	107.7	112.2
浙 江	Zhejiang	33851	38730	23717	1.6	107.2	107.3	104.8
安 徽	Anhui	17141	23888	9610	2.5	108.1	105.6	109.7
江 西	Jiangxi	17290	21815	12009	1.8	108.2	105.2	111.8
湖 北	Hubei	21642	28121	12432	2.3	109.4	107.0	113.2
湖 南	Hunan	19418	26244	11504	2.3	108.0	106.2	107.0
重 庆	Chongqing	22927	30101	10527	2.9	108.6	106.4	110.9
四 川	Sichuan	17920	22983	12856	1.8	108.6	105.8	110.9
贵 州	Guizhou	16349	24230	9879	2.5	112.2	109.4	111.9
云 南	Yunnan	15831	23490	9123	2.6	106.8	102.5	108.3

四、就业和工资 Employment and Wages

4-1 按行业分城镇非私营单位就业人员数(2017年底)

Number of Employed Persons in Urban Non-Private Units by Sector(End of 2017)

单位: 万人 (10 000 persons)

地区	Region	合计 Total	农、林、牧、渔业 Agriculture, Forestry, Animal Husbandry and Fishery	采矿业 Mining	制造业 Manufacturing	电力、热力、燃气及水生产和供应业 Production and Supply of Electricity, Heat, Gas and Water	建筑业 Construction	批发和零售业 Wholesale and Retail Trades
全 国	**National Total**	**17643.8**	**255.4**	**455.4**	**4635.5**	**377.0**	**2643.2**	**842.8**
上 海	Shanghai	632.3	2.8	0.1	172.1	4.1	31.3	80.1
江 苏	Jiangsu	1484.6	5.1	7.3	543.2	14.8	407.0	53.9
浙 江	Zhejiang	1054.5	0.5	0.5	315.0	12.3	288.3	38.3
安 徽	Anhui	516.2	3.8	20.3	119.8	10.2	93.3	22.7
江 西	Jiangxi	463.5	4.3	4.6	131.0	9.2	87.7	17.8
湖 北	Hubei	695.0	10.3	5.5	168.4	15.7	133.8	39.1
湖 南	Hunan	565.7	2.5	7.1	109.0	15.7	110.2	19.3
重 庆	Chongqing	406.4	1.2	4.1	83.8	6.5	97.7	19.5
四 川	Sichuan	792.2	2.5	17.0	147.3	22.1	145.5	30.2
贵 州	Guizhou	315.2	1.0	13.0	39.1	9.1	45.2	12.7
云 南	Yunnan	422.4	5.8	12.3	64.5	10.3	73.7	23.4

4-1 续表 1 continued

单位: 万人 (10 000 persons)

地 区	Region	交通运输、仓储和邮政业 Transport, Storage and Post	住宿和餐饮业 Hotels and Catering Services	信息传输、软件和信息技术服务业 Information Transmission, Software and Information Technology	金融业 Financial Intermediation	房地产业 Real Estate	租赁和商务服务业 Leasing and Business Services	科学研究和技术服务业 Scientific Research and Technical Services
全 国	**National Total**	**843.9**	**265.9**	**395.4**	**688.8**	**444.8**	**522.6**	**420.4**
上 海	Shanghai	51.1	25.5	30.7	34.2	26.7	55.4	24.6
江 苏	Jiangsu	48.1	16.6	27.9	40.3	23.0	30.2	22.0
浙 江	Zhejiang	31.8	14.0	23.0	48.5	21.6	30.2	19.0
安 徽	Anhui	24.2	5.4	8.2	23.7	11.2	7.4	8.9
江 西	Jiangxi	20.5	4.2	6.3	13.3	7.1	6.5	6.2
湖 北	Hubei	35.4	9.4	12.7	21.5	16.2	11.0	15.4
湖 南	Hunan	23.4	6.8	6.9	26.7	12.7	10.3	11.4
重 庆	Chongqing	27.0	6.1	4.8	14.4	13.9	13.3	8.2
四 川	Sichuan	38.9	9.3	20.1	31.7	21.5	16.8	21.9
贵 州	Guizhou	12.2	2.9	3.8	9.2	9.6	7.2	7.2
云 南	Yunnan	17.9	8.1	5.2	10.5	12.4	11.2	10.4

4-1 续表 2 continued

单位：万人 (10 000 persons)

地 区	Region	水利、环境和公共设施管理业 Management of Water Conservancy, Environment and Public Facilities	居民服务、修理和其他服务业 Services to Households, Repair and Other Services	教 育 Education	卫生和社会工作 Health and Social Service	文化、体育和娱乐业 Culture, Sports and Entertainment	公共管理、社会保障和社会组织 Public Management, Social Security and Social Organization
全 国	**National Total**	**268.5**	**78.2**	**1730.4**	**897.9**	**152.2**	**1725.6**
上 海	Shanghai	8.7	7.5	30.8	19.1	6.4	21.2
江 苏	Jiangsu	14.9	3.5	94.0	51.2	8.0	73.6
浙 江	Zhejiang	10.3	2.6	74.3	46.0	6.7	71.7
安 徽	Anhui	7.0	1.0	63.6	31.5	3.2	51.0
江 西	Jiangxi	7.7	1.1	53.4	25.9	3.4	53.4
湖 北	Hubei	11.2	1.5	71.4	44.3	7.2	65.1
湖 南	Hunan	7.3	1.5	66.9	40.3	5.7	81.7
重 庆	Chongqing	6.8	1.4	41.7	20.3	3.2	32.6
四 川	Sichuan	12.7	2.7	96.0	51.4	6.3	98.2
贵 州	Guizhou	5.3	1.7	54.4	22.7	2.4	56.5
云 南	Yunnan	7.0	2.2	59.4	27.3	3.7	57.3

4-2 城镇非私营单位就业人员工资总额和指数（2017年）
Total Wage Bill of Employed Persons in Urban Non-Private Units and Related Indices(2017)

地区	Region	工资总额（亿元） Total Wage Bill(100 million yuan)				指数（上年=100） Indices(preceding year=100)			
		合计 Total	国有单位 State-owned Units	城镇集体单位 Urban Collective-owned Units	其他单位 Units of Other Types of Ownership	合计 Total	国有单位 State-owned Units	城镇集体单位 Urban Collective-owned Units	其他单位 Units of Other Types of Ownership
全国	**National Total**	**129889.1**	**48884.1**	**2215.6**	**78789.3**	**108.2**	**109.9**	**97.7**	**107.4**
上海	Shanghai	8258.9	1201.0	91.3	6966.5	108.6	104.2	103.9	109.5
江苏	Jiangsu	11433.4	2857.1	195.8	8380.5	108.0	111.2	96.1	107.3
浙江	Zhejiang	8319.1	2670.8	84.6	5563.7	108.4	112.6	100.8	106.6
安徽	Anhui	3323.7	1383.8	73.9	1866.0	110.3	110.3	102.4	110.7
江西	Jiangxi	2799.5	1329.1	55.5	1414.9	107.2	111.2	90.2	104.5
湖北	Hubei	4505.9	1980.8	57.2	2467.9	107.0	109.9	103.2	104.9
湖南	Hunan	3541.6	1692.6	73.7	1775.3	108.5	109.2	94.5	108.6
重庆	Chongqing	2834.1	1060.8	38.9	1734.3	106.3	112.7	91.6	103.2
四川	Sichuan	5387.3	2722.3	122.4	2542.6	108.9	110.7	91.3	108.0
贵州	Guizhou	2235.5	1321.5	34.6	879.5	110.5	107.4	104.9	115.8
云南	Yunnan	2869.3	1639.4	63.5	1166.3	115.2	118.2	102.3	111.9

4-3 城镇非私营单位就业人员平均工资和指数（2017年）
Average Wage of Employed Persons in Urban Non-Private Units and Related Indices(2017)

地 区	Region	平均工资(元) Average Wage (yuan)				
		合 计 Total	#在岗职工 Staff and Workers	国有单位 State-owned Units	城镇集体单位 Urban Collective-owned Units	其他单位 Units of Other Types of Ownership
全 国	**National Total**	**74318**	**76121**	**81114**	**55243**	**71304**
上 海	Shanghai	129795	130765	123411	74669	132255
江 苏	Jiangsu	78267	79741	102328	71426	72609
浙 江	Zhejiang	80750	82642	122415	59286	69739
安 徽	Anhui	65150	67927	75733	56758	59346
江 西	Jiangxi	61429	63069	72845	51556	53899
湖 北	Hubei	65912	67736	75299	47563	60408
湖 南	Hunan	63690	65994	73061	44047	57702
重 庆	Chongqing	70889	73272	90342	53701	63040
四 川	Sichuan	69419	71631	80321	55115	61279
贵 州	Guizhou	71795	75109	79177	79044	62775
云 南	Yunnan	69106	73515	89448	70108	52336

4-3 续表 1 continued

地区	Region	平均货币工资指数(上年=100) Indices of Average Wage(preceding year=100)				
		合计 Total	#在岗职工 Staff and Workers	国有单位 State-owned Units	城镇集体单位 Urban Collective-owned Units	其他单位 Units of Other Types of Ownership
全国	**National Total**	**110.0**	**110.3**	**111.8**	**109.3**	**108.8**
上海	Shanghai	108.2	108.5	108.9	110.8	107.9
江苏	Jiangsu	109.4	109.7	114.7	113.1	107.7
浙江	Zhejiang	110.1	110.7	112.2	103.9	108.8
安徽	Anhui	110.2	110.8	114.4	111.3	107.8
江西	Jiangxi	109.4	109.7	112.3	102.4	106.9
湖北	Hubei	110.2	110.8	113.4	111.0	107.7
湖南	Hunan	109.4	109.7	113.5	105.8	106.2
重庆	Chongqing	108.2	108.7	113.5	107.9	104.9
四川	Sichuan	108.6	108.9	110.1	105.6	107.1
贵州	Guizhou	108.3	107.8	109.6	113.2	107.6
云南	Yunnan	114.3	115.7	120.0	113.2	108.5

4-3 续表 2 continued

地 区	Region	平均实际工资指数(上年=100) Indices of Average Real Wage(preceding year=100)				
		合 计 Total	#在岗职工 Staff and Workers	国 有 单 位 State-owned Units	城镇集体 单 位 Urban Collective-owned Units	其 他 单 位 Units of Other Types of Ownership
全 国	**National Total**	**108.2**	**108.5**	**110.0**	**107.5**	**107.0**
上 海	Shanghai	106.4	106.7	107.0	109.0	106.1
江 苏	Jiangsu	107.5	107.9	112.8	111.2	105.9
浙 江	Zhejiang	108.3	108.9	110.4	102.2	107.0
安 徽	Anhui	108.4	109.0	112.5	109.5	106.0
江 西	Jiangxi	107.6	107.9	110.4	100.7	105.1
湖 北	Hubei	108.3	109.0	111.5	109.2	105.9
湖 南	Hunan	107.5	107.9	111.6	104.1	104.4
重 庆	Chongqing	106.3	106.9	111.6	106.1	103.1
四 川	Sichuan	106.8	107.1	108.2	103.9	105.3
贵 州	Guizhou	106.5	106.0	107.8	111.3	105.8
云 南	Yunnan	112.4	113.7	118.0	111.3	106.7

4-4 城镇登记失业人员及失业率
Registered Unemployed Persons and Unemployment Rate in Urban Area

地 区	Region	失业人员（万人） Unemployed Persons (10 000 persons)							失业率（%） Unemployment Rate (%)						
		1990	2005	2010	2014	2015	2016	2017	1990	2005	2010	2014	2015	2016	2017
上 海	Shanghai	7.7	27.5	27.6	25.6	24.8	24.3	22.1	1.5		4.4	4.1	4.0	4.1	3.9
江 苏	Jiangsu	22.5	41.6	40.6	36.6	36.0	35.2	34.7	2.4	3.6	3.2	3.0	3.0	3.0	3.0
浙 江	Zhejiang	11.2	29.0	31.1	33.1	33.7	33.9	33.8	2.2	3.7	3.2	3.0	2.9	2.9	2.7
安 徽	Anhui	15.2	27.8	26.9	31.5	30.9	30.4	29.0	2.8	4.4	3.7	3.2	3.1	3.2	2.9
江 西	Jiangxi	10.3	22.8	26.3	29.4	29.9	31.3	32.3	2.4	3.5	3.3	3.3	3.4	3.4	3.3
湖 北	Hubei	12.7	52.6	55.7	37.9	33.4	32.9	37.1	1.7	4.3	4.2	3.1	2.6	2.4	2.6
湖 南	Hunan	15.9	41.9	43.2	47.3	45.1	44.9	44.5	2.7	4.3	4.2	4.1	4.1	4.2	4.0
重 庆	Chongqing	8.8	16.9	13.0	13.4	14.3	15.7	14.3	2.9	4.1	3.9	3.5	3.6	3.7	3.4
四 川	Sichuan	38.0	34.3	34.6	54.4	54.6	56.3	55.8	3.7	4.6	4.1	4.2	4.1	4.2	4.0
贵 州	Guizhou	10.7	12.1	12.2	14.1	14.5	14.8	14.9	4.1	4.2	3.6	3.3	3.3	3.2	3.2
云 南	Yunnan	7.8	13.0	15.7	19.2	19.5	20.1	19.8	2.5	4.2	4.2	4.0	4.0	3.6	3.2

五、价格 Prices

5-1 居民消费价格指数和商品零售价格指数（2017年）
Consumer Price Indices and Retail Price Indices(2017)

(上年=100) (preceding year=100)

地区	Region	居民消费价格 Consumer Price Index			商品零售价格 Retail Price Index		
		总指数 General	城市 Urban Household	农村 Rural Household	总指数 General	城市 Urban Household	农村 Rural Household
全国	**National Total**	**101.6**	**101.7**	**101.3**	**101.1**	**101.1**	**101.3**
上海	Shanghai	101.7	101.7		100.9	100.9	
江苏	Jiangsu	101.7	101.8	101.5	101.9	101.9	102.2
浙江	Zhejiang	102.1	102.1	102.0	101.4	101.3	101.7
安徽	Anhui	101.2	101.3	101.1	101.7	101.7	101.3
江西	Jiangxi	102.0	102.0	101.9	101.0	101.0	101.0
湖北	Hubei	101.5	101.7	101.2	100.3	100.2	100.9
湖南	Hunan	101.4	101.6	101.1	101.3	101.2	101.4
重庆	Chongqing	101.0	101.0		100.8	100.8	
四川	Sichuan	101.4	101.7	100.8	100.5	100.4	100.8
贵州	Guizhou	100.9	101.1	100.6	100.9	101.0	100.5
云南	Yunnan	100.9	100.8	101.3	101.3	101.2	101.6

5-2 农产品生产价格指数
Producer Price Indices for Farm Products

(上年=100) (preceding year=100)

地 区	Region	2016				
		总指数 General Index	种植业产品 Planting Products	林业产品 Forestry Products	畜牧业产品 Animal Husbandry Products	渔业产品 Fishery Products
全 国	**National Total**	**103.4**	**97.0**	**96.1**	**110.4**	**103.4**
上 海	Shanghai	106.6	105.3	104.4	110.1	106.4
江 苏	Jiangsu	104.0	99.2	98.5	108.8	106.7
浙 江	Zhejiang	104.5	101.5	101.7	110.2	105.8
安 徽	Anhui	101.0	97.6	94.9	109.4	101.3
江 西	Jiangxi	104.1	99.1	97.9	113.6	103.2
湖 北	Hubei	106.2	100.9	99.6	117.5	106.9
湖 南	Hunan	104.7	96.2	93.0	115.9	103.1
重 庆	Chongqing	109.8	104.4	107.3	114.8	104.2
四 川	Sichuan	105.6	101.3	99.0	109.8	101.4
贵 州	Guizhou	108.7	101.9	102.1	114.3	101.0
云 南	Yunnan	103.9	101.1	87.3	110.2	102.5

5-2 续表 continued

(上年=100) (preceding year=100)

地 区	Region	2017				
		总指数 General Index	种植业产品 Planting Products	林业产品 Forestry Products	畜牧业产品 Animal Husbandry Products	渔业产品 Fishery Products
全 国	**National Total**	**96.5**	**99.5**	**104.9**	**90.8**	**104.9**
上 海	Shanghai	98.4	95.6	101.3	91.0	115.6
江 苏	Jiangsu	97.9	101.5	99.5	91.2	102.6
浙 江	Zhejiang	99.1	99.8	99.1	89.0	105.0
安 徽	Anhui	98.4	102.5	96.6	88.7	101.2
江 西	Jiangxi	97.3	101.1	98.4	87.9	106.1
湖 北	Hubei	99.3	103.5	103.1	87.0	106.9
湖 南	Hunan	98.0	107.4	91.9	86.6	102.8
重 庆	Chongqing	96.8	102.8	99.3	91.3	104.1
四 川	Sichuan	97.8	102.6	103.7	93.3	101.7
贵 州	Guizhou	96.7	101.3	100.9	92.9	100.9
云 南	Yunnan	98.7	102.6	104.7	90.5	103.5

5-3 工业生产者出厂价格指数
Producer Price Indices for Industrial Products

(上年=100) (preceding year=100)

地 区	Region	2010	2011	2012	2013	2014	2015	2016	2017
全 国	**National Total**	**105.5**	**106.0**	**98.3**	**98.1**	**98.1**	**94.8**	**98.6**	**106.3**
上 海	Shanghai	102.3	102.9	98.4	98.2	98.9	96.1	98.8	103.5
江 苏	Jiangsu	107.3	106.2	97.1	98.0	98.3	95.3	98.1	104.8
浙 江	Zhejiang	106.2	105.0	97.3	98.2	98.8	96.4	98.3	104.8
安 徽	Anhui	109.0	108.3	98.3	98.2	97.4	93.9	98.5	108.0
江 西	Jiangxi	115.3	111.3	96.5	98.5	97.8	93.7	98.6	107.9
湖 北	Hubei	104.9	106.6	100.3	99.2	98.4	96.7	99.0	105.6
湖 南	Hunan	106.9	108.5	99.1	98.5	98.4	96.3	98.9	105.8
重 庆	Chongqing	103.1	103.8	99.9	98.0	98.3	97.2	98.6	104.1
四 川	Sichuan	105.0	107.3	98.6	98.7	98.7	96.4	98.9	106.5
贵 州	Guizhou	104.7	105.4	101.0	97.4	98.3	96.1	97.9	107.2
云 南	Yunnan	108.8	104.7	97.9	97.5	97.8	94.9	97.6	105.2

5-4 固定资产投资价格指数
Price Indices for Investment in Fixed Assets

(上年=100) (preceding year=100)

地 区	Region	2016				2017			
		固定资产投资 Investment in Fixed Assets	建筑安装工程 Construction and Installation	设备工器具购置 Purchase of Equipment and Instruments	其他费用 Others	固定资产投资 Investment in Fixed Assets	建筑安装工程 Construction and Installation	设备工器具购置 Purchase of Equipment and Instruments	其他费用 Others
全 国	**National Total**	**99.4**	**99.4**	**98.9**	**100.5**	**105.8**	**108.0**	**100.6**	**101.0**
上 海	Shanghai	99.6	99.3	99.7	100.2	106.7	110.9	100.2	100.9
江 苏	Jiangsu	98.8	98.3	98.7	102.1	107.6	112.9	100.6	102.1
浙 江	Zhejiang	99.5	99.3	98.9	100.5	105.8	109.3	100.7	101.2
安 徽	Anhui	99.2	99.3	98.5	100.2	107.4	109.9	100.6	100.8
江 西	Jiangxi	100.0	100.3	98.7	100.5	106.1	108.6	100.8	100.7
湖 北	Hubei	100.1	100.2	99.1	100.7	105.9	108.0	100.8	101.9
湖 南	Hunan	100.4	100.7	99.4	100.7	105.7	107.7	100.0	100.6
重 庆	Chongqing	98.9	98.5	98.8	100.6	105.3	106.9	100.6	100.4
四 川	Sichuan	99.8	100.1	98.9	99.8	107.7	112.3	101.3	100.3
贵 州	Guizhou	98.6	98.3	99.2	100.9	106.1	107.3	100.7	100.7
云 南	Yunnan	100.1	100.1	98.6	101.0	104.9	105.8	101.4	100.6

六、人民生活 People's Living Conditions

6-1 居民人均可支配收入
Per Capita Disposable Income of Households

单位：元 (yuan)

地 区	Region	2013	2014	2015	2016	2017
全 国	**National Total**	**18310.8**	**20167.1**	**21966.2**	**23821.0**	**25973.8**
长江经济带	Yangtze River Economic Belt	18691.8	20613.4	22501.3	24471.7	26766.8
上 海	Shanghai	42173.6	45965.8	49867.2	54305.3	58988.0
江 苏	Jiangsu	24775.5	27172.8	29538.9	32070.1	35024.1
浙 江	Zhejiang	29775.0	32657.6	35537.1	38529.0	42045.7
安 徽	Anhui	15154.3	16795.5	18362.6	19998.1	21863.3
江 西	Jiangxi	15099.7	16734.2	18437.1	20109.6	22031.4
湖 北	Hubei	16472.5	18283.2	20025.6	21786.6	23757.2
湖 南	Hunan	16004.9	17621.7	19317.5	21114.8	23102.7
重 庆	Chongqing	16568.7	18351.9	20110.1	22034.1	24153.0
四 川	Sichuan	14231.0	15749.0	17221.0	18808.3	20579.8
贵 州	Guizhou	11083.1	12371.1	13696.6	15121.1	16703.6
云 南	Yunnan	12577.9	13772.2	15222.6	16719.9	18348.3

6-2 居民人均可支配收入来源(2017年)

Per Capita Disposable Income of Households by Sources(2017)

单位：元 (yuan)

地 区	Region	可支配收 入 Disposable Income	工资性收入 Income from Wages and Salaries	经营净收入 Net Business Income	财产净收入 Net Income from Properties	转移净收入 Net Income from Transfers
全 国	**National Total**	**25973.8**	**14620.3**	**4501.8**	**2107.4**	**4744.3**
上 海	Shanghai	58988.0	34365.4	1532.6	9030.1	14059.9
江 苏	Jiangsu	35024.1	20399.2	4994.2	3238.6	6392.1
浙 江	Zhejiang	42045.7	24137.3	7123.4	4741.6	6043.4
安 徽	Anhui	21863.3	11920.9	4878.9	1227.7	3835.8
江 西	Jiangxi	22031.4	12553.1	3760.9	1397.0	4320.4
湖 北	Hubei	23757.2	11830.6	5157.3	1501.9	5267.4
湖 南	Hunan	23102.7	11836.6	4483.5	1626.8	5155.7
重 庆	Chongqing	24153.0	12603.8	4016.7	1525.5	6007.0
四 川	Sichuan	20579.8	10013.6	4263.7	1362.9	4939.6
贵 州	Guizhou	16703.6	8642.8	3842.1	903.3	3315.5
云 南	Yunnan	18348.3	8468.1	4771.0	1850.9	3258.3

6-3 居民人均消费支出
Per Capita Consumption Expenditure of Households

单位：元 (yuan)

地　区	Region	2013	2014	2015	2016	2017
全　国	**National Total**	**13220.4**	**14491.4**	**15712.4**	**17110.7**	**18322.1**
长江经济带	Yangtze River Economic Belt	13476.2	14820.4	16084.4	17485.4	18788.1
上　海	Shanghai	30399.9	33064.8	34783.6	37458.3	39791.9
江　苏	Jiangsu	17925.8	19163.6	20555.6	22129.9	23468.6
浙　江	Zhejiang	20610.1	22552.0	24116.9	25526.6	27079.1
安　徽	Anhui	10544.1	11727.0	12840.1	14711.5	15751.7
江　西	Jiangxi	10052.8	11088.9	12403.4	13258.6	14459.0
湖　北	Hubei	11760.8	12928.3	14316.5	15888.7	16937.6
湖　南	Hunan	11945.9	13288.7	14267.3	15750.5	17160.4
重　庆	Chongqing	12600.2	13810.6	15139.5	16384.8	17898.1
四　川	Sichuan	11054.7	12368.4	13632.1	14838.5	16179.9
贵　州	Guizhou	8288.0	9303.4	10413.8	11931.6	12969.6
云　南	Yunnan	8823.8	9869.5	11005.4	11768.8	12658.1

6-4 居民人均消费支出(2017年)
Per Capita Consumption Expenditure of Households (2017)

单位：元 (yuan)

地 区	Region	消费支出 Consumption Expenditure	食品烟酒 Food, Tobacco and Liquor	衣着 Clothing	居住 Residence	生活用品及服务 Household Facilities Articles and Services	交通通信 Transport and Communi-cations	教育文化娱乐 Education, Culture and Recreation	医疗保健 Health Care and Medical Services	其他用品及服务 Miscellaneous Goods and Services
全 国	**National Total**	**18322.1**	**5373.6**	**1237.6**	**4106.9**	**1120.7**	**2498.9**	**2086.2**	**1451.2**	**447.0**
上 海	Shanghai	39791.9	10005.9	1733.4	13708.7	1824.9	4057.7	4685.9	2602.1	1173.3
江 苏	Jiangsu	23468.6	6524.8	1505.9	5586.2	1443.5	3496.4	2747.6	1510.9	653.3
浙 江	Zhejiang	27079.1	7750.8	1585.9	6992.9	1345.8	4306.5	2844.9	1696.1	556.1
安 徽	Anhui	15751.7	5143.4	1037.5	3397.6	890.8	2102.3	1700.5	1135.9	343.8
江 西	Jiangxi	14459.0	4626.1	1005.8	3552.2	859.9	1600.7	1606.8	877.8	329.7
湖 北	Hubei	16937.6	5098.4	1131.7	3699.0	1025.9	1795.7	1930.4	1838.3	418.2
湖 南	Hunan	17160.4	5003.6	1086.1	3428.9	1054.0	2042.6	2805.1	1424.0	316.1
重 庆	Chongqing	17898.1	5943.5	1394.8	3140.9	1245.5	2310.3	1993.0	1471.9	398.1
四 川	Sichuan	16179.9	5632.2	1152.7	2946.8	1062.9	2200.0	1468.2	1320.2	396.8
贵 州	Guizhou	12969.6	3954.0	863.4	2670.3	802.4	1781.6	1783.3	851.2	263.5
云 南	Yunnan	12658.1	3838.4	651.3	2471.1	742.0	2033.4	1573.7	1125.3	223.0

6-5 居民平均每百户年末主要耐用消费品拥有量(2017年)
Main Durable Goods Owned Per 100 Households at Year-end (2017)

地 区	Region	家用汽车 (辆) Automobile (unit)	摩托车 (辆) Motorcycle (unit)	电动助力车 (辆) Electric Bicycle (unit)	洗衣机 (台) Washing Machine (set)	电冰箱 (台) Refrigerator (set)	微波炉 (台) Microwave Oven (set)	彩色电视机 (台) Color TV Set (set)
全 国	**National Total**	**29.7**	**39.3**	**56.5**	**91.7**	**95.3**	**40.0**	**122.2**
上 海	Shanghai	30.8	4.0	67.0	94.7	100.4	88.3	185.7
江 苏	Jiangsu	40.2	23.1	123.3	100.1	104.1	84.0	170.3
浙 江	Zhejiang	47.9	17.7	84.1	88.9	101.1	53.0	178.2
安 徽	Anhui	21.4	27.6	87.7	90.3	99.0	44.0	130.6
江 西	Jiangxi	24.7	52.2	65.0	75.6	94.9	34.6	134.5
湖 北	Hubei	19.0	53.0	30.7	86.9	98.3	33.7	120.1
湖 南	Hunan	23.3	56.0	20.7	90.4	98.1	27.1	117.3
重 庆	Chongqing	21.3	25.5	8.7	90.5	99.1	45.0	122.9
四 川	Sichuan	22.6	35.9	28.0	94.0	98.1	30.4	120.8
贵 州	Guizhou	23.6	37.2	10.0	95.3	89.2	24.4	105.9
云 南	Yunnan	30.8	61.1	26.1	88.4	80.4	31.7	106.2

6-5 续表 continued

地 区	Region	空 调 (台) Air Conditioner (set)	热水器 (台) Water Heater (set)	排油烟机 (台) Exhaust Fan (set)	移动电话 (部) Mobile Phone (set)	计算机 (台) Computer (set)	照相机 (台) Camera (set)
全 国	**National Total**	**96.1**	**78.6**	**51.0**	**240.0**	**58.7**	**18.4**
上 海	Shanghai	202.5	94.8	80.8	230.4	131.1	47.7
江 苏	Jiangsu	184.2	103.2	69.2	242.9	78.7	28.6
浙 江	Zhejiang	176.1	95.3	75.4	239.9	80.7	23.7
安 徽	Anhui	121.3	91.1	44.6	230.0	46.2	11.9
江 西	Jiangxi	98.1	82.2	45.2	241.5	50.8	11.3
湖 北	Hubei	106.9	84.1	44.8	236.4	53.5	13.8
湖 南	Hunan	102.3	78.5	47.4	260.7	50.7	13.7
重 庆	Chongqing	127.5	80.2	39.9	250.4	51.7	16.3
四 川	Sichuan	81.4	79.8	35.9	243.5	40.5	11.0
贵 州	Guizhou	18.0	64.6	27.3	275.3	36.3	7.8
云 南	Yunnan	2.7	82.2	33.9	259.6	33.8	13.1

6-6 城镇居民人均可支配收入
Per Capita Disposable Income of Urban Households

单位：元 (yuan)

地　区	Region	2013	2014	2015	2016	2017
全　国	**National Total**	**26467.0**	**28843.9**	**31194.8**	**33616.2**	**36396.2**
长江经济带	Yangtze River Economic Belt	27489.9	29968.5	32427.3	35034.6	38007.0
上　海	Shanghai	44878.3	48841.4	52961.9	57691.7	62595.7
江　苏	Jiangsu	31585.5	34346.3	37173.5	40151.6	43621.8
浙　江	Zhejiang	37079.7	40392.7	43714.5	47237.2	51260.7
安　徽	Anhui	22789.3	24838.5	26935.8	29156.0	31640.3
江　西	Jiangxi	22119.7	24309.2	26500.1	28673.3	31198.1
湖　北	Hubei	22667.9	24852.3	27051.5	29385.8	31889.4
湖　南	Hunan	24352.0	26570.2	28838.1	31283.9	33947.9
重　庆	Chongqing	23058.2	25147.2	27238.8	29610.0	32193.2
四　川	Sichuan	22227.5	24234.4	26205.3	28335.3	30726.9
贵　州	Guizhou	20564.9	22548.2	24579.6	26742.6	29079.8
云　南	Yunnan	22460.0	24299.0	26373.2	28610.6	30995.9

6-7 城镇居民人均消费支出
Per Capita Consumption Expenditure of Urban Households

单位：元 (yuan)

地 区	Region	2013	2014	2015	2016	2017
全 国	**National Total**	**18487.5**	**19968.1**	**21392.4**	**23078.9**	**24445.0**
长江经济带	Yangtze River Economic Belt	18986.2	20546.6	21949.9	23570.6	25035.6
上 海	Shanghai	32447.2	35182.4	36946.1	39856.8	42304.3
江 苏	Jiangsu	22262.3	23476.3	24966.0	26432.9	27726.3
浙 江	Zhejiang	25253.5	27241.7	28661.3	30067.7	31924.2
安 徽	Anhui	14593.6	16107.1	17233.5	19606.2	20740.2
江 西	Jiangxi	13843.0	15141.8	16731.8	17695.6	19244.5
湖 北	Hubei	15334.5	16681.4	18192.3	20040.0	21275.6
湖 南	Hunan	16867.3	18334.7	19501.4	21420.0	23162.6
重 庆	Chongqing	17123.8	18279.5	19742.3	21030.9	22759.2
四 川	Sichuan	16098.2	17759.9	19276.8	20659.8	21990.6
贵 州	Guizhou	13768.2	15254.6	16914.2	19201.7	20347.8
云 南	Yunnan	14862.3	16268.3	17675.0	18622.4	19559.7

6-8 农村居民人均可支配收入

Per Capita Disposable Income of Rural Households

单位：元 (yuan)

地 区	Region	2013	2014	2015	2016	2017
全 国	**National Total**	**9429.6**	**10488.9**	**11421.7**	**12363.4**	**13432.4**
长江经济带	Yangtze River Economic Belt	9635.2	10732.8	11732.2	12744.5	13881.0
上 海	Shanghai	19208.3	21191.6	23205.2	25520.4	27825.0
江 苏	Jiangsu	13521.3	14958.4	16256.7	17605.6	19158.0
浙 江	Zhejiang	17493.9	19373.3	21125.0	22866.1	24955.8
安 徽	Anhui	8850.0	9916.4	10820.7	11720.5	12758.2
江 西	Jiangxi	9088.8	10116.6	11139.1	12137.7	13241.8
湖 北	Hubei	9691.8	10849.1	11843.9	12725.0	13812.1
湖 南	Hunan	9028.6	10060.2	10992.5	11930.4	12935.8
重 庆	Chongqing	8492.5	9489.8	10504.7	11548.8	12637.9
四 川	Sichuan	8380.7	9347.7	10247.4	11203.1	12226.9
贵 州	Guizhou	5897.8	6671.2	7386.9	8090.3	8869.1
云 南	Yunnan	6723.6	7456.1	8242.1	9019.8	9862.2

6-9 农村居民人均消费支出
Per Capita Consumption Expenditure of Rural Households

单位：元 (yuan)

地 区	Region	2013	2014	2015	2016	2017
全 国	**National Total**	**7485.2**	**8382.6**	**9222.6**	**10129.8**	**10954.5**
长江经济带	Yangtze River Economic Belt	7804.3	8772.6	9720.7	10729.6	11625.9
上 海	Shanghai	13016.2	14820.1	16152.3	17070.8	18089.8
江 苏	Jiangsu	10759.0	11820.3	12882.5	14428.2	15611.5
浙 江	Zhejiang	12803.3	14497.8	16107.7	17358.9	18093.4
安 徽	Anhui	7200.3	7980.8	8975.2	10287.3	11106.1
江 西	Jiangxi	6807.4	7548.3	8485.6	9128.3	9870.4
湖 北	Hubei	7849.5	8680.9	9803.1	10938.3	11632.5
湖 南	Hunan	7832.6	9024.8	9690.6	10629.9	11533.6
重 庆	Chongqing	6970.7	7982.6	8937.7	9954.4	10936.1
四 川	Sichuan	7364.8	8301.1	9250.6	10191.6	11396.7
贵 州	Guizhou	5291.1	5970.3	6644.9	7533.3	8299.0
云 南	Yunnan	5246.6	6030.3	6830.1	7330.5	8027.3

七、财政 Government Finance

7-1 一般公共预算收入(2017年)
General Public Budget Revenue(2017)

单位：亿元 (100 million yuan)

地区	Region	地方一般公共预算收入 General Public Budget Revenue	税收收入 Tax Revenue	国内增值税 Domestic Value-added Tax	企业所得税 Corporate Income Tax	个人所得税 Individual Income Tax	资源税 Resource Tax	城市维护建设税 City Maintenance and Construction Tax	房产税 House Property Tax
地方合计	**Region Total**	**91469.41**	**68672.72**	**28212.16**	**11694.50**	**4785.64**	**1310.54**	**4204.12**	**2604.33**
上海	Shanghai	6642.26	5865.51	2460.39	1402.30	692.46	0.01	271.56	203.69
江苏	Jiangsu	8171.53	6484.33	2864.23	1145.19	386.82	14.00	431.82	291.19
浙江	Zhejiang	5804.38	4940.74	2201.37	822.19	395.24	12.58	329.09	195.35
安徽	Anhui	2812.45	1970.68	803.36	274.73	79.41	21.45	121.21	59.33
江西	Jiangxi	2247.06	1515.01	615.72	182.23	69.64	59.64	89.34	40.24
湖北	Hubei	3248.32	2247.82	860.67	349.62	121.94	14.15	162.73	82.67
湖南	Hunan	2757.82	1759.13	702.15	201.94	90.21	9.59	157.30	58.04
重庆	Chongqing	2252.38	1476.33	537.05	203.34	72.73	14.78	83.55	64.90
四川	Sichuan	3577.99	2430.32	1010.19	359.38	152.74	30.41	150.59	88.66
贵州	Guizhou	1613.84	1179.73	417.73	146.67	48.55	30.77	67.26	38.61
云南	Yunnan	1886.17	1233.85	527.91	161.19	69.15	24.56	112.32	41.96

7-1 续表 1 continued

单位：亿元 (100 million yuan)

地 区	Region	印花税 Stamp Tax	城镇土地使用税 Urban Land Use Tax	土地增值税 Land Appreciation Tax	车船税 Tax on Vehicles and Boat Operation	耕地占用税 Farm Land Occupation Tax	契 税 Deed Tax	烟叶税 Tobacco Leaf Tax	其他税收收入 Other Tax Revenue
地方合计	**Region Total**	**1137.89**	**2360.55**	**4911.28**	**773.59**	**1651.89**	**4910.42**	**115.72**	**0.09**
上 海	Shanghai	94.90	47.58	387.73	27.46	5.89	271.55		
江 苏	Jiangsu	95.90	202.72	458.93	52.24	53.00	488.20		0.09
浙 江	Zhejiang	81.57	116.29	288.90	51.59	64.97	381.59	0.02	
安 徽	Anhui	28.51	143.62	120.85	20.77	52.12	244.30	1.03	
江 西	Jiangxi	21.95	55.48	118.05	13.93	78.01	168.18	2.60	
湖 北	Hubei	33.95	67.66	215.80	24.50	106.37	204.87	2.91	
湖 南	Hunan	24.56	73.62	129.44	22.01	60.96	220.42	8.88	
重 庆	Chongqing	31.95	147.00	83.95	12.70	43.41	178.57	2.39	
四 川	Sichuan	38.25	72.05	172.19	32.88	105.12	209.95	7.90	
贵 州	Guizhou	17.31	37.90	108.66	11.84	153.10	89.29	12.04	
云 南	Yunnan	19.55	37.11	50.53	20.07	52.99	63.36	53.16	

7-1 续表 2 continued

单位：亿元 (100 million yuan)

地区	Region	非税收入 Non-Tax Revenue	专项收入 Special Program Receipts	行政事业性收费收入 Charge of Administrative and Institutional Units	罚没收入 Penalty Receipts	国有资本经营收入 Operation Income of State-owned Assets	国有资源(资产)有偿使用收入 Income from Use of State-owned Resources (Assets)	其他收入 Other Non-tax Receipts
地方合计	**Region Total**	**22796.69**	**6520.16**	**4305.20**	**2162.10**	**567.06**	**6922.29**	**2319.88**
上　海	Shanghai	776.75	344.29	100.81	61.51		234.21	35.93
江　苏	Jiangsu	1687.21	493.05	420.51	136.46		465.89	171.29
浙　江	Zhejiang	863.64	467.56	68.99	123.66	-43.96	211.04	36.35
安　徽	Anhui	841.77	239.05	152.33	60.05	63.33	271.37	55.64
江　西	Jiangxi	732.05	122.88	175.98	97.22	3.12	261.56	71.30
湖　北	Hubei	1000.49	196.38	348.30	82.16	31.60	258.23	83.83
湖　南	Hunan	998.69	175.44	133.38	96.81	9.27	388.40	195.39
重　庆	Chongqing	776.05	92.47	263.08	44.02		332.01	44.47
四　川	Sichuan	1147.66	222.75	211.32	78.41	38.85	422.45	173.89
贵　州	Guizhou	434.11	91.25	73.81	50.00	25.32	133.71	60.02
云　南	Yunnan	652.32	202.84	100.71	58.79	1.98	231.19	56.82

7-2 一般公共预算支出(2017年)
General Public Expenditure (2017)

单位：亿元 (100 million yuan)

地区	Region	地方一般公共预算支出 General Public Budget Expenditure	一般公共服务支出 Expenditure for General Public Services	外交支出 Expenditure for Foreign Affairs	国防支出 Expenditure for National Defense	公共安全支出 Expenditure for Public Security	教育支出 Expenditure for Education
地方合计	**Region Total**	**173228.34**	**15238.90**	**2.08**	**206.02**	**10612.33**	**28604.79**
上海	Shanghai	7547.62	320.70		9.75	356.12	874.10
江苏	Jiangsu	10621.03	1022.75		17.10	717.07	1979.57
浙江	Zhejiang	7530.32	765.03		8.15	548.44	1430.15
安徽	Anhui	6203.81	453.28		5.55	258.39	1014.91
江西	Jiangxi	5111.47	477.17	0.00	5.68	255.74	940.57
湖北	Hubei	6801.26	688.85		3.56	397.54	1101.35
湖南	Hunan	6869.39	747.05		12.93	371.77	1115.33
重庆	Chongqing	4336.28	304.55	0.13	4.84	235.91	626.30
四川	Sichuan	8694.76	793.30	0.02	11.43	471.42	1389.20
贵州	Guizhou	4612.52	464.83		4.40	268.09	901.96
云南	Yunnan	5712.97	609.83	0.00	5.99	343.26	998.33

7-2 续表 1 continued

单位：亿元 (100 million yuan)

地 区	Region	科学技术支出 Expenditure for Science and Technology	文化体育与传媒支出 Expenditure for Culture, Sport and Media	社会保障和就业支出 Expenditure for Social Safety Net and Employment Effort	医疗卫生与计划生育支出 Expenditure for Medical and Health Care, Family Planning	节能环保支出 Expenditure for Environment Protection	城乡社区支出 Expenditure for Urban and Rural Community Affairs
地方合计	**Region Total**	**4440.02**	**3121.01**	**23610.57**	**14343.03**	**5266.77**	**20561.55**
上 海	Shanghai	389.90	191.32	1061.03	412.18	224.66	1531.42
江 苏	Jiangsu	428.01	194.37	1043.40	789.52	292.10	1500.54
浙 江	Zhejiang	303.50	159.66	801.78	584.17	190.15	910.17
安 徽	Anhui	260.41	80.94	862.53	597.74	198.64	1013.80
江 西	Jiangxi	120.09	74.65	663.93	492.59	143.40	516.06
湖 北	Hubei	234.27	95.26	1092.30	614.69	139.71	693.61
湖 南	Hunan	91.42	148.83	1017.90	585.98	173.28	716.54
重 庆	Chongqing	59.31	48.89	702.82	353.79	154.95	815.64
四 川	Sichuan	106.57	142.46	1501.35	831.46	197.75	724.79
贵 州	Guizhou	87.72	64.73	498.74	436.21	125.39	198.82
云 南	Yunnan	53.42	71.30	750.33	546.99	179.48	464.75

7-2 续表 2 continued

单位：亿元 (100 million yuan)

地 区	Region	农林水支出 Expenditure for Agriculture, Forestry and Water Conservancy	交 通 运输支出 Expenditure for Transportation	资源勘探信息等支出 Expenditures for Affairs of Resource Exploration and Information	商业服务业等支出 Expenditure for Affairs of Commerce and Services	金融支出 Expenditure for Financial Affairs	援助其他地区支出 Expenditure for Other Regional Assistance
地方合计	**Region Total**	**18380.25**	**9517.56**	**4660.21**	**1519.66**	**294.83**	**398.99**
上 海	Shanghai	456.53	428.84	566.79	141.27	26.37	45.02
江 苏	Jiangsu	918.22	482.13	347.58	112.56	13.59	39.93
浙 江	Zhejiang	696.69	320.53	193.54	140.38	10.47	24.15
安 徽	Anhui	681.91	230.37	106.11	34.71	13.55	4.78
江 西	Jiangxi	607.71	228.91	215.80	34.60	7.12	3.10
湖 北	Hubei	714.73	306.31	174.28	33.71	4.26	6.84
湖 南	Hunan	782.42	332.08	168.29	56.56	12.47	4.92
重 庆	Chongqing	347.57	287.97	92.25	60.66	1.67	2.20
四 川	Sichuan	1023.13	526.68	300.43	81.21	14.13	5.06
贵 州	Guizhou	612.05	336.91	97.96	30.16	0.74	
云 南	Yunnan	674.82	511.24	62.47	28.69	4.38	

7-2 续表 3 continued

单位：亿元 (100 million yuan)

地　区	Region	国土海洋气象等支出 Expenditure for Affairs of Land, Ocean and Weather	住房保障支　出 Expenditure for Affairs of Housing Security	粮油物资储备支出 Expenditure for Affairs of Management of Grain & Oil Reserves	债务付息支　出 Expenditure for Interest Payments on Debts	债务发行费用支出 Expenditure for Issuing Debts	其他支出 Other Expendi-ture
地方合计	**Region Total**	**2005.80**	**6131.82**	**653.30**	**2495.38**	**24.28**	**1139.19**
上　海	Shanghai	81.99	286.01	18.15	69.15	0.28	56.02
江　苏	Jiangsu	117.18	351.81	30.98	157.02	1.29	64.31
浙　江	Zhejiang	67.95	169.78	16.77	143.70	0.91	44.24
安　徽	Anhui	56.09	222.52	25.69	74.77	0.62	6.50
江　西	Jiangxi	40.09	151.04	17.11	57.57	0.66	57.87
湖　北	Hubei	90.68	249.55	34.36	101.49	0.52	23.38
湖　南	Hunan	96.01	248.97	28.96	127.76	1.16	28.76
重　庆	Chongqing	54.14	112.78	12.57	52.64	0.61	4.10
四　川	Sichuan	80.35	325.16	32.41	96.89	1.37	38.20
贵　州	Guizhou	46.38	251.86	9.02	116.16	1.07	59.30
云　南	Yunnan	60.30	213.62	15.02	81.10	1.48	36.18

八、资源与环境 Resources and Environment

8-1 主要河流基本情况 Major Rivers

名 称	River	流域面积 (平方公里) Drainage Area (sq.km)	河长 (公里) Length (km)	年径流量 (亿立方米) Annual Flow (100 million cu.m)
长 江	Changjiang River (Yangtze River)	1782715	6300	9857
黄 河	Huanghe River (Yellow River)	752773	5464	592
松花江	Songhuajiang River	561222	2308	818
辽 河	Liaohe River	221097	1390	137
珠 江	Zhujiang River (Pearl River)	442527	2214	3381
海 河	Haihe River	265511	1090	163
淮 河	Huaihe River	268957	1000	595

注：本表数据由水利部提供，为2002年至2005年进行的第二次水资源评价数据。
a) Figures in this table are obtained from Ministry of Water Resources, and are from the second water resources evaluation between 2002 and 2005.

8-2 水资源情况(2017年)
Water Resources(2017)

地区	Region	水资源总量(亿立方米) Total Amount of Water Resources (100 million cu.m)	地表水资源量 Surface Water Resources	地下水资源量 Groundwater Resources	地表水与地下水资源重复量 Duplicated Measurement Between Surface Water and Groundwater	人均水资源量(立方米/人) Per Capita Water Resources (cu.m/person)
全国	**National Total**	**28761.2**	**27746.3**	**8309.6**	**7294.7**	**2074.5**
上海	Shanghai	34.0	27.8	9.2	3.0	140.6
江苏	Jiangsu	392.9	295.4	114.5	17.0	490.3
浙江	Zhejiang	895.3	881.9	204.3	190.9	1592.1
安徽	Anhui	784.9	717.8	201.0	133.9	1260.8
江西	Jiangxi	1655.1	1637.2	379.5	361.6	3592.5
湖北	Hubei	1248.8	1219.3	319.0	289.5	2118.9
湖南	Hunan	1912.4	1905.7	436.8	430.1	2795.5
重庆	Chongqing	656.1	656.1	116.1	116.1	2142.9
四川	Sichuan	2467.1	2466.0	607.5	606.4	2978.9
贵州	Guizhou	1051.5	1051.5	260.8	260.8	2947.4
云南	Yunnan	2202.6	2202.6	762.0	762.0	4602.4

8-3 供水用水情况（2017年）
Water Supply and Water Use(2017)

地 区	Region	供水总量（亿立方米）Water Supply (100 million cu.m)	地表水 Surface Water	地下水 Ground-water	其 他 Others	用水总量（亿立方米）Water Use (100 million cu.m)	农 业 Agricul-ture	工 业 Industry	生 活 Consump-tion	生 态 Ecological Protection	人均用水量（立方米/人）Per Capita Water Use (cu.m/person)
全 国	**National Total**	**6043.4**	**4945.5**	**1016.7**	**81.2**	**6043.4**	**3766.4**	**1277.0**	**838.1**	**161.9**	**435.9**
上 海	Shanghai	104.8	104.8			104.8	16.7	62.7	24.6	0.8	433.3
江 苏	Jiangsu	591.3	575.3	8.4	7.7	591.3	280.6	250.1	58.5	2.1	737.8
浙 江	Zhejiang	179.5	176.2	1.3	2.0	179.5	80.9	46.1	47.0	5.5	319.2
安 徽	Anhui	290.3	256.5	30.8	3.0	290.3	158.2	92.2	33.8	6.2	466.3
江 西	Jiangxi	248.0	237.6	8.3	2.1	248.0	156.3	60.5	28.9	2.3	538.3
湖 北	Hubei	290.3	281.4	8.8	0.1	290.3	148.1	87.8	53.2	1.2	492.6
湖 南	Hunan	326.9	311.7	15.2	0.1	326.9	193.7	86.0	44.5	2.8	477.8
重 庆	Chongqing	77.4	76.1	1.1	0.2	77.4	25.4	30.4	20.5	1.1	252.8
四 川	Sichuan	268.4	254.3	12.1	1.9	268.4	160.5	51.4	50.7	5.8	324.1
贵 州	Guizhou	103.5	101.1	1.8	0.6	103.5	58.9	24.8	18.8	0.9	290.1
云 南	Yunnan	156.6	149.9	3.7	3.1	156.6	108.5	23.4	21.7	3.1	327.2

注：生态用水仅包括部分河湖、湿地人工补水和城市环境用水。

a) Water use by ecological protection only includes artificial supplement of river & lake, wetland and city entironment.

8-4 废水中主要污染物排放情况(2017年)
Main Pollutant Emission in Waste Water(2017)

地 区	Region	废水排放总量(万吨) Total Waste Water Discharged (10 000 tons)	废水中主要污染物排放量 Main Pollutant Emission in Waste Water					
			化学需氧量(万吨) COD (10 000 tons)	氨氮(万吨) Ammonia Nitrogen (10 000 tons)	总氮(万吨) Total Nitrogen (10 000 tons)	总磷(万吨) Total Phosphorus (10 000 tons)	石油类(吨) Petroleum (ton)	挥发酚(吨) Volatile Phenol (ton)
全 国	**National Total**	**6996610**	**1021.97**	**139.51**	**216.46**	**11.84**	**5202.1**	**233.1**
上 海	Shanghai	211951	14.18	3.70	7.76	0.27	493.0	1.1
江 苏	Jiangsu	575196	74.42	10.12	17.08	0.93	348.4	35.3
浙 江	Zhejiang	453935	41.86	6.67	12.02	0.51	188.5	0.5
安 徽	Anhui	233838	49.56	5.76	8.40	0.45	222.3	12.3
江 西	Jiangxi	189362	51.95	5.77	8.08	0.50	159.7	6.2
湖 北	Hubei	272694	51.93	7.20	10.83	0.59	165.9	5.4
湖 南	Hunan	300563	57.58	8.30	10.33	0.57	331.5	3.6
重 庆	Chongqing	200677	25.27	3.49	5.00	0.31	117.9	0.3
四 川	Sichuan	362438	67.51	7.94	11.50	0.85	162.5	9.3
贵 州	Guizhou	118017	27.25	3.41	4.67	0.42	163.6	0.3
云 南	Yunnan	185112	33.07	4.14	5.92	0.47	40.0	10.2

8-4 续表 continued

地 区	Region	铅 (千克) Plumbum (kg)	汞 (千克) Mercury (kg)	镉 (千克) Cadmium (kg)	六价铬 (千克) Hexavalent Chromium (kg)	总铬 (千克) Total Chromium (kg)	砷 (千克) Arsenic (kg)
全 国	**National Total**	**38348.2**	**880.2**	**7126.9**	**27711.5**	**100052.2**	**34317.0**
上 海	Shanghai	89.5	31.8	19.5	382.4	2313.2	219.5
江 苏	Jiangsu	588.4	1.0	32.6	5599.2	24134.5	110.3
浙 江	Zhejiang	549.9	7.5	76.5	4166.9	14703.5	302.5
安 徽	Anhui	639.6	29.4	83.5	472.0	1529.1	340.6
江 西	Jiangxi	7004.1	128.9	2941.6	2572.0	5967.0	10055.4
湖 北	Hubei	1462.1	4.4	100.9	6239.4	10824.9	1022.9
湖 南	Hunan	2975.8	39.5	701.6	585.6	1799.6	6766.3
重 庆	Chongqing	64.3	0.6	3.8	312.0	574.1	12.0
四 川	Sichuan	1378.2	86.5	132.4	588.7	2314.3	970.4
贵 州	Guizhou	209.3	3.4	29.6	397.1	973.5	65.7
云 南	Yunnan	7656.9	197.9	869.9	137.5	1095.5	4104.3

8-5 长江经济带主要城市废水中主要污染物排放情况(2017年)
Main Pollutant Emission in Waste Water in Main Cities(2017)

城 市	City	工业废水排放量(万吨) Industrial Waste Water Discharged (10 000 tons)	工业化学需氧量排放量(吨) Industrial COD Emission (ton)	工业氨氮排放量(吨) Industrial Ammonia Nitrogen (ton)	城镇生活污水排放量(万吨) Urban Living Waste Water Discharged (10 000 tons)	生活化学需氧量排放量(吨) Living COD Emission (ton)	生活氨氮排放量(吨) Living Ammonia Nitrogen (ton)
上 海	Shanghai	31586	12890	889	179910	125842	35826
南 京	Nanjing	14922	5309	286	69102	88158	10203
杭 州	Hangzhou	24559	12639	507	68051	41314	7292
合 肥	Hefei	4389	1583	161	40232	68819	6213
南 昌	Nanchang	3861	4162	373	27891	50848	5939
武 汉	Wuhan	11931	3219	249	79472	65635	13167
长 沙	Changsha	4066	5021	403	73881	19748	8109
重 庆	Chongqing	19304	15606	1111	181252	235812	33606
成 都	Chengdu	8319	3992	265	139670	92907	9132
贵 阳	Guiyang	4452	2148	150	32258	14926	2808
昆 明	Kunming	2761	3444	218	71494	2063	1590

8-6 废气中主要污染物排放情况(2017年)
Main Pollutant Emission in Waste Gas (2017)

单位：万吨 (10 000 tons)

地 区	Region	二氧化硫 Sulphur Dioxide	氮氧化物 Nitrogen Oxides	烟(粉)尘 Smoke and Dust
全 国	**National Total**	**875.40**	**1258.83**	**796.26**
上 海	Shanghai	1.85	19.39	4.70
江 苏	Jiangsu	41.07	90.72	39.08
浙 江	Zhejiang	19.05	43.20	15.34
安 徽	Anhui	23.54	49.00	28.08
江 西	Jiangxi	21.55	35.54	27.95
湖 北	Hubei	22.01	37.67	18.80
湖 南	Hunan	21.46	36.47	20.71
重 庆	Chongqing	25.34	20.40	8.33
四 川	Sichuan	38.91	45.76	22.40
贵 州	Guizhou	68.75	35.97	19.68
云 南	Yunnan	38.44	26.88	22.42

8-7 长江经济带主要城市废气中主要污染物排放情况(2017年)
Main Pollutant Emission in Waste Gas in Main Cities (2017)

单位：吨 (ton)

城 市	City	工业二氧化硫排放量 Volume of Industrial Sulphur Dioxide Emission	工业氮氧化物排放量 Volume of Industrial Nitrogen Oxides Emission	工业烟(粉)尘排放量 Volume of Industrial Smoke and Dust Emission	生活二氧化硫排放量 Volume of Sulphur Dioxide Emission by Consumption	生活氮氧化物排放量 Volume of Nitrogen Dioxide Emission by Consumption	生活烟尘排放量 Volume of Smoke and Dust Emission by Consumption
上 海	Shanghai	12651	38335	30262	5838	3703	3091
南 京	Nanjing	15404	46249	44651	170	351	90
杭 州	Hangzhou	26497	31123	16343	428	226	305
合 肥	Hefei	9379	20099	13599	2166	547	1771
南 昌	Nanchang	12128	10605	23416	245	222	599
武 汉	Wuhan	14077	42107	42329	6936	2935	1800
长 沙	Changsha	3532	9825	7577	4827	612	284
重 庆	Chongqing	139880	86658	68731	113309	8286	4672
成 都	Chengdu	11181	22075	9936	10366	3400	1402
贵 阳	Guiyang	50631	20122	12983	28703	1956	8442
昆 明	Kunming	44515	35258	19673	5100	688	2428

8-8 固体废物处理利用情况(2017年)
Disposal and Utilization of Industrial Solid Wastes (2017)

单位：万吨 (10 000 tons)

地区	Region	一般工业固体废物产生量 Common Industrial Solid Wastes Produced	一般工业固体废物综合利用量 Common Industrial Solid Wastes Comprehen-sively Utilized	一般工业固体废物处置量 Common Industrial Solid Wastes Disposed	一般工业固体废物贮存量 Stock of Common Industrial Solid Wastes	一般工业固体废物倾倒丢弃量 Common Industrial Solid Wastes Discharged	危险废物产生量 Hazardous Wastes Produced	危险废物综合利用量 Hazardous Wastes Utilized	危险废物处置量 Hazardous Wastes Disposed	危险废物贮存量 Stock of Hazardous Wastes
全 国	**National Total**	**331592**	**181187**	**79798**	**78397**	**73.04**	**6936.89**	**4043.42**	**2551.56**	**870.87**
上 海	Shanghai	1630	1533	100	2	0.00	110.44	24.36	85.81	1.91
江 苏	Jiangsu	12002	11298	591	167	2.98	435.52	170.95	242.22	49.96
浙 江	Zhejiang	4485	4226	259	57	0.001	342.26	138.16	201.33	21.82
安 徽	Anhui	12002	11157	592	561		127.69	69.12	60.90	4.59
江 西	Jiangxi	12341	4594	839	6940	0.72	84.50	59.74	26.13	5.58
湖 北	Hubei	8112	4812	1021	2624	0.58	115.28	50.80	66.40	1.72
湖 南	Hunan	4354	3597	222	586	0.01	328.12	306.95	28.02	13.77
重 庆	Chongqing	1943	1372	457	124	0.82	60.49	30.08	23.69	9.27
四 川	Sichuan	13756	5466	3007	6634	2.68	341.19	176.91	152.28	19.44
贵 州	Guizhou	9353	5201	3139	1275	2.69	43.05	13.28	29.37	1.42
云 南	Yunnan	13725	5364	6155	2553	4.29	245.62	135.29	59.92	67.14

8-9 长江经济带主要城市固体废物处理利用情况(2017年)
Disposal and Utilization of Industrial Solid Wastes in Main Cities (2017)

单位：万吨 (10 000 tons)

城市	City	一般工业固体废物产生量 Common Industrial Solid Wastes Produced	一般工业固体废物综合利用量 Common Industrial Solid Wastes Comprehen-sively Utilized	一般工业固体废物处置量 Common Industrial Solid Wastes Disposed	一般工业固体废物贮存量 Stock of Common Industrial Solid Wastes
上 海	Shanghai	1630.48	1532.71	99.98	2.37
南 京	Nanjing	1995.42	1798.49	78.14	119.59
杭 州	Hangzhou	389.39	300.47	112.43	5.19
合 肥	Hefei	846.42	713.58	15.86	117.68
南 昌	Nanchang	170.88	156.33	14.24	0.56
武 汉	Wuhan	1360.35	1205.98	164.72	42.47
长 沙	Changsha	113.13	78.32	17.86	16.99
重 庆	Chongqing	1943.20	1371.92	456.91	123.74
成 都	Chengdu	260.74	211.10	48.83	2.80
贵 阳	Guiyang	1629.25	555.47	1083.45	1.49
昆 明	Kunming	1998.88	717.63	1255.72	29.48

8-10 长江经济带环保重点城市空气质量情况（2017年）
Ambient Air Quality in Key Cities of Environmental Protection (2017)

城 市	City	二氧化硫年平均浓度 (μg/m³) Annual Average Concentration of SO_2 (μg/m³)	二氧化氮年平均浓度 (μg/m³) Annual Average Concentration of NO_2 (μg/m³)	可吸入颗粒物 (PM_{10})年平均浓度 (μg/m³) Annual Average Concentration of PM_{10} (μg/m³)	一氧化碳日均值第95百分位浓度 (mg/m³) 95th Percentile Daily Average Concentration of CO (mg/m³)	臭氧(O_3)日最大8小时第90百分位浓度 (μg/m³) 90th Percentile Daily Maximum 8 Hours Average Concentration of O_3(μg/m³)	细颗粒物 ($PM_{2.5}$)年平均浓度 (μg/m³) Annual Average Concentration of $PM_{2.5}$ (μg/m³)	空气质量达到及好于二级的天数（天） Days of Air Quality Equal to or Above Grade II (day)
上 海	Shanghai	12	44	55	1.2	181	39	275
南 京	Nanjing	16	47	76	1.5	179	40	264
无 锡	Wuxi	13	46	77	1.6	184	44	247
徐 州	Xuzhou	22	44	119	1.7	187	66	176
常 州	Changzhou	18	45	76	1.5	184	48	249
苏 州	Suzhou	14	48	64	1.4	173	42	261
南 通	Nantong	21	38	64	1.4	179	39	266
连 云 港	Lianyungang	18	33	73	1.5	153	45	289
扬 州	Yangzhou	18	40	93	1.4	192	54	228
镇 江	Zhenjiang	15	43	88	1.2	182	55	232
杭 州	Hangzhou	11	45	72	1.3	173	45	271
宁 波	Ningbo	10	38	60	1.1	158	37	311
温 州	Wenzhou	12	41	65	1.0	145	38	329
湖 州	Huzhou	15	38	64	1.3	187	42	250
绍 兴	Shaoxing	12	35	70	1.2	170	45	275
合 肥	Hefei	12	52	80	1.4	170	56	224
芜 湖	Wuhu	15	49	82	1.6	177	49	249
马 鞍 山	Maanshan	17	39	83	1.8	188	50	238
南 昌	Nanchang	15	37	76	1.6	148	41	300
九 江	Jiujiang	20	29	70	1.2	148	48	287
武 汉	Wuhan	10	50	85	1.6	151	52	255
宜 昌	Yichang	12	35	88	1.7	137	58	258
荆 州	Jingzhou	18	36	92	1.7	140	56	273
长 沙	Changsha	13	40	69	1.3	153	52	262
株 洲	Zhuzhou	19	36	81	1.4	142	52	272
湘 潭	Xiangtan	20	37	80	1.3	142	51	267
岳 阳	Yueyang	14	25	70	1.4	142	49	305
常 德	Changde	12	22	77	1.8	147	54	275
张 家 界	Zhangjiajie	8	22	67	1.9	129	42	324
重 庆	Chongqing	12	46	72	1.4	163	45	277
成 都	Chengdu	11	53	88	1.7	171	56	235
自 贡	Zigong	15	37	89	1.6	150	66	227
攀 枝 花	Panzhihua	35	36	67	2.7	119	34	359
泸 州	Luzhou	17	35	80	1.0	147	53	273
德 阳	Deyang	9	30	84	1.3	166	51	247
绵 阳	Mianyang	9	32	71	1.4	134	48	295
南 充	Nanchong	12	34	72	1.3	150	46	289
宜 宾	Yibin	18	34	80	1.7	146	57	261
贵 阳	Guiyang	13	27	53	1.1	121	32	347
遵 义	Zunyi	12	28	54	1.1	109	33	344
昆 明	Kunming	15	32	58	1.2	124	28	360
曲 靖	Qujing	18	23	54	1.4	126	28	357
玉 溪	Yuxi	16	22	47	1.9	125	23	362

8-11 城市生活垃圾清运和处理情况(2017年)
Collection, Transport and Disposal of Consumption Wastes in Cities (2017)

地 区	Region	生活垃圾清运量(万吨) Consumption Wastes Collected and Transported (10 000 tons)	无害化处理厂数(座) Number of Factories for Wastes Treatment (unit)	卫生填埋 Landfill	焚 烧 Incinerate	其 他 Others	无害化处理能力(吨/日) Treatment Capacity (ton/day)	卫生填埋 Landfill
全 国	**National Total**	**21520.9**	**1013**	**654**	**286**	**73**	**679889**	**360524**
上 海	Shanghai	743.1	15	4	9	2	24650	10350
江 苏	Jiangsu	1734.7	67	28	32	7	60267	19960
浙 江	Zhejiang	1454.6	71	22	38	11	62052	19287
安 徽	Anhui	612.2	39	18	17	4	24020	9510
江 西	Jiangxi	451.5	21	18	3		13008	11468
湖 北	Hubei	908.0	47	33	10	4	25028	11907
湖 南	Hunan	764.9	32	27	5		24920	20320
重 庆	Chongqing	529.7	25	20	4	1	12103	7065
四 川	Sichuan	989.9	48	31	15	2	25822	11262
贵 州	Guizhou	323.5	21	14	6	1	11473	6958
云 南	Yunnan	409.1	28	19	9		11698	4098

8-11 续表 continued

地 区	Region			无害化处理量(万吨) Volume of Wastes Disposed (10 000 tons)				生活垃圾无害化处理率(%) Treatment Rate of Consumption Wastes (%)
		焚 烧 Incinerate	其 他 Others		卫生填埋 Landfill	焚 烧 Incinerate	其 他 Others	
全 国	**National Total**	**298062**	**21303**	**21034.2**	**12037.6**	**8463.3**	**533.2**	**97.7**
上 海	Shanghai	13300	1000	743.1	369.8	360.8	12.5	100.0
江 苏	Jiangsu	38979	1328	1734.7	415.5	1287.7	31.4	100.0
浙 江	Zhejiang	40985	1780	1454.6	598.1	824.4	32.1	100.0
安 徽	Anhui	13860	650	611.9	267.0	334.9	10.0	99.9
江 西	Jiangxi	1540		440.5	387.0	53.5		97.6
湖 北	Hubei	11721	1400	907.0	479.6	393.0	34.4	99.9
湖 南	Hunan	4600		763.0	637.3	125.7		99.8
重 庆	Chongqing	5000	38	526.7	310.2	214.0	2.5	99.4
四 川	Sichuan	13960	600	975.4	508.6	456.8	10.0	98.5
贵 州	Guizhou	4300	215	308.1	234.2	71.4	2.4	95.2
云 南	Yunnan	7600		379.4	153.9	225.5		92.7

8-12 耕地面积
Area of Cultivated Land at Year-end

单位：千公顷 (1 000 hectares)

地 区	Region	2012	2013	2014	2015	2016	2017
地方合计	**Region Total**	**135158.4**	**135163.4**	**135057.3**	**134998.7**	**134920.9**	**134881.2**
上 海	Shanghai	188.2	188.0	188.2	189.8	190.7	191.6
江 苏	Jiangsu	4584.7	4581.6	4574.2	4574.9	4571.1	4573.3
浙 江	Zhejiang	1979.4	1978.5	1976.6	1978.6	1974.7	1977.0
安 徽	Anhui	5881.3	5883.1	5872.1	5872.9	5867.5	5866.8
江 西	Jiangxi	3083.5	3087.3	3085.4	3082.7	3082.2	3086.0
湖 北	Hubei	5290.0	5281.8	5261.7	5255.0	5245.3	5235.9
湖 南	Hunan	4146.2	4149.5	4149.0	4150.2	4148.7	4151.0
重 庆	Chongqing	2451.3	2455.8	2454.6	2430.5	2382.5	2369.8
四 川	Sichuan	6732.1	6734.8	6734.2	6731.4	6732.9	6725.2
贵 州	Guizhou	4552.2	4548.1	4540.1	4537.4	4530.2	4518.8
云 南	Yunnan	6224.9	6219.8	6207.4	6208.5	6207.8	6213.3

注：本表数据来源于自然资源部，为当年全国土地变更调查数据。

a) Data in this table come from the Ministry of Land and Resources, and are from national land change survey that year.

8-13 土地利用情况（2017年）
Land Use(2017)

单位：千公顷 (1 000 hectares)

地 区	Region	农用地 Land for Agriculture Use	#园 地 Garden Land	#牧草地 Grass Land	建设用地 Land for Construction	居民点及工矿用地 Land for Inhabitation, Mining and Manufacturing	交通运输用 地 Land for Transport Facilities	水利设施用 地 Land for Water Conservancy Facilities
全 国	**National Total**	**644863.6**	**14214.2**	**219320.3**	**39574.1**	**32131.0**	**3833.5**	**3609.5**
上 海	Shanghai	313.4	16.5	0.0	308.8	274.9	30.7	3.2
江 苏	Jiangsu	6470.4	297.2	0.1	2311.0	1914.6	232.8	163.6
浙 江	Zhejiang	8588.9	574.3	0.3	1318.2	1024.1	151.7	142.5
安 徽	Anhui	11121.9	346.5	0.5	2014.9	1660.5	149.4	205.0
江 西	Jiangxi	14411.5	320.7	0.7	1306.2	988.0	115.8	202.4
湖 北	Hubei	15729.6	480.2	2.0	1737.2	1332.2	131.7	273.3
湖 南	Hunan	18166.6	653.1	13.6	1653.3	1352.4	148.3	152.5
重 庆	Chongqing	7056.8	270.9	45.5	684.6	580.3	65.5	38.8
四 川	Sichuan	42133.2	726.9	10956.6	1870.0	1581.3	157.2	131.5
贵 州	Guizhou	14725.9	162.1	72.2	728.2	579.5	107.0	41.8
云 南	Yunnan	32927.9	1628.2	147.0	1105.2	866.1	120.6	118.4

8-14 森林资源情况
Forest Resources

地 区	Region	林业用地面积（万公顷）Area of Afforested Land (10 000 hectares)	森林面积（万公顷）Forest Area (10 000 hectares)	#人工林 Man-made Forest	森林覆盖率（%）Forest Coverage Rate (%)	活立木总蓄积量（万立方米）Total Standing Forest Stock (10 000 cu.m)	森林蓄积量（万立方米）Stock Volume of Forest (10 000 cu.m)
全 国	**National Total**	**31259.00**	**20768.73**	**6933.38**	**21.63**	**1643280.62**	**1513729.72**
上 海	Shanghai	7.73	6.81	6.81	10.74	380.25	186.35
江 苏	Jiangsu	178.70	162.10	156.82	15.80	8461.42	6470.00
浙 江	Zhejiang	660.74	601.36	258.53	59.07	24224.93	21679.75
安 徽	Anhui	443.18	380.42	225.07	27.53	21710.12	18074.85
江 西	Jiangxi	1069.66	1001.81	338.60	60.01	47032.40	40840.62
湖 北	Hubei	849.85	713.86	194.85	38.40	31324.69	28652.97
湖 南	Hunan	1252.78	1011.94	474.61	47.77	37311.50	33099.27
重 庆	Chongqing	406.28	316.44	92.55	38.43	17437.31	14651.76
四 川	Sichuan	2328.26	1703.74	449.26	35.22	177576.04	168000.04
贵 州	Guizhou	861.22	653.35	237.30	37.09	34384.40	30076.43
云 南	Yunnan	2501.04	1914.19	414.11	50.03	187514.27	169309.19

注：本表为第八次全国森林资源清查（2009-2013)资料。
a) Data in the table are the figures of the Seventh National Forestry Survey (2009-2013).

8-15 造林面积(2017年)
Area of Afforestation(2017)

单位：公顷 (hectare)

地 区	Region	造林总面积 Total Area of Afforestation	按造林方式分 By Approach				
			人工造林 Manual Planting	飞播造林 Airplane Planting	新封山育林 New Closing Hillsides for Afforestation	退化林修复 Restoration of Degraded Forest	人工更新 Artificial Regeneration
全 国	**National Total**	**7680711**	**4295890**	**141220**	**1657169**	**1280993**	**305439**
上 海	Shanghai	2680	2680				
江 苏	Jiangsu	36572	33968			143	2461
浙 江	Zhejiang	44054	8450		2223	24936	8445
安 徽	Anhui	144926	56667		41905	40241	6113
江 西	Jiangxi	282407	89405		68592	118066	6344
湖 北	Hubei	400840	162328		67459	167049	4004
湖 南	Hunan	554139	186088		160876	198630	8545
重 庆	Chongqing	228052	100792		63263	63364	633
四 川	Sichuan	658370	483900		61548	107986	4936
贵 州	Guizhou	678300	584549		82151	11600	
云 南	Yunnan	387158	277716		72461	36972	9

8-16 湿地面积
Area of Wetlands

地 区	Region	湿地面积(千公顷) Area of Wetlands (1 000 hectares)	自然湿地 Natural Wetlands	近海与海岸 Coasts and Seashores	河 流 Rivers	湖 泊 Lakes	沼 泽 Marshland	人工湿地 Man-made Wetlands	湿地面积占辖区面积比重 (%) Proportion of Wetlands in Total Area of Territory (%)
全 国	**National Total**	**53602.6**	**46674.7**	**5795.9**	**10552.1**	**8593.8**	**21732.9**	**6745.9**	**5.58**
上 海	Shanghai	464.6	409.0	386.6	7.3	5.8	9.3	55.6	73.27
江 苏	Jiangsu	2822.8	1948.8	1087.5	296.6	536.7	28.0	874.0	27.51
浙 江	Zhejiang	1110.1	843.3	692.5	141.2	8.9	0.7	266.8	10.91
安 徽	Anhui	1041.8	713.6		309.6	361.1	42.9	328.2	7.46
江 西	Jiangxi	910.1	710.7		310.8	374.1	25.8	199.4	5.45
湖 北	Hubei	1445.0	764.2		450.4	276.9	36.9	680.8	7.77
湖 南	Hunan	1019.7	813.5		398.4	385.8	29.3	206.2	4.81
重 庆	Chongqing	207.2	87.7		87.3	0.3	0.1	119.5	2.51
四 川	Sichuan	1747.8	1665.6		452.3	37.4	1175.9	82.2	3.61
贵 州	Guizhou	209.7	151.6		138.1	2.5	11.0	58.1	1.19
云 南	Yunnan	563.5	392.5		241.8	118.5	32.2	171.0	1.43

注：本表为中国第二次湿地调查(2009-2013)资料。

a) Data in the table are the figures of China Second Wetlands Survey (2009-2013).

8-17 自然保护基本情况(2017年)
Basic Situation of Natural Protection (2017)

地 区	Region	自然保护区 个 数 (个) Number of Nature Reserves (unit)	自然保护区 面 积 (万公顷) Area of Nature Reserves (10 000 hectares)	保护区面积占 辖区面积比重 (%) Area of Nature Reserves as Percentage of Area of Jurisdiction (%)
全 国	**National Total**	**2750**	**14716.7**	**14.3**
上 海	Shanghai	4	13.7	5.3
江 苏	Jiangsu	31	53.6	3.8
浙 江	Zhejiang	37	21.2	1.7
安 徽	Anhui	106	50.6	3.6
江 西	Jiangxi	200	122.4	7.3
湖 北	Hubei	80	106.3	5.7
湖 南	Hunan	128	122.5	5.8
重 庆	Chongqing	57	80.2	9.6
四 川	Sichuan	169	830.1	17.1
贵 州	Guizhou	124	89.4	5.1
云 南	Yunnan	160	288.2	7.3

8-18 自然灾害损失情况(2017年)
Loss Caused by Natural Disasters (2017)

单位：千公顷 (1 000 hectares)

地 区	Region	农作物受灾面积合计 Total Areas Affected of Farm Crops		旱 灾 Drought		洪涝、山体滑坡、泥石流和台风 Flood,Waterlogging,Landslides and Debris Flow,Typhoon	
		受灾 Area Affected	绝收 Total Crop Failure	受灾 Area Affected	绝收 Total Crop Failure	受灾 Area Affected	绝收 Total Crop Failure
全 国	**National Total**	**18478.1**	**1826.7**	**9874.8**	**752.4**	**5808.8**	**766.1**
上 海	Shanghai						
江 苏	Jiangsu	90.7	8.1	37.3	3.9	0.6	
浙 江	Zhejiang	107.3	7.1			105.3	7.0
安 徽	Anhui	399.8	34.7	216.9	16.2	156.8	17.4
江 西	Jiangxi	441.4	55.3	41.2	2.5	394.9	52.6
湖 北	Hubei	1437.1	200.8	626.7	34.3	692.7	160.4
湖 南	Hunan	1217.7	138.2	222.0	17.4	990.2	119.6
重 庆	Chongqing	125.9	6.8	79.6	2.6	38.4	3.2
四 川	Sichuan	215.7	32.0	34.8	5.8	142.7	23.5
贵 州	Guizhou	267.3	41.2	56.5	9.1	164.7	24.8
云 南	Yunnan	406.6	50.0	102.0	4.9	226.5	30.9

注：农作物受灾面积合计、受灾人口、死亡人口(含失踪)和直接经济损失含地震、森林、海洋等灾害。

a) Total areas affected of farm crops, population affected, deaths (including missing) and direct economic loss include earthquake, forest disasters and sea disasters.

8-18 续表 continued

单位：千公顷 (1 000 hectares)

地 区	Region	风雹灾害 Wind and Hail		低温冷冻和雪灾 Low-temperature, Freezing and Snow Disaster		人口受灾 Population		直接经济损失(亿元) Direct Economic Loss (100 million yuan)
		受灾 Area Affected	绝收 Total Crop Failure	受灾 Area Affected	绝收 Total Crop Failure	受灾人口(万人次) Population Affected (10 000 person-times)	死亡人口(含失踪)(人) Deaths (including missing) (person)	
全 国	**National Total**	**2268.1**	**225.2**	**524.5**	**83.0**	**14448.0**	**979**	**3018.7**
上 海	Shanghai							
江 苏	Jiangsu	52.8	4.2			77.0	18	8.0
浙 江	Zhejiang	0.9	0.1	1.1		113.0	11	46.2
安 徽	Anhui	26.0	1.1	0.1		347.6	7	21.2
江 西	Jiangxi	5.3	0.2			665.5	20	118.2
湖 北	Hubei	41.0	5.6	76.7	0.5	1254.8	42	149.7
湖 南	Hunan	5.5	1.2			1716.3	99	588.0
重 庆	Chongqing	7.9	1.0			252.1	52	24.5
四 川	Sichuan	12.2	2.0	24.1	0.7	421.8	186	153.9
贵 州	Guizhou	35.8	6.8	10.3	0.5	531.4	68	57.6
云 南	Yunnan	65.4	13.0	12.7	1.2	629.0	110	76.6

8-19 工业污染治理投资完成情况
Investment Completed in the Treatment of Industrial Pollution(2017)

单位：万元 (10 000 yuan)

地 区	Region	工业污染治理完成投资 Investment Completed in the Treatment of Industrial Pollution	治理废水 Treatment of Waste Water	治理废气 Treatment of Waste Gas	治理固体废物 Treatment of Solid Waste	治理噪声 Treatment of Noise Pollution	治理其他 Treatment of Other Pollution
全 国	**National Total**	**6815345**	**763760**	**4462628**	**127419**	**12862**	**1448676**
上 海	Shanghai	448240	99490	133451	66443	62	148794
江 苏	Jiangsu	447999	80959	229915	29207	1317	106601
浙 江	Zhejiang	369011	62112	240301	434	1601	64563
安 徽	Anhui	258955	19816	197684	4183	1828	35443
江 西	Jiangxi	106395	25987	72928	280	240	6960
湖 北	Hubei	174632	31296	124206	5542	637	12951
湖 南	Hunan	86090	14036	66139	212	610	5093
重 庆	Chongqing	60702	1508	49957	66	242	8929
四 川	Sichuan	126934	21085	87975	4840	555	12479
贵 州	Guizhou	53360	13694	31706	1244	65	6651
云 南	Yunnan	59617	5584	33682	1775	548	18028

8-20 林业投资完成情况(2017年)
Forestry Investment Completed (2017)

单位：万元 (10 000 yuan)

地 区	Region	本年完成投资 Investment Completed During the Year	生态建设与保护 Ecological Construction	林业支撑与保障 Forestry Support	林业产业发展 Forestry Development	其他投资 Other Investment
全 国	**National Total**	**48002639**	**20162948**	**6143511**	**20077573**	**1618607**
上 海	Shanghai	180560	113335	26017	36376	4832
江 苏	Jiangsu	1382175	552320	85814	739578	4463
浙 江	Zhejiang	846310	479409	191010	150900	24991
安 徽	Anhui	967897	504820	178385	265215	19477
江 西	Jiangxi	1558707	563074	310728	342109	342796
湖 北	Hubei	1974281	575888	198060	1190165	10168
湖 南	Hunan	2716636	850487	362049	1438317	65783
重 庆	Chongqing	606762	283296	135181	170407	17878
四 川	Sichuan	2757320	1040776	159228	1505223	52093
贵 州	Guizhou	1503286	601284	209003	673933	19066
云 南	Yunnan	1247752	800894	276295	135333	35230

注：全国合计数包括国家林业局直属单位数据。

a) Data of national total include the units directly under State Forestry Administration.

九、能源 Energy

9-1 电力消费量
Electricity Consumption

单位：亿千瓦小时 (100 million kW·h)

地 区	Region	1995	2000	2005	2010	2015	2016	2017
上 海	Shanghai	403	559	922	1296	1406	1486	1527
江 苏	Jiangsu	685	971	2193	3864	5115	5459	5808
浙 江	Zhejiang	440	738	1642	2821	3554	3873	4193
安 徽	Anhui	289	339	582	1078	1640	1795	1921
江 西	Jiangxi	181	208	392	701	1087	1183	1294
湖 北	Hubei	415	503	789	1330	1665	1763	1869
湖 南	Hunan	375	406	674	1172	1448	1496	1582
重 庆	Chongqing		308	348	626	875	925	993
四 川	Sichuan	583	521	943	1549	1992	2101	2205
贵 州	Guizhou	204	288	487	835	1174	1242	1385
云 南	Yunnan	224	274	557	1004	1439	1411	1538

注：2000年及以后数据来源于中国电力企业联合会。
a) Data since 2000 are from China Electricity Council.

十、固定资产投资 Investment in Fixed Assets

10-1 全社会固定资产投资和全社会住宅投资(2017年)

Total Investment in Fixed Assets in the Whole Country and Total Investment in Residential Buildings in the Whole Country(2017)

单位：亿元 (100 million yuan)

地 区	Region	全社会投资 Total Investment in Fixed Assets	城 镇 Urban Area	#房地产开发 Real Estate Development	全社会住宅投资 Total Investment in Residential Buildings	城 镇 Urban Area	#房地产开发 Real Estate Development
全 国	**National Total**	**641238.4**	**631684.0**	**109798.5**	**86985.3**	**80561.0**	**75147.9**
上 海	Shanghai	7246.6	7240.9	3856.5	2159.1	2153.9	2152.4
江 苏	Jiangsu	53277.0	53000.2	9629.1	7777.8	7611.7	7315.3
浙 江	Zhejiang	31696.0	31126.0	8226.8	6510.2	6020.0	5646.0
安 徽	Anhui	29275.1	28816.4	5612.5	4590.1	4278.9	4007.0
江 西	Jiangxi	22085.3	21770.4	2014.0	1891.6	1646.6	1391.8
湖 北	Hubei	32282.4	31872.6	4574.9	3865.3	3555.2	3235.4
湖 南	Hunan	31959.2	31328.1	3426.1	2851.0	2345.3	2194.4
重 庆	Chongqing	17537.0	17440.6	3980.1	2829.8	2759.1	2632.9
四 川	Sichuan	31902.1	31235.9	5149.9	4024.9	3568.7	3182.3
贵 州	Guizhou	15503.9	15288.0	2201.0	1616.8	1478.5	1365.3
云 南	Yunnan	18936.0	18474.9	2786.3	2610.4	2329.3	1743.9

10-2 按主要行业分的全社会固定资产投资(2017年)
Total Investment in Fixed Assets in the Whole Country by Sector(2017)

单位：亿元 (100 million yuan)

地 区	Region	合 计 Total	农、林、牧、渔业 Agriculture, Forestry, Animal Husbandry and Fishery	采矿业 Mining	制造业 Manufacturing	电力、热力、燃气及水生产和供应业 Production and Supply of Electricity, Heat, Gas and Water	建筑业 Construction	批发和零售业 Wholesale and Retail Trades
全 国	**National Total**	**641238.4**	**26708.0**	**9210.1**	**193710.0**	**29805.6**	**3838.9**	**16779.9**
上 海	Shanghai	7246.6	1.6	0.9	793.3	237.4	1.9	19.8
江 苏	Jiangsu	53277.0	547.6	108.8	24433.6	1674.4	235.2	1652.4
浙 江	Zhejiang	31696.0	368.9	32.5	7993.1	1280.9	37.6	276.1
安 徽	Anhui	29275.1	896.1	231.8	11434.2	1278.4	92.7	605.6
江 西	Jiangxi	22085.3	662.7	226.2	10791.3	765.4	43.7	877.4
湖 北	Hubei	32282.4	1118.5	260.1	11257.7	1194.8	562.0	632.8
湖 南	Hunan	31959.2	1579.4	437.0	9472.2	1131.1	362.8	1341.1
重 庆	Chongqing	17537.0	510.8	158.8	5257.2	465.5	6.8	218.4
四 川	Sichuan	31902.1	1491.9	423.8	6916.5	1707.1	75.8	463.6
贵 州	Guizhou	15503.9	928.7	336.6	1713.2	488.5	36.8	317.5
云 南	Yunnan	18936.0	1268.0	376.9	1840.7	631.3	93.8	382.8

10-2 续表 1 continued

单位：亿元 (100 million yuan)

地 区	Region	交通运输、仓储和邮政业 Transport, Storage and Post	住宿和餐饮业 Hotels and Catering Services	信息传输、软件和信息技术服务业 Information Transmission, Software and Information Technology	金融业 Financial Intermediation	房地产业 Real Estate	租赁和商务服务业 Leasing and Business Services	科学研究和技术服务业 Scientific Research and Technical Services
全 国	**National Total**	**61449.9**	**6145.0**	**6997.4**	**1121.5**	**146225.5**	**13357.1**	**5932.5**
上 海	Shanghai	960.3	13.8	123.5	16.8	3863.5	145.7	58.6
江 苏	Jiangsu	2891.0	418.9	611.2	121.7	10977.0	1596.8	768.5
浙 江	Zhejiang	2967.5	331.8	336.9	57.7	10959.2	704.4	131.8
安 徽	Anhui	1667.8	193.5	274.0	62.1	6863.0	612.8	280.6
江 西	Jiangxi	734.6	215.3	204.8	62.5	2933.3	579.3	135.9
湖 北	Hubei	2939.9	257.4	149.3	49.0	6794.0	788.4	242.3
湖 南	Hunan	2104.3	355.9	392.2	60.9	5355.4	897.8	434.4
重 庆	Chongqing	1954.8	153.6	106.2	8.3	4412.1	239.7	45.4
四 川	Sichuan	4492.6	410.3	286.7	27.7	8366.9	535.5	92.5
贵 州	Guizhou	2334.3	221.0	139.5	17.9	3644.8	420.5	44.1
云 南	Yunnan	3741.7	358.6	136.0	8.8	4764.6	70.3	27.7

10-2 续表 2 continued

单位：亿元 (100 million yuan)

地区	Region	水利、环境和公共设施管理业 Management of Water Conservancy, Environment and Public Facilities	居民服务、修理和其他服务业 Services to Households, Repair and Other Services	教育 Education	卫生和社会工作 Health and Social Service	文化、体育和娱乐业 Culture, Sports and Entertainment	公共管理、社会保障和社会组织 Public Management, Social Security and Social Organizations	国际组织 International Organizations
全国	**National Total**	**82106.1**	**2752.6**	**11104.3**	**7327.9**	**8734.8**	**7931.5**	
上海	Shanghai	785.4	1.4	96.4	51.1	56.9	18.4	
江苏	Jiangsu	4692.8	311.2	677.4	534.4	546.8	477.5	
浙江	Zhejiang	4702.5	88.1	517.5	275.8	484.9	148.8	
安徽	Anhui	3299.1	108.8	443.4	255.5	254.3	421.4	
江西	Jiangxi	2544.7	84.3	234.9	202.4	198.5	588.2	
湖北	Hubei	4371.6	149.4	363.6	344.2	390.4	417.0	
湖南	Hunan	5421.3	163.9	692.7	483.9	650.2	622.6	
重庆	Chongqing	3295.6	38.7	292.7	138.9	135.6	97.9	
四川	Sichuan	4784.2	69.5	711.2	479.3	319.1	247.6	
贵州	Guizhou	3653.3	71.4	507.6	253.4	319.8	54.8	
云南	Yunnan	3035.4	71.1	584.9	288.1	310.1	945.3	

10-3 按行业分固定资产投资(不含农户)(2017年)
Investment in Fixed Assets (Excluding Rural Households) by Sector(2017)

单位：亿元 (100 million yuan)

地区	Region	合计 Total	农、林、牧、渔业 Agriculture, Forestry, Animal Husbandry and Fishery	采矿业 Mining	制造业 Manufacturing	电力、热力、燃气及水生产和供应业 Production and Supply of Electricity, Heat, Gas and Water	建筑业 Construction	批发和零售业 Wholesale and Retail Trades
全国	**National Total**	**631684.0**	**24638.3**	**9208.9**	**193615.7**	**29794.1**	**3647.9**	**16541.8**
上海	Shanghai	7240.9	1.1	0.9	793.3	237.4	1.9	19.8
江苏	Jiangsu	53000.2	471.8	108.8	24418.1	1674.4	231.6	1649.5
浙江	Zhejiang	31126.0	353.9	32.5	7988.8	1280.7	18.7	276.1
安徽	Anhui	28816.4	777.0	231.8	11433.2	1277.4	72.9	602.8
江西	Jiangxi	21770.4	607.2	226.2	10791.3	765.4	41.9	876.0
湖北	Hubei	31872.6	1071.0	260.1	11257.5	1194.8	561.8	630.2
湖南	Hunan	31328.1	1496.1	437.0	9469.9	1131.1	355.6	1320.3
重庆	Chongqing	17440.6	492.8	158.1	5257.2	465.4	6.6	218.1
四川	Sichuan	31235.9	1350.8	423.8	6907.8	1707.1	68.6	457.8
贵州	Guizhou	15288.0	897.0	336.6	1712.4	488.5	16.6	299.6
云南	Yunnan	18474.9	1209.0	376.6	1838.5	631.3	1.7	380.5

10-3 续表 1 continued

单位：亿元 (100 million yuan)

地 区	Region	交通运输、仓储和邮政业 Transport, Storage and Post	住宿和餐饮业 Hotels and Catering Services	信息传输、软件和信息技术服务业 Information Transmission, Software and Information Technology	金融业 Financial Intermediation	房地产业 Real Estate	租赁和商务服务业 Leasing and Business Services	科学研究和技术服务业 Scientific Research and Technical Services
全 国	**National Total**	**61185.8**	**6106.6**	**6987.4**	**1121.5**	**139733.5**	**13304.2**	**5932.5**
上 海	Shanghai	960.3	13.8	123.5	16.8	3858.3	145.7	58.6
江 苏	Jiangsu	2883.2	418.8	611.2	121.7	10810.8	1595.9	768.5
浙 江	Zhejiang	2966.0	331.4	336.9	57.7	10468.6	668.3	131.8
安 徽	Anhui	1664.6	193.5	274.0	62.1	6551.6	612.8	280.6
江 西	Jiangxi	723.8	215.2	204.8	62.5	2688.3	579.3	135.9
湖 北	Hubei	2892.7	256.4	149.3	49.0	6483.9	788.2	242.3
湖 南	Hunan	2104.3	353.3	388.7	60.9	4849.7	897.7	434.4
重 庆	Chongqing	1954.6	147.9	106.2	8.3	4341.5	239.3	45.4
四 川	Sichuan	4467.0	401.9	286.7	27.7	7910.8	532.9	92.5
贵 州	Guizhou	2334.3	218.0	138.6	17.9	3504.5	420.0	44.1
云 南	Yunnan	3718.2	358.3	136.0	8.8	4483.3	70.3	27.7

10-3 续表 2 continued

单位：亿元 (100 million yuan)

地 区	Region	水利、环境和公共设施管 理 业 Management of Water Conservancy, Environment and Public Facilities	居民服务、修理和其他服务业 Services to Households, Repair and Other Services	教 育 Education	卫生和社会工作 Health and Social Service	文化、体育和娱乐业 Culture, Sports and Entertainment	公共管理、社会保障和社会组织 Public Management, Social Security and Social Organizations	国际组织 International Organizations
全 国	**National Total**	**82105.3**	**2686.2**	**11083.5**	**7327.4**	**8731.9**	**7931.3**	
上 海	Shanghai	785.4	1.4	96.4	51.1	56.9	18.4	
江 苏	Jiangsu	4692.8	307.1	677.4	534.4	546.8	477.5	
浙 江	Zhejiang	4702.5	85.5	517.5	275.8	484.6	148.8	
安 徽	Anhui	3299.1	108.3	443.4	255.5	254.3	421.4	
江 西	Jiangxi	2544.7	84.0	234.9	202.4	198.5	588.2	
湖 北	Hubei	4371.6	148.7	363.6	344.2	390.2	417.0	
湖 南	Hunan	5421.3	158.3	692.6	483.9	650.2	622.6	
重 庆	Chongqing	3295.6	38.6	292.7	138.8	135.6	97.9	
四 川	Sichuan	4784.2	59.3	711.2	479.3	318.8	247.6	
贵 州	Guizhou	3653.3	71.0	507.6	253.4	319.8	54.8	
云 南	Yunnan	3035.4	70.9	584.9	288.1	310.1	945.3	

十一、对外经济贸易 Foreign Trade and Economic Cooperation

11-1 货物进出口总额(2017年)
Total Value of Imports and Exports of Goods (2017)

单位：亿元人民币 (RMB 100 million)

地 区	Region	按收发货人所在地分 By Location of Importers/Exporters			按境内目的地和货源地分 By Place of Destination or Origin in China		
		进出口 Total	出 口 Exports	进 口 Imports	进出口 Total	出 口 Exports	进 口 Imports
全 国	**National Total**	**278101.0**	**153311.2**	**124789.8**	**278101.0**	**153311.2**	**124789.8**
上 海	Shanghai	32242.9	13117.8	19125.1	30286.4	11794.6	18491.7
江 苏	Jiangsu	39997.5	24588.7	15408.8	43096.4	25399.1	17697.2
浙 江	Zhejiang	25605.1	19439.5	6165.6	26020.6	19822.0	6198.5
安 徽	Anhui	3657.2	2072.7	1584.5	3452.5	2033.3	1419.2
江 西	Jiangxi	3011.1	2209.0	802.1	2502.3	1682.3	820.0
湖 北	Hubei	3136.3	2063.3	1073.0	3127.7	1964.3	1163.4
湖 南	Hunan	2433.9	1565.4	868.5	2029.5	1195.5	834.0
重 庆	Chongqing	4508.1	2883.5	1624.6	3828.0	2560.5	1267.4
四 川	Sichuan	4604.9	2538.5	2066.4	4503.7	2377.4	2126.3
贵 州	Guizhou	551.3	391.3	160.0	548.5	371.5	177.0
云 南	Yunnan	1582.5	774.6	807.9	1443.6	652.6	791.0

11-2 货物进出口总额(2017年)
Total Value of Imports and Exports of Goods (2017)

单位：亿美元 (USD 100 million)

地区	Region	按收发货人所在地分 By Location of Importers/Exporters			按境内目的地和货源地分 By Place of Destination or Origin in China		
		进出口 Total	出口 Exports	进口 Imports	进出口 Total	出口 Exports	进口 Imports
全国	**National Total**	**41071.6**	**22633.7**	**18437.9**	**41071.6**	**22633.7**	**18437.9**
上海	Shanghai	4762.0	1936.4	2825.5	4473.5	1741.3	2732.2
江苏	Jiangsu	5907.8	3630.3	2277.5	6364.9	3749.7	2615.2
浙江	Zhejiang	3779.1	2867.9	911.1	3839.7	2924.0	915.8
安徽	Anhui	540.2	306.0	234.3	509.9	300.1	209.8
江西	Jiangxi	443.4	324.9	118.5	369.2	248.1	121.1
湖北	Hubei	463.4	304.9	158.5	462.0	290.1	171.9
湖南	Hunan	360.3	231.7	128.6	300.1	176.7	123.4
重庆	Chongqing	666.0	426.0	240.1	565.7	378.3	187.4
四川	Sichuan	681.1	375.5	305.5	666.2	351.7	314.5
贵州	Guizhou	81.6	57.9	23.7	81.2	55.0	26.2
云南	Yunnan	234.5	114.7	119.8	213.9	96.6	117.3

11-3 外商投资企业货物进出口总额(2017年)
Value of Imports and Exports of Goods of Foreign-funded (2017)

地 区	Region	万元人民币(RMB 10 000)			万美元(USD 10 000)		
		进出口 Total	出 口 Exports	进 口 Imports	进出口 Total	出 口 Exports	进 口 Imports
全 国	**National Total**	**1244938762**	**661928620**	**583010142**	**183913510**	**97755948**	**86157562**
上 海	Shanghai	214808063	87552388	127255676	31735806	12929457	18806348
江 苏	Jiangsu	255065447	143184669	111880778	37680127	21144246	16535881
浙 江	Zhejiang	54783786	34358604	20425182	8085488	5067406	3018082
安 徽	Anhui	11492145	6227248	5264896	1697763	919664	778099
江 西	Jiangxi	8742859	4418052	4324807	1291142	652159	638983
湖 北	Hubei	8242174	4454629	3787545	1218221	657865	560356
湖 南	Hunan	5572358	2727891	2844468	823794	403218	420576
重 庆	Chongqing	26284544	18777082	7507462	3883963	2774228	1109735
四 川	Sichuan	31366996	16370421	14996575	4638688	2423400	2215288
贵 州	Guizhou	1734144	910560	823584	258048	136016	122032
云 南	Yunnan	297682	210656	87026	43903	31053	12850

11-4 外商投资企业年底注册登记情况
Registration Status of Foreign Funded Enterprises at Year-end

地 区	Region	企业数(户) Number of Enterprises (unit)		投资总额(亿美元) Total Investment (100 million USD)		注册资本(亿美元) Registered Capital (100 million USD)		#外 方 Foreign Investor	
		2016	2017	2016	2017	2016	2017	2016	2017
全 国	**National Total**	**505151**	**539345**	**51240**	**68992**	**31243**	**37107**	**23918**	**28266**
上 海	Shanghai	79410	84007	7342	7982	5087	5473	3922	4174
江 苏	Jiangsu	55938	58577	8799	9658	4718	5226	3952	4364
浙 江	Zhejiang	34442	37422	3199	3734	1921	2286	1519	1756
安 徽	Anhui	5549	6135	673	866	346	489	255	352
江 西	Jiangxi	6918	6059	777	808	551	566	439	424
湖 北	Hubei	8976	10962	993	1151	544	611	420	461
湖 南	Hunan	6677	7733	580	1634	309	684	221	533
重 庆	Chongqing	5555	5739	881	946	549	602	427	454
四 川	Sichuan	10370	11462	942	1128	553	658	411	448
贵 州	Guizhou	1511	1671	237	313	131	167	100	135
云 南	Yunnan	4087	4366	330	374	187	214	133	160

十二、农业 Agriculture

12-1 农、林、牧、渔业总产值及指数(2017年)
Gross Output Value of Agriculture, Forestry, Animal Husbandry and Fishery and Related Indices(2017)

地 区	Region	绝对数（亿元） Gross Output Value (100 million yuan)				
		农林牧渔业总产值 Total	#农 业 Farming	#林 业 Forestry	#牧 业 Animal Husbandry	#渔 业 Fishery
全 国	**National Total**	**109331.7**	**58059.8**	**4980.6**	**29361.2**	**11577.1**
上 海	Shanghai	292.6	146.4	15.3	61.2	58.4
江 苏	Jiangsu	7161.2	3764.7	136.7	1158.0	1623.4
浙 江	Zhejiang	3093.4	1494.5	170.2	371.3	979.3
安 徽	Anhui	4597.9	2241.4	319.1	1321.7	476.2
江 西	Jiangxi	3069.0	1489.3	296.5	709.7	453.1
湖 北	Hubei	6129.7	2962.5	213.3	1478.1	1089.1
湖 南	Hunan	5213.5	2597.6	325.0	1505.8	393.1
重 庆	Chongqing	1902.5	1165.7	85.2	522.5	94.8
四 川	Sichuan	6955.5	4004.2	346.8	2199.7	234.9
贵 州	Guizhou	3413.9	2077.0	228.8	885.8	60.1
云 南	Yunnan	3872.9	1982.5	381.5	1289.5	87.7

注：本表绝对数按当年价格计算，指数按可比价格计算。
a) Data in value terms in this table are calculated at current prices, while the indices are calculated at constant prices.

12-1 续表 continued

地 区	Region	指 数（上年=100） Indices of Gross Output (preceding year=100)				
		农林牧渔业总产值 Total	#农 业 Farming	#林 业 Forestry	#牧 业 Animal Husbandry	#渔 业 Fishery
全 国	**National Total**	**104.0**	**104.7**	**106.9**	**102.1**	**102.8**
上 海	Shanghai	95.7	99.8	114.3	76.0	108.5
江 苏	Jiangsu	102.4	103.5	106.1	99.4	100.6
浙 江	Zhejiang	102.3	104.6	106.6	89.9	103.6
安 徽	Anhui	103.5	104.4	109.6	101.9	103.2
江 西	Jiangxi	104.4	105.7	106.9	101.1	103.8
湖 北	Hubei	103.2	104.6	110.1	102.6	102.7
湖 南	Hunan	104.0	103.0	109.1	103.0	106.4
重 庆	Chongqing	103.9	104.0	111.5	101.6	107.5
四 川	Sichuan	104.5	105.2	105.4	101.2	105.2
贵 州	Guizhou	106.6	107.6	107.9	104.8	103.6
云 南	Yunnan	106.0	106.2	110.7	104.4	109.4

12-2 主要农产品产量(2017年)
Output of Major Farm Products(2017)

单位：万吨 (10 000 tons)

地区	Region	粮食 Grain	谷物 Cereal	#稻谷 Rice	#小麦 Wheat	#玉米 Corn	豆类 Beans	薯类 Tubers	棉花 Cotton	油料 Oil-bearing Crops
全国	**National Total**	**66160.7**	**61520.5**	**21267.6**	**13433.4**	**25907.1**	**1841.6**	**2798.6**	**565.3**	**3475.2**
上海	Shanghai	99.8	99.3	85.6	10.2	2.1	0.3	0.2		0.8
江苏	Jiangsu	3610.8	3536.2	1892.6	1295.5	318.1	58.8	15.8	2.6	85.4
浙江	Zhejiang	580.1	513.4	444.9	41.9	23.0	27.4	39.3	0.6	26.9
安徽	Anhui	4019.7	3907.7	1647.5	1644.5	610.7	97.1	14.8	8.6	154.7
江西	Jiangxi	2221.7	2145.9	2126.1	3.1	15.4	28.3	47.5	10.5	120.6
湖北	Hubei	2846.1	2716.0	1927.2	426.9	356.7	38.5	91.6	18.4	307.7
湖南	Hunan	3073.6	2955.2	2740.4	9.6	199.2	32.0	86.5	11.0	226.1
重庆	Chongqing	1079.9	756.4	487.0	9.8	252.6	40.2	283.3		62.4
四川	Sichuan	3488.9	2831.8	1473.7	251.6	1068.0	119.2	537.9	0.4	357.9
贵州	Guizhou	1242.4	950.6	448.8	41.2	441.2	25.6	266.3	0.1	115.5
云南	Yunnan	1843.4	1568.1	529.2	73.7	912.9	118.3	157.0		56.3

12-2 续表 1 continued

单位：万吨 (10 000 tons)

地区	Region	#花生 Peanuts	#油菜籽 Rapeseeds	#芝麻 Sesame	麻类 Fiber Crops	#黄红麻 Jute and Ambary Hemp	甘蔗 Sugarcane	甜菜 Beetroots	烟叶 Tobacco	#烤烟 Flue-cured Tobacco
全国	**National Total**	**1709.2**	**1327.4**	**36.6**	**21.8**	**2.9**	**10440.4**	**938.4**	**239.1**	**227.9**
上海	Shanghai	0.3	0.5				0.2			
江苏	Jiangsu	34.8	49.8	0.8	0.1		4.8			
浙江	Zhejiang	5.1	20.2				37.5		0.1	
安徽	Anhui	68.8	83.2	0.7	0.3	0.1	6.2	5.0	2.1	2.1
江西	Jiangxi	46.8	70.4	3.3	0.6		67.3		5.6	5.4
湖北	Hubei	78.4	213.2	10.5	0.3		27.0		6.8	6.2
湖南	Hunan	27.6	195.7	1.4	0.4		33.2		20.8	20.5
重庆	Chongqing	13.4	47.4	1.0	0.7		8.8		6.9	5.9
四川	Sichuan	66.0	288.0	0.2	3.0		34.7	0.2	18.0	16.6
贵州	Guizhou	11.3	88.0	0.1	0.1		50.3		26.8	24.5
云南	Yunnan	6.2	47.5		0.0		1516.1		86.2	83.9

12-2 续表 2 continued

单位：万吨 (10 000 tons)

地区	Region	蚕茧 Silkworm Cocoons	#桑蚕茧 Mulberry Silkworm Cocoons	茶叶 Tea	水果 Fruits	#苹果 Apples	#柑桔 Citrus	#梨 Pears	#葡萄 Grapes	#香蕉 Bananas
全国	**National Total**	**81.7**	**75.1**	**246.0**	**25241.9**	**4139.0**	**3816.8**	**1641.0**	**1308.3**	**1117.0**
上海	Shanghai				46.4		9.4	3.2	6.4	
江苏	Jiangsu	3.9	3.9	1.4	942.5	58.0	3.2	78.0	64.9	
浙江	Zhejiang	1.6	1.6	17.8	751.3		186.8	38.9	80.8	
安徽	Anhui	2.9	2.9	10.8	606.3	20.0	0.8	124.2	42.5	
江西	Jiangxi	0.6	0.6	6.1	670.1		404.3	16.8	8.0	
湖北	Hubei	0.4	0.4	30.3	948.4	1.2	465.9	37.5	24.2	
湖南	Hunan	0.0	0.0	19.7	956.4		500.9	16.6	17.6	
重庆	Chongqing	1.4	1.4	3.9	403.4	0.4	250.6	26.8	10.2	1.2
四川	Sichuan	9.1	9.1	27.8	1007.9	65.2	415.7	91.7	37.9	4.6
贵州	Guizhou	0.1	0.1	17.6	280.1	7.1	25.4	28.0	20.3	1.7
云南	Yunnan	3.6	3.6	39.3	783.9	59.7	88.8	63.6	126.5	176.8

12-3 主要林产品产量(2017年)
Output of Major Forest Products(2017)

地 区	Region	木 材 (万立方米) Timber (10 000 cu.m)	橡 胶 (吨) Rubber (ton)	松 脂 (吨) Pine Resin (ton)	生 漆 (吨) Lacquer (ton)	油桐籽 (吨) Tung-oil Seeds (ton)	油茶籽 (吨) Tea-oil Seeds (ton)
全 国	**National Total**	**8398.2**	**817366**	**1443868**	**18145**	**370083**	**2431647**
上 海	Shanghai						
江 苏	Jiangsu	140.7					265
浙 江	Zhejiang	96.0		287	20	168	61039
安 徽	Anhui	434.1		15057	343	1894	85763
江 西	Jiangxi	233.2		215713	655	12644	454077
湖 北	Hubei	200.4		42665	3217	21593	146879
湖 南	Hunan	327.6		46986	1009	33347	1007523
重 庆	Chongqing	51.7		82	1400	4310	9131
四 川	Sichuan	223.6		384	458	6972	20852
贵 州	Guizhou	248.6		19077	6942	65902	74528
云 南	Yunnan	487.5	437867	113016	518	15475	14237

12-4 畜产品产量(2017年)
Output of Livestock Products(2017)

地 区	Region	肉 类 (万吨) Output of Meat (10 000 tons)	#猪牛羊肉 Output of Pork, Beef and Mutton	猪 肉 Pork	牛 肉 Beef	羊 肉 Mutton	奶 类 (万吨) Milk (10 000 tons)	#牛 奶 Cow Milk
全 国	**National Total**	**8654.4**	**6557.5**	**5451.8**	**634.6**	**471.1**	**3148.6**	**3038.6**
上 海	Shanghai	17.6	15.1	14.6	0.1	0.3	36.4	36.4
江 苏	Jiangsu	342.3	225.2	214.3	2.9	8.0	49.0	49.0
浙 江	Zhejiang	114.7	87.0	83.3	1.3	2.4	14.3	14.3
安 徽	Anhui	415.2	267.3	242.7	8.1	16.5	29.8	29.8
江 西	Jiangxi	326.1	263.5	249.5	12.0	2.0	9.5	9.5
湖 北	Hubei	435.3	364.7	339.3	15.8	9.7	12.8	12.8
湖 南	Hunan	543.3	481.5	449.6	17.0	14.9	6.1	6.1
重 庆	Chongqing	180.6	144.1	130.0	7.3	6.8	5.1	5.1
四 川	Sichuan	653.8	532.8	472.2	33.3	27.2	63.8	63.7
贵 州	Guizhou	206.5	184.0	160.1	19.1	4.8	4.4	4.4
云 南	Yunnan	419.2	374.1	320.2	35.8	18.1	64.5	56.8

12-4 续表 continued

地 区	Region	绵羊毛 (吨) Sheep Wool (ton)	#细羊毛 Fine Wool	#半细羊毛 Semi-Fine Wool	山羊粗毛 (吨) Goat Wool (ton)	山羊绒 (吨) Cashmere (ton)	禽 蛋 (万吨) Poultry Eggs (10 000 tons)	蜂 蜜 (万吨) Honey (10 000 tons)
全 国	**National Total**	**409353**	**127921**	**133458**	**32863**	**17852**	**3096.3**	**54.3**
上 海	Shanghai	7.0			107.0		3.4	0.1
江 苏	Jiangsu	289.1	65.3	223.7	7.9	0.0	183.4	0.3
浙 江	Zhejiang	1768.9		1768.9	414.8		35.9	16.4
安 徽	Anhui	231.0	111.0	120.0	56.0	10.0	154.7	1.8
江 西	Jiangxi						45.7	1.5
湖 北	Hubei	7.9		5.0	9.3		168.2	2.8
湖 南	Hunan				2.2	0.8	103.2	1.0
重 庆	Chongqing	4.0		4.0			40.3	2.3
四 川	Sichuan	5840.1	1841.2	3055.0	524.0	141.7	144.5	5.8
贵 州	Guizhou	597.0	160.0	436.0	84.0	10.0	18.7	0.4
云 南	Yunnan	1607.0	208.0	1121.0	110.0	4.0	30.3	1.1

12-5 水产品产量(2017年)
Output of Aquatic Products(2017)

单位：万吨 (10 000 tons)

地 区	Region	水产品总产量 Total Aquatic Products	海水产品 Seawater Aquatic Products	天然生产 Naturally Grown	人工养殖 Artificially Cultured	鱼 类 Fish	虾蟹类 Shrimps, Prawns and Crabs	贝 类 Shellfish	藻 类 Algae	其 他 Others
全 国	**National Total**	**6445.3**	**3321.7**	**1321.0**	**2000.7**	**1115.8**	**370.7**	**1481.4**	**224.8**	**129.0**
上 海	Shanghai	26.9	14.5	14.5		13.5	1.0	0.0		0.0
江 苏	Jiangsu	507.6	148.7	55.7	93.1	40.3	27.0	72.2	4.3	4.9
浙 江	Zhejiang	594.5	472.4	356.1	116.3	262.6	90.3	94.9	7.5	17.1
安 徽	Anhui	218.0								
江 西	Jiangxi	250.6								
湖 北	Hubei	465.4								
湖 南	Hunan	241.5								
重 庆	Chongqing	51.5								
四 川	Sichuan	150.7								
贵 州	Guizhou	25.5								
云 南	Yunnan	63.1								

12-5 续表 continued

单位：万吨 (10 000 tons)

地 区	Region	淡水产品 Freshwater Aquatic Products	天然生产 Naturally Grown	人工养殖 Artificially Cultured	鱼 类 Fish	虾蟹类 Shrimps, Prawns and Crabs	贝 类 Shellfish	其 他 Others
全 国	**National Total**	**3123.6**	**218.3**	**2905.3**	**2702.6**	**320.8**	**46.7**	**53.6**
上 海	Shanghai	12.4	0.1	12.3	9.9	2.5		0.1
江 苏	Jiangsu	358.9	30.8	328.1	260.1	85.0	10.3	3.4
浙 江	Zhejiang	122.1	11.4	110.7	91.7	13.8	3.4	13.2
安 徽	Anhui	218.0	27.9	190.1	169.4	35.2	8.9	4.5
江 西	Jiangxi	250.6	22.6	228.0	220.5	16.2	6.8	7.1
湖 北	Hubei	465.4	29.3	436.1	369.5	86.9	2.2	6.7
湖 南	Hunan	241.5	9.5	232.0	217.6	16.7	2.7	4.5
重 庆	Chongqing	51.5	1.9	49.6	50.6	0.5	0.0	0.3
四 川	Sichuan	150.7	5.4	145.4	148.3	1.2	0.4	0.8
贵 州	Guizhou	25.5	1.2	24.3	25.2	0.2	0.0	0.1
云 南	Yunnan	63.1	5.6	57.5	62.3	0.4	0.2	0.3

12-6 人均主要农产品产量(2017年)
Per Capita Output of Major Farm Products(2017)

单位：公斤 (kg)

地 区	Region	粮 食 Grain	谷 物 Cereal	棉 花 Cotton	油 料 Oil-bearing Crops	猪牛羊肉 Pork, Beef and Mutton	水产品 Total Aquatic Products	牛 奶 Milk
全 国	**National Total**	**477**	**444**	**4.1**	**25.1**	**47.3**	**46.5**	**21.9**
上 海	Shanghai	41	41		0.3	6.2	11.1	15.0
江 苏	Jiangsu	451	441	0.3	10.7	28.1	63.3	6.1
浙 江	Zhejiang	103	91	0.1	4.8	15.5	105.7	2.5
安 徽	Anhui	646	628	1.4	24.8	42.9	35.0	4.8
江 西	Jiangxi	482	466	2.3	26.2	57.2	54.4	2.1
湖 北	Hubei	483	461	3.1	52.2	61.9	79.0	2.2
湖 南	Hunan	449	432	1.6	33.0	70.4	35.3	0.9
重 庆	Chongqing	353	247		20.4	47.1	16.8	1.7
四 川	Sichuan	421	342	0.0	43.2	64.3	18.2	7.7
贵 州	Guizhou	348	266	0.0	32.4	51.6	7.1	1.2
云 南	Yunnan	385	328		11.8	78.2	13.2	11.9

十三、工业　Industry

13-1　规模以上工业企业主要指标(2017年)
Main Indicators of Industrial Enterprises above Designated Size(2017)

单位：亿元　(100 million yuan)

地　区	Region	企业单位数(个) Number of Enterprises (unit)	资产总计 Total Assets	流动资产合　计 Total Current Assets	应收账款 Accounts Receivable	存　货 Inventories	#产成品 Finished Goods	负债合计 Total Liabilities
全　国	**National Total**	**372729**	**1121909.57**	**534080.93**	**135645.13**	**113305.35**	**42393.68**	**628016.30**
上　海	Shanghai	8122	42355.44	24955.59	7173.62	4989.24	1611.61	20600.05
江　苏	Jiangsu	45414	116706.58	62998.00	20704.09	13533.75	5154.21	61086.66
浙　江	Zhejiang	39949	71263.09	39320.70	11742.05	8340.03	3349.27	39123.28
安　徽	Anhui	18883	35039.74	16953.48	4873.47	3700.17	1433.18	19732.32
江　西	Jiangxi	10889	21557.67	10049.40	2453.59	2288.25	877.40	10997.98
湖　北	Hubei	15097	38585.32	18260.79	4563.32	4084.90	1666.94	20707.95
湖　南	Hunan	15201	27766.56	12188.95	3504.61	3096.57	1000.93	13730.04
重　庆	Chongqing	6684	19760.50	9288.69	2771.08	1801.33	755.31	11622.75
四　川	Sichuan	13904	43253.61	18472.38	4646.61	3917.94	1359.77	25120.16
贵　州	Guizhou	5311	15228.11	6541.43	1098.25	1396.81	364.53	9502.08
云　南	Yunnan	4186	20241.46	7269.47	1197.29	2413.95	574.40	12555.54

13-1 续表 continued

单位：亿元 (100 million yuan)

地 区	Region	主营业务收入 Revenue from Principal Business	主营业务成本 Cost of Principal Business	销售费用 Selling Expenses	管理费用 Administrative Expenses	财务费用 Financial Expenses	利润总额 Total Profits	平均用工人数 Annual Average Employees (10 000 persons)
全 国	**National Total**	**1133160.76**	**956119.97**	**31343.83**	**46717.81**	**12832.93**	**74916.25**	**8957.89**
上 海	Shanghai	37910.50	30397.56	1405.98	2466.76	115.30	3243.80	206.48
江 苏	Jiangsu	148996.61	127204.28	3911.19	5866.25	1232.52	10052.54	1031.37
浙 江	Zhejiang	65760.08	54851.25	1944.13	3513.85	825.30	4605.41	670.51
安 徽	Anhui	43110.37	37052.05	1092.87	1551.38	437.18	2352.44	309.46
江 西	Jiangxi	33751.65	29244.52	655.55	944.09	224.49	2355.56	274.50
湖 北	Hubei	43210.52	36637.31	1229.05	1812.12	417.27	2608.03	315.65
湖 南	Hunan	38934.23	31859.74	1250.69	1876.96	436.65	2093.98	335.88
重 庆	Chongqing	20772.41	17505.49	624.70	930.98	188.34	1501.87	176.50
四 川	Sichuan	41631.26	34660.03	1313.40	1718.32	565.54	2824.26	318.54
贵 州	Guizhou	10647.55	8307.78	359.68	485.20	213.86	903.43	92.89
云 南	Yunnan	11684.53	9130.91	334.73	485.31	314.03	782.65	89.60

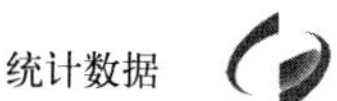

13-2　国有控股工业企业主要指标(2017年)

Main Indicators of State-holding Industrial Enterprises(2017)

单位：亿元　　(100 million yuan)

地　区	Region	企业单位数(个) Number of Enterprises (unit)	资产总计 Total Assets	流动资产合　计 Total Current Assets	应收账款 Accounts Receivable	存　货 Inventories	#产成品 Finished Goods	负债合计 Total Liabilities
全　国	**National Total**	**19022**	**439622.86**	**160206.50**	**29239.42**	**34082.74**	**9704.89**	**266097.89**
上　海	Shanghai	664	20735.01	9951.77	1697.31	1865.47	406.74	9502.56
江　苏	Jiangsu	1071	21152.30	8503.63	2347.53	1973.63	507.40	12355.94
浙　江	Zhejiang	807	11672.33	4186.34	1209.50	924.72	212.75	6416.93
安　徽	Anhui	668	14632.46	5299.94	948.82	1144.06	349.29	9066.48
江　西	Jiangxi	455	6487.45	3000.07	511.62	645.35	165.60	3996.38
湖　北	Hubei	768	17902.17	7534.64	1455.60	1568.09	549.32	10077.94
湖　南	Hunan	736	10491.70	4705.20	1200.17	1322.24	270.64	6398.51
重　庆	Chongqing	511	8423.25	3502.78	755.86	616.35	229.85	5331.10
四　川	Sichuan	970	20947.40	6869.82	1405.07	1496.89	346.13	13195.98
贵　州	Guizhou	512	9343.83	3714.86	407.61	835.52	148.59	6041.36
云　南	Yunnan	661	14186.83	4059.06	605.52	1608.59	249.49	8909.07

注：“国有控股企业”即为原“国有及国有控股企业”(以下相关表同)。

a) State-holding industrial enterprises are namely the state-owned and state-holding industrial enterprises(The same applies to the tables following).

13-2 续表 continued

单位：亿元 (100 million yuan)

地区	Region	主营业务收入 Revenue from Principal Business	主营业务成本 Cost of Principal Business	销售费用 Selling Expenses	管理费用 Administrative Expenses	财务费用 Financial Expenses	利润总额 Total Profits	平均用工人数（万人） Annual Average Employees (10 000 persons)
全　国	**National Total**	**265393.01**	**216186.13**	**5802.90**	**11981.88**	**5012.50**	**17215.49**	**1595.82**
上　海	Shanghai	15459.87	12072.19	313.79	930.13	23.37	1633.22	38.26
江　苏	Jiangsu	16506.08	13630.82	291.73	616.31	161.08	1199.78	65.05
浙　江	Zhejiang	10255.96	8339.02	173.05	332.83	123.41	844.19	30.01
安　徽	Anhui	10924.00	9096.79	198.07	460.62	205.48	498.37	70.65
江　西	Jiangxi	6858.08	6041.93	114.90	204.22	57.63	262.19	34.21
湖　北	Hubei	11815.26	9625.62	263.12	570.09	124.91	838.71	70.72
湖　南	Hunan	7593.69	5849.39	189.89	381.60	147.00	398.41	50.77
重　庆	Chongqing	5467.54	4450.79	217.49	317.51	83.12	419.00	34.54
四　川	Sichuan	10299.10	8263.04	282.30	515.03	267.65	713.81	72.46
贵　州	Guizhou	4099.47	2859.68	100.53	211.98	139.54	510.25	35.60
云　南	Yunnan	6311.14	4601.83	113.16	268.17	230.40	466.09	35.39

13-3 私营工业企业主要指标(2017年)
Main Indicators of Private Industrial Enterprises(2017)

单位：亿元 (100 million yuan)

地　区	Region	企业单位数(个) Number of Enterprises (unit)	资产总计 Total Assets	流动资产合　计 Total Current Assets	应收账款 Accounts Receivable	存　货 Inventories	#产成品 Finished Goods	负债合计 Total Liabilities
全　国	**National Total**	**215138**	**242636.74**	**127828.04**	**35237.08**	**29635.93**	**12840.83**	**127610.46**
上　海	Shanghai	3541	5087.16	3526.04	1286.05	774.52	316.32	2633.34
江　苏	Jiangsu	28504	34514.75	19329.34	6316.48	4352.76	1841.99	18597.38
浙　江	Zhejiang	28004	23253.84	14394.09	4703.61	3305.58	1385.60	14635.69
安　徽	Anhui	13182	9322.65	5072.17	1769.85	1242.06	567.50	4523.32
江　西	Jiangxi	5794	6070.37	2738.52	711.86	657.60	298.74	2632.29
湖　北	Hubei	8191	6951.16	3395.22	904.55	945.77	422.44	3200.68
湖　南	Hunan	11514	10438.91	4290.22	1300.52	1084.60	460.26	4278.03
重　庆	Chongqing	4223	5247.87	2590.93	819.03	538.32	257.62	2785.71
四　川	Sichuan	7890	7999.86	4023.49	1086.12	969.14	430.76	4009.59
贵　州	Guizhou	3344	2807.72	1352.41	332.16	295.17	119.09	1580.54
云　南	Yunnan	2044	2494.39	1368.73	249.64	378.08	159.04	1491.32

13-3 续表 continued

单位：亿元 (100 million yuan)

地 区	Region	主营业务收入 Revenue from Principal Business	主营业务成本 Cost of Principal Business	销售费用 Selling Expenses	管理费用 Administrative Expenses	财务费用 Financial Expenses	利润总额 Total Profits	平均用工人数（万人） Annual Average Employees (10 000 persons)
全 国	**National Total**	**381034.44**	**329585.66**	**9217.47**	**13430.11**	**3550.83**	**23043.00**	**3230.03**
上 海	Shanghai	4324.71	3487.10	204.95	368.69	35.76	267.55	48.35
江 苏	Jiangsu	59972.86	52104.01	1253.77	2106.35	548.32	3761.53	433.31
浙 江	Zhejiang	25814.26	22149.63	675.78	1428.70	357.02	1307.97	354.35
安 徽	Anhui	18344.80	16126.52	450.07	567.46	138.73	972.87	141.08
江 西	Jiangxi	12444.70	10796.27	253.43	319.27	77.71	915.58	95.76
湖 北	Hubei	14310.16	12462.92	391.35	513.25	142.98	711.48	108.59
湖 南	Hunan	21638.51	17901.40	740.91	1062.95	216.71	1152.43	200.02
重 庆	Chongqing	7782.81	6532.34	225.20	312.96	58.36	604.64	81.97
四 川	Sichuan	15098.46	12923.07	457.78	536.20	133.03	891.37	118.13
贵 州	Guizhou	3796.66	3160.79	129.67	160.79	33.18	236.93	32.83
云 南	Yunnan	2542.23	2193.41	70.34	96.59	32.86	137.67	28.04

13-4 外商投资和港澳台商投资工业企业主要指标(2017年)
Main Indicators of Industrial Enterprises with Hong Kong, Macao, Taiwan and Foreign Funds(2017)

单位：亿元 (100 million yuan)

地 区	Region	企业单位数(个) Number of Enterprises (unit)	资产总计 Total Assets	流动资产合计 Total Current Assets	应收账款 Accounts Receivable	存货 Inventories	#产成品 Finished Goods	负债合计 Total Liabilities
全 国	**National Total**	**47458**	**215998.05**	**128098.37**	**41604.23**	**25712.28**	**9695.96**	**116678.12**
上 海	Shanghai	3393	18763.42	12647.56	4252.12	2530.59	940.21	10234.02
江 苏	Jiangsu	9553	40175.13	23517.20	8671.63	4849.00	1837.01	19724.15
浙 江	Zhejiang	4853	16022.62	9801.42	2889.12	2045.64	839.70	8053.68
安 徽	Anhui	750	3628.01	2203.51	927.36	353.74	141.40	2165.91
江 西	Jiangxi	732	3093.57	1383.90	433.79	302.17	127.46	1653.27
湖 北	Hubei	795	6385.33	3446.04	865.27	495.42	208.89	3790.59
湖 南	Hunan	525	2628.95	1300.07	486.47	206.00	88.15	1344.43
重 庆	Chongqing	405	3632.06	1906.21	656.72	389.00	151.12	2298.68
四 川	Sichuan	572	4531.56	2629.01	1052.63	399.11	172.80	2620.57
贵 州	Guizhou	99	466.78	167.15	43.02	22.75	7.36	285.06
云 南	Yunnan	165	753.22	316.47	62.75	84.79	27.83	436.56

13-4 续表 continued

单位：亿元 (100 million yuan)

地 区	Region	主营业务收入 Revenue from Principal Business	主营业务成本 Cost of Principal Business	销售费用 Selling Expenses	管理费用 Administrative Expenses	财务费用 Financial Expenses	利润总额 Total Profits	平均用工人数(万人) Annual Average Employees (10 000 persons)
全 国	**National Total**	**247619.69**	**208242.52**	**8328.49**	**10999.15**	**1417.06**	**18412.38**	**2052.25**
上 海	Shanghai	22969.73	18521.21	874.74	1478.78	39.23	1978.15	115.59
江 苏	Jiangsu	49059.96	41850.03	1366.96	2084.98	265.43	3477.47	371.24
浙 江	Zhejiang	15000.46	12316.40	561.63	851.42	153.05	1205.31	140.54
安 徽	Anhui	4928.76	4245.31	164.29	166.63	17.89	276.94	28.43
江 西	Jiangxi	4258.20	3614.03	79.34	131.09	35.62	367.80	40.43
湖 北	Hubei	7191.02	5963.75	248.77	311.61	26.27	583.35	42.09
湖 南	Hunan	3466.59	2927.43	104.45	141.67	20.93	201.40	32.98
重 庆	Chongqing	5228.23	4486.55	156.54	226.77	9.44	334.37	27.57
四 川	Sichuan	5704.26	4843.19	94.17	131.32	22.17	551.17	29.87
贵 州	Guizhou	285.85	228.32	12.95	11.84	6.69	22.30	2.31
云 南	Yunnan	519.69	404.75	45.21	28.85	9.55	36.24	5.03

13-5 工业产品产量(2017年)
Output of Industrial Products(2017)

地 区	Region	原 煤 (亿吨) Coal (100 million tons)	天然气 (亿立方米) Natural Gas (100 million cu.m)	原 盐 (万吨) Salt (10 000 tons)	成品糖 (万吨) Refined Sugar (10 000 tons)	啤 酒 (万千升) Beer (10 000 kiloliter)	卷 烟 (亿支) Cigarettes (100 million pieces)	布 (亿米) Cloth (100 million m)	机制纸及纸板 (万吨) Machine-made Paper and Paperboards (10 000 tons)
全 国	**National Total**	**35.24**	**1480.35**	**6654.17**	**1472.04**	**4401.49**	**23448.25**	**787.68**	**12542.01**
上 海	Shanghai		1.71			56.43	896.65	0.96	46.25
江 苏	Jiangsu	0.13	2.94	892.89	0.71	179.42	1042.12	124.75	1277.68
浙 江	Zhejiang		6.14	8.67	0.58	254.41	957.02	202.63	1911.21
安 徽	Anhui	1.17	2.60	152.55		96.05	1026.83	12.75	350.38
江 西	Jiangxi	0.09	0.21	197.17		130.30	658.27	12.04	211.04
湖 北	Hubei	0.03	1.27	434.52		165.52	1265.88	75.93	276.72
湖 南	Hunan	0.19		308.05	3.66	73.13	1678.04	3.14	402.28
重 庆	Chongqing	0.12	60.70	178.46	0.71	78.95	421.50	3.61	328.99
四 川	Sichuan	0.48	356.39	582.81	2.13	240.66	734.10	14.94	237.07
贵 州	Guizhou	1.63	4.15		6.30	92.35	1076.05	0.25	35.50
云 南	Yunnan	0.47	0.04	148.49	225.59	98.01	3589.36	0.01	89.55

13-5 续表 1 continued

地 区	Region	焦 炭 (万吨) Coke (10 000 tons)	硫 酸 (万吨) Sulfuric Acid (10 000 tons)	烧 碱 (万吨) Caustic Soda (10 000 tons)	纯 碱 (万吨) Soda Ash (10 000 tons)	乙 烯 (万吨) Ethylene (10 000 tons)	农用氮、磷、钾化肥 (万吨) Chemical Fertilizer (10 000 tons)	化学农药原药 (万吨) Chemical Pesticide (10 000 tons)
全 国	**National Total**	**43142.55**	**9212.92**	**3329.17**	**2767.14**	**1821.84**	**5891.71**	**250.74**
上 海	Shanghai	556.92	19.02	74.45		201.20	1.86	0.63
江 苏	Jiangsu	2060.19	383.23	364.80	456.23	145.30	164.70	117.80
浙 江	Zhejiang	228.55	267.31	188.83	32.28	144.24	19.89	21.18
安 徽	Anhui	1057.56	583.07	78.31	86.55		214.12	9.31
江 西	Jiangxi	593.60	272.60	34.77			23.34	3.54
湖 北	Hubei	885.29	1289.46	79.73	155.64	86.70	717.09	17.98
湖 南	Hunan	653.59	195.88	42.79	30.25		62.86	4.90
重 庆	Chongqing	173.52	185.64	34.01	97.25		150.44	2.01
四 川	Sichuan	1072.16	631.87	92.74	124.15		417.13	14.28
贵 州	Guizhou	510.21	829.56				556.32	0.34
云 南	Yunnan	963.80	1373.13	23.61	10.20		291.77	0.01

13-5 续表 2 continued

地区	Region	初级形态的塑料 (万吨) Primary Plastic (10 000 tons)	化学纤维 (万吨) Chemical Fiber (10 000 tons)	水泥 (万吨) Cement (10 000 tons)	平板玻璃 (万重量箱) Plate Glass (10 000 weight cases)	生铁 (万吨) Pig Iron (10 000 tons)	粗钢 (万吨) Crude Steel (10 000 tons)	钢材 (万吨) Rolled Steel (10 000 tons)
全国	**National Total**	**8458.08**	**4877.05**	**233084.06**	**83765.80**	**71361.93**	**83138.09**	**104642.05**
上海	Shanghai	364.03	43.45	417.53		1447.72	1607.70	2056.04
江苏	Jiangsu	1175.39	1425.33	17357.29	2748.61	7131.97	10427.73	12295.44
浙江	Zhejiang	896.29	2055.37	11284.99	4490.79	855.54	1090.68	3160.46
安徽	Anhui	137.35	38.98	13474.02	3769.49	2414.00	2833.93	3046.83
江西	Jiangxi	25.46	46.33	8984.58	17.83	2143.19	2412.69	2474.35
湖北	Hubei	191.86	27.64	11192.71	8773.21	2401.29	2875.18	3610.12
湖南	Hunan	48.40	8.20	11980.95	2561.85	1789.93	2041.41	2210.15
重庆	Chongqing	38.89	8.29	6376.78	1448.76	384.10	411.44	917.25
四川	Sichuan	232.58	126.47	13823.83	5402.67	1899.65	2026.31	2491.16
贵州	Guizhou	8.82	2.41	11363.33	1521.26	343.71	439.90	495.72
云南	Yunnan	23.43	6.15	11515.21	323.46	1322.12	1517.50	1607.38

13-5 续表 3 continued

地 区	Region	金属切削机床（万台）Metal-cutting Machine Tools (10 000 units)	大中型拖拉机（万台）Large and Medium-sized Tractors (10 000 units)	汽 车（万辆）Motor Vehicles (10 000 units)	#轿 车 Cars	发电机组（万千瓦）Power Generation Equipment (10 000 kW)	家用电冰箱（万台）Household Refrigerators (10 000 units)	房间空气调节器(万台) Air Conditioners (10 000 units)
全 国	**National Total**	**60.85**	**34.44**	**2901.81**	**1194.54**	**11822.93**	**8548.39**	**17861.53**
上 海	Shanghai	0.53		291.32	195.94	3458.46	54.74	389.74
江 苏	Jiangsu	9.01	5.49	119.85	58.41	567.71	894.95	424.80
浙 江	Zhejiang	10.39	1.29	74.00	61.01	516.08	647.31	1483.96
安 徽	Anhui	8.35	0.28	115.83	27.23		3256.75	3736.41
江 西	Jiangxi	0.55	0.01	56.55	3.13	28.39	112.09	452.48
湖 北	Hubei	0.49		266.61	113.95	97.40	473.74	1746.05
湖 南	Hunan	0.57		51.86	24.67	131.54		
重 庆	Chongqing	0.60		251.59	82.28	105.78	132.20	1644.33
四 川	Sichuan	0.55	0.01	83.24	3.67	3074.86	83.21	316.13
贵 州	Guizhou	0.15		0.27			125.90	
云 南	Yunnan	1.86	3.28	14.29	0.01	60.17		

13-5 续表 4 continued

地 区	Region	家用洗衣机（万台） Household Washing Machines (10 000 units)	移动通信手持机（万台） Mobile Telephones (10 000 units)	微型计算机设备(万台) Micro-Computer Equipment (10 000 units)	集成电路（亿块） Integrated Circuit (100 million units)	彩色电视机（万台） Color Television Sets (10 000 units)	发电量（亿千瓦小时） Electricity (100 million kWh)	#水 电 Hydropower
全 国	**National Total**	**7500.88**	**188982.37**	**30678.37**	**1564.58**	**15932.62**	**64951.43**	**11898.40**
上 海	Shanghai	148.76	4710.20	2487.31	233.19	136.12	859.25	
江 苏	Jiangsu	1879.29	6442.90	5617.10	517.91	1368.94	4914.74	29.02
浙 江	Zhejiang	1227.09	5495.71	186.41	79.88	609.64	3312.33	198.73
安 徽	Anhui	2055.97	117.00	1876.77	7.31	948.17	2456.28	52.97
江 西	Jiangxi	68.64	3837.68			30.30	1128.82	144.17
湖 北	Hubei		4784.69	1279.75	0.01	16.00	2615.46	1499.39
湖 南	Hunan		571.73	32.48	4.35	5.88	1434.67	597.37
重 庆	Chongqing	324.31	23181.18	6619.78	4.63	13.81	728.10	250.99
四 川	Sichuan	157.46	3178.03	6981.67	58.07	1046.74	3480.38	3041.20
贵 州	Guizhou		3051.35	23.39	1.34	205.45	1899.10	699.91
云 南	Yunnan		643.39	17.90	1.40	33.59	2955.06	2493.43

十四、建筑业 Construction

14-1 建筑业增加值
Value-added of Construction

单位：亿元 (100 million yuan)

地 区	Region	2011	2012	2013	2014	2015	2016	2017
全 国	**National Total**	**22070.98**	**26583.31**	**33071.51**	**35270.15**	**36064.66**	**37626.82**	**39765.33**
上 海	Shanghai	677.30	715.52	709.14	791.94	834.17	835.15	869.74
江 苏	Jiangsu	3421.43	4336.53	5372.16	5907.54	5996.52	6277.79	6717.06
浙 江	Zhejiang	2814.43	3647.60	4190.81	4653.56	4713.14	4807.23	5004.41
安 徽	Anhui	810.10	900.84	1180.43	1258.45	1206.51	1248.35	1276.06
江 西	Jiangxi	348.95	512.16	660.06	769.61	841.22	858.11	940.29
湖 北	Hubei	975.37	1234.43	1672.37	1694.39	1960.37	2065.89	2126.74
湖 南	Hunan	652.48	769.42	1247.58	1265.89	1277.14	1321.50	1379.81
重 庆	Chongqing	690.31	743.78	1084.42	1265.85	1501.25	1572.99	1672.50
四 川	Sichuan	943.64	1103.05	1319.64	1305.74	1373.79	1392.01	1514.51
贵 州	Guizhou	154.30	186.35	254.45	272.06	274.90	347.96	456.62
云 南	Yunnan	272.38	371.59	575.87	551.46	551.65	646.31	687.01

14-2 按登记注册类型分建筑业企业单位数（2017年）
Number of Construction Enterprises by Registration Status (2017)

单位：个 (unit)

地 区	Region	合 计 Total	内资企业 Domestic Funded	#国 有 State-owned	#集 体 Collective-owned	港澳台商投资企业 Funded from Hong Kong, Macao and Taiwan	#港澳台商独资企业 Solely Owned	外商投资企业 Foreign Funded	#外商独资企业 Solely Owned
全 国	**National Total**	**88074**	**87522**	**3453**	**2873**	**334**	**79**	**218**	**73**
上 海	Shanghai	2554	2450	71	32	56	25	48	23
江 苏	Jiangsu	8640	8563	185	100	37	10	40	19
浙 江	Zhejiang	6231	6208	76	71	17	4	6	2
安 徽	Anhui	3111	3103	104	71	4	2	4	2
江 西	Jiangxi	2372	2360	106	155	9	1	3	
湖 北	Hubei	3692	3677	211	79	12	3	3	
湖 南	Hunan	2280	2273	175	161	6	1	1	1
重 庆	Chongqing	2707	2700	92	60	6	2	1	1
四 川	Sichuan	4501	4490	179	129	7	2	4	1
贵 州	Guizhou	1029	1029	101	54				
云 南	Yunnan	2656	2654	89	128	1		1	

14-3 按登记注册类型分建筑业企业从业人员（2017年）
Number of Staff and Workers in Construction Enterprises by Registration Status(2017)

单位：人 (person)

地区	Region	合计 Total	内资企业 Domestic Funded	#国有 State-owned	#集体 Collective-owned	港澳台商投资企业 Funded from Hong Kong, Macao and Taiwan	#港澳台商独资企业 Solely Owned	外商投资企业 Foreign Funded	#外商独资企业 Solely Owned
全国	**National Total**	**55296339**	**55028874**	**4284259**	**1586786**	**190321**	**30299**	**77144**	**24908**
上海	Shanghai	920360	896876	65522	12111	9657	3669	13827	8191
江苏	Jiangsu	7729042	7710171	150164	43557	10840	2741	8031	3984
浙江	Zhejiang	7928855	7884984	51053	96942	25131	11056	18740	1004
安徽	Anhui	1714806	1713551	189855	37560	723	656	532	477
江西	Jiangxi	1608904	1559201	75805	91397	48939	21	764	
湖北	Hubei	2890998	2882399	180234	30207	1696	59	6903	
湖南	Hunan	2472774	2463711	382598	114370	4282	685	4781	4781
重庆	Chongqing	2247938	2246176	100963	45533	1731	342	31	31
四川	Sichuan	3528317	3526089	370919	138057	1940	303	288	40
贵州	Guizhou	776374	776374	201955	21697				
云南	Yunnan	1527189	1527087	108570	57964	82		20	

14-4 建筑业总产值（2017年）
Total Output Value of Construction(2017)

单位：亿元 (100 million yuan)

地 区	Region	建筑业总产值 Total Output Value	建筑工程产值 Output Value of Construction	安装工程产值 Output Value of Installation	其 他 Others
全 国	**National Total**	**213943.56**	**189164.63**	**17882.03**	**6896.90**
上 海	Shanghai	6426.42	5436.47	851.45	138.50
江 苏	Jiangsu	27956.71	26227.46	1522.97	206.28
浙 江	Zhejiang	27235.83	24524.24	2011.38	700.20
安 徽	Anhui	6829.67	5790.82	529.25	509.59
江 西	Jiangxi	6166.81	5349.42	459.12	358.27
湖 北	Hubei	13390.73	11892.76	1096.67	401.30
湖 南	Hunan	8423.00	7235.73	610.33	576.94
重 庆	Chongqing	7605.66	6858.35	452.20	295.11
四 川	Sichuan	11400.34	9861.37	1054.57	484.40
贵 州	Guizhou	2932.96	2600.35	235.52	97.09
云 南	Yunnan	4726.36	4185.85	301.10	239.41

14-5 建筑业企业资产（2017年）
Assets of Construction Enterprises(2017)

单位：万元 (10 000 yuan)

地 区	Region	资产总计 Total Assets	#流动资产 Circulating Funds	#固定资产 Fixed Assets	#在建工程 Under Construction
全 国	**National Total**	**2046641281**	**1619782159**	**142780101**	**17211822**
上 海	Shanghai	99441116	83685436	4231864	326334
江 苏	Jiangsu	189604740	157429373	15716880	1685010
浙 江	Zhejiang	128968397	106266327	10225983	606010
安 徽	Anhui	61246990	48455258	4680560	492344
江 西	Jiangxi	40768434	31704546	3592052	469028
湖 北	Hubei	114516511	90564057	10067173	2007251
湖 南	Hunan	53519970	40319947	4960396	784285
重 庆	Chongqing	57067081	45714170	4872445	962414
四 川	Sichuan	108068565	74940343	6329771	1177303
贵 州	Guizhou	42523443	35270398	1548756	364539
云 南	Yunnan	55095810	41477825	3718855	425485

14-6 建筑业企业营业收入(2017年)
Business Revenue of Construction Enterprises(2017)

单位：万元 (10 000 yuan)

地 区	Region	营业收入 Business Revenue	主营业务收入 Revenue from Principal Business	#主营业务成本 Costs of Principal Business	#主营业务利润 Profits from Principal Business	其他业务收入 Revenue from Other Businesses	#其他业务利润 Profits from Other Businesses
全 国	**National Total**	**1941645830**	**1917493217**	**1726715735**	**72457626**	**24152613**	**1678508**
上 海	Shanghai	82325551	81689252	75790973	1826424	636299	93098
江 苏	Jiangsu	230031186	228801136	205106202	10392406	1230050	166189
浙 江	Zhejiang	202098177	201025085	187131241	6091299	1073092	137973
安 徽	Anhui	59052015	58457807	51568960	2077133	594208	34078
江 西	Jiangxi	53369792	52190891	46711794	1967269	1178901	24057
湖 北	Hubei	124849032	123925160	110630655	5080520	923872	53052
湖 南	Hunan	76870058	76239247	69071106	2424019	630811	39267
重 庆	Chongqing	63254128	62577112	54146745	3378626	677015	63589
四 川	Sichuan	86313271	82833888	72778536	2661997	3479383	102854
贵 州	Guizhou	29563998	28755604	26547619	966061	808394	15160
云 南	Yunnan	40092388	39273299	34842636	1582402	819089	38461

14-7 建筑业企业利税总额（2017年）
Total Pre-tax Profits of Construction Enterprises(2017)

地 区	Region	利税总额合计（万元）Total Pre-tax Profits (10 000 yuan)	利润总额 Total Profits	税金总额 Total Tax	产值利税率（%）Ratio of Pre-tax Profits to Output Value (%)	资产利税率（%）Ratio of Pre-tax Profits to Assets (%)
全 国	**National Total**	**138590949**	**74917778**	**63673172**	**6.5**	**6.8**
上 海	Shanghai	3766924	2130971	1635952	5.9	3.8
江 苏	Jiangsu	19879894	10602583	9277311	7.1	10.5
浙 江	Zhejiang	12862771	6277004	6585767	4.7	10.0
安 徽	Anhui	4097385	2120874	1976511	6.0	6.7
江 西	Jiangxi	3849524	1979296	1870228	6.2	9.4
湖 北	Hubei	9125371	5151008	3974363	6.8	8.0
湖 南	Hunan	5479262	2467631	3011631	6.5	10.2
重 庆	Chongqing	5938185	3401191	2536994	7.8	10.4
四 川	Sichuan	5973766	2790624	3183142	5.2	5.5
贵 州	Guizhou	1873186	1010509	862676	6.4	4.4
云 南	Yunnan	3223259	1631372	1591887	6.8	5.9

14-8 建筑业企业房屋建筑面积(2017年)

Floor Space of Buildings Constructed by Construction Enterprises(2017)

单位：万平方米 (10 000 sq.m)

地区	Region	房屋建筑面积 Floor Space of Buildings		#国有 State-owned		#集体 Collective-owned	
		施工面积 Floor Space under Construction	竣工面积 Floor Space Completed	施工面积 Floor Space under Construction	竣工面积 Floor Space Completed	施工面积 Floor Space under Construction	竣工面积 Floor Space Completed
全 国	**National Total**	**1318374.1**	**419072.3**	**132877.1**	**25525.8**	**29439.7**	**14199.1**
上 海	Shanghai	41197.5	8066.5	1078.8	282.4	64.8	28.9
江 苏	Jiangsu	232034.2	75454.3	4116.4	813.4	731.0	343.1
浙 江	Zhejiang	205794.8	66565.3	385.0	121.9	2404.8	1106.8
安 徽	Anhui	44221.3	14981.2	9220.9	1053.1	367.1	293.9
江 西	Jiangxi	30726.8	15042.2	1726.2	591.6	2295.4	1332.0
湖 北	Hubei	79257.7	30836.9	17032.9	2708.9	538.2	392.7
湖 南	Hunan	54593.7	19840.3	8908.0	2338.6	2437.3	1427.8
重 庆	Chongqing	33196.7	13448.2	792.1	302.5	500.7	359.6
四 川	Sichuan	58278.7	21648.3	11798.0	2632.8	1594.6	1069.8
贵 州	Guizhou	18054.4	4714.1	4229.6	719.0	391.0	222.6
云 南	Yunnan	17318.1	7451.8	3606.1	641.3	634.1	406.9

十五、批发和零售业 Wholesale and Retail Trades

15-1 限额以上批发业企业主要指标(2017年)

Main Indicators of Enterprises above Designated Size of Wholesale Trade (2017)

单位：亿元 (100 million yuan)

地 区	Region	法人企业(个) Number of Corporation Enterprises (unit)	年末从业人数(人) Engaged Persons at Year-end (person)	商品购进额 Total Purchases Value	#进口 Imports	商品销售额 Total Sales Value	#出口 Exports	期末商品库存额 Stock (year-end)	资产总计 Total Assets
全 国	**National Total**	**100988**	**5063213**	**468165.4**	**40754.0**	**507096.0**	**23544.6**	**31609.0**	**222004.5**
上 海	Shanghai	4567	466284	79626.0	13098.4	87903.0	3959.0	4901.7	28370.8
江 苏	Jiangsu	11193	414877	40834.1	1432.6	43334.1	2477.7	3720.9	16420.9
浙 江	Zhejiang	12600	402936	45201.2	2618.1	48203.2	4556.9	2039.9	18943.4
安 徽	Anhui	2327	122346	6670.6	253.8	7387.0	221.5	601.1	3533.4
江 西	Jiangxi	1121	95833	2266.2	11.2	3075.3	65.7	195.6	1487.1
湖 北	Hubei	2731	188037	10656.0	61.1	11901.2	385.0	805.4	4199.1
湖 南	Hunan	2119	113009	5093.0	48.3	5491.7	56.0	445.2	2177.3
重 庆	Chongqing	2406	107858	7275.5	348.6	8143.4	183.4	368.1	3269.1
四 川	Sichuan	2307	150494	7345.0	113.3	8211.5	118.6	473.3	3529.1
贵 州	Guizhou	1067	62036	3031.5	8.4	3808.3	105.5	225.7	2891.6
云 南	Yunnan	1100	78607	5977.0	308.6	6853.2	252.7	522.7	3272.7

15-1 续表 continued

单位：亿元 (100 million yuan)

地 区	Region	#流动资产合计 Total Current Assets	#固定资产合计 Total Fixed Assets	负债合计 Total Liabilities	所有者权益合计 Total Owners' Equities	主营业务收入 Revenue from Principal Business	主营业务成本 Cost of Principal Business	主营业务税金及附加 Taxes and Other Charges on Principal Business	主营业务利润 Profits from Principal Business
全 国	**National Total**	**175375.6**	**9165.4**	**161596.8**	**60449.8**	**445793.6**	**416935.3**	**2453.4**	**26404.9**
上 海	Shanghai	22419.6	579.4	20122.5	8248.8	76668.7	71415.8	116.4	5136.5
江 苏	Jiangsu	13712.1	699.5	12398.5	4019.7	38413.5	35869.9	168.7	2374.9
浙 江	Zhejiang	14897.0	594.0	14250.0	4693.3	42373.4	40451.3	162.5	1759.6
安 徽	Anhui	2848.9	176.9	2507.4	1026.0	6474.0	5839.0	84.5	550.6
江 西	Jiangxi	1165.4	179.4	1052.9	434.3	2810.9	2444.9	60.2	305.8
湖 北	Hubei	3271.8	428.0	2872.2	1326.9	10363.2	9474.0	93.6	795.6
湖 南	Hunan	1587.3	219.3	1462.5	714.7	4855.0	4255.5	116.2	483.2
重 庆	Chongqing	2733.5	173.7	2260.0	1009.0	7278.1	6677.1	105.8	495.2
四 川	Sichuan	2939.2	195.3	2618.7	910.4	7103.0	6448.6	109.3	545.1
贵 州	Guizhou	2508.6	113.1	1672.8	1218.8	3332.4	2665.1	74.4	592.9
云 南	Yunnan	2530.7	175.3	1932.0	1340.8	6090.7	5518.0	71.1	501.6

15-2 限额以上零售业企业主要指标(2017年)
Main Indicators of Enterprises above Designated Size of Retail Trade(2017)

单位：亿元 (100 million yuan)

地 区	Region	法人企业(个) Number of Corporation Enterprises (unit)	年末从业人数(人) Engaged Persons at Year-end (person)	商品购进额 Total Purchases Value	#进口 Imports	商品销售额 Total Sales Value	#出口 Exports	期末商品库存额 Stock (year-end)	资产总计 Total Assets
全 国	**National Total**	**99182**	**6774776**	**104122.4**	**2989.8**	**123085.3**	**72.5**	**11788.0**	**61205.9**
上 海	Shanghai	1870	356647	5911.3	444.1	7437.3	0.8	893.4	3652.3
江 苏	Jiangsu	8411	522277	9237.7	241.3	11200.8	4.9	1438.3	6009.3
浙 江	Zhejiang	5791	379812	6936.6	348.1	8398.9	4.0	771.3	3755.5
安 徽	Anhui	4875	251095	3502.1	51.0	4104.5	0.6	346.9	1920.7
江 西	Jiangxi	2894	146993	1557.1	25.5	1784.8	2.2	226.4	1008.1
湖 北	Hubei	4459	321044	5152.8	75.0	5897.8	1.1	493.3	2565.2
湖 南	Hunan	5180	264196	4139.8	87.7	4965.3	2.4	412.1	3596.4
重 庆	Chongqing	3483	208586	2965.3	84.0	3534.5	2.7	233.1	1358.7
四 川	Sichuan	4346	300873	4873.5	152.8	5491.3	5.2	412.4	2284.4
贵 州	Guizhou	2416	101540	1732.0	33.6	2092.8		161.0	1177.9
云 南	Yunnan	2241	138256	1979.0	32.2	2472.5	2.3	220.2	1125.7

15-2 续表 continued

单位：亿元 (100 million yuan)

地区	Region	#流动资产合计 Total Current Assets	#固定资产合计 Total Fixed Assets	负债合计 Total Liabilities	所有者权益合计 Total Owners' Equities	主营业务收入 Revenue from Principal Business	主营业务成本 Cost of Principal Business	主营业务税金及附加 Taxes and Other Charges on Principal Business	主营业务利润 Profits from Principal Business
全国	**National Total**	**41718.7**	**8180.6**	**41502.9**	**19678.0**	**107015.8**	**93891.9**	**493.4**	**12630.5**
上海	Shanghai	2728.3	413.2	2604.1	1048.4	6521.8	5223.2	30.0	1268.7
江苏	Jiangsu	3818.7	842.6	3925.5	2083.9	9795.8	8675.6	39.0	1081.3
浙江	Zhejiang	2638.7	468.4	2848.7	906.8	6898.5	6119.6	22.2	756.7
安徽	Anhui	1345.6	310.4	1268.2	652.4	3581.3	3203.1	13.1	365.1
江西	Jiangxi	695.2	142.0	636.2	371.9	1631.0	1439.7	9.2	182.1
湖北	Hubei	1661.6	474.4	1794.9	770.3	4877.0	4275.8	30.4	570.8
湖南	Hunan	1296.1	434.6	1340.3	2256.1	4495.8	3958.1	31.5	506.2
重庆	Chongqing	909.8	200.2	944.1	414.9	3134.6	2726.1	21.8	386.7
四川	Sichuan	1525.0	320.5	1517.5	766.9	4914.3	4372.0	18.2	524.1
贵州	Guizhou	882.4	147.3	855.4	322.5	1852.0	1652.0	6.5	193.4
云南	Yunnan	760.7	163.1	759.9	365.8	2139.3	1920.6	5.6	213.1

15-3 连锁零售企业基本情况(2017年)
Basic Conditions of Chain Retail Enterprises(2017)

地 区	Region	总店数 (个) Number of Head Stores (unit)	门店总数 (个) Number of Stores (unit)	年末从业人数 (万人) Engaged Persons at Year-end (10 000 persons)	年末零售营业面积 (万平方米) Operating Area of Retail Enterprises at Year-end (10 000 sq.m)	商品销售额 (亿元) Total Sales of Commodities (100 million yuan)	商品购进总额 (亿元) Total Purchases Value (100 million yuan)	统一配送商品购进额 (亿元) Centralized Purchase and Delivery (100 million yuan)
全 国	**National Total**	**2871**	**236103**	**234.9**	**17329.6**	**35629.1**	**30520.8**	**23737.6**
上 海	Shanghai	104	17706	22.5	1065.4	3198.4	2694.0	2246.1
江 苏	Jiangsu	186	21592	27.5	2317.2	4483.5	4301.6	3773.2
浙 江	Zhejiang	222	25291	14.1	1131.0	2116.2	1928.9	1687.9
安 徽	Anhui	64	9850	9.2	582.7	1674.7	1577.0	1124.0
江 西	Jiangxi	81	4840	5.2	344.3	1069.3	629.0	554.9
湖 北	Hubei	144	9605	12.6	709.5	1961.0	1718.5	1119.6
湖 南	Hunan	123	9827	8.7	864.4	1210.4	866.3	741.8
重 庆	Chongqing	88	12324	8.9	462.4	944.7	679.0	470.3
四 川	Sichuan	135	11736	9.3	382.9	764.0	694.8	468.8
贵 州	Guizhou	29	1409	1.1	46.1	66.8	63.9	60.5
云 南	Yunnan	36	5705	3.5	205.8	462.7	244.0	207.1

注：门店总数全国总计中包括开设在港澳台地区和国外的门店。
a) Total number of stores includes that from Hong Kong, Macao and Taiwan province and foreign countries.

15-4 亿元以上商品交易市场基本情况(2017年)
Basic Statistics on Commodity Exchange Markets of Transaction Value over 100 Million Yuan(2017)

地 区	Region	市场数量 (个) Number of Markets (unit)	摊位数 (个) Number of Booths (unit)	营业面积 (万平方米) Operating Area (10 000 sq.m)	成交额 (亿元) Turnover (100 million yuan)		
						批发市场 Wholesale	零售市场 Retail
全 国	**National Total**	**4617**	**3347936**	**29691.8**	**108247.6**	**93996.9**	**14250.7**
上 海	Shanghai	134	54616	421.6	8947.9	8388.3	559.5
江 苏	Jiangsu	487	341024	3510.1	19796.6	18034.0	1762.6
浙 江	Zhejiang	725	442959	3185.7	17279.8	14572.9	2706.9
安 徽	Anhui	129	123276	1246.3	3037.7	2684.9	352.8
江 西	Jiangxi	97	89465	658.2	1979.5	1788.0	191.5
湖 北	Hubei	143	78164	664.0	2252.3	1577.5	674.8
湖 南	Hunan	326	180645	1130.3	3940.0	3094.6	845.4
重 庆	Chongqing	146	96939	774.4	3532.5	3074.5	458.0
四 川	Sichuan	127	133589	1314.9	2825.0	2608.2	216.8
贵 州	Guizhou	54	48918	596.4	1097.5	879.1	218.3
云 南	Yunnan	37	46976	239.7	575.3	470.1	105.2

15-5 社会消费品零售总额
Total Retail Sales of Consumer Goods

地 区	Region	2016		2017	
		社会消费品零售总额 (亿元) Total Retail Sales of Consumer Goods (100 million yuan)	增 长 (%) Growth Rate (%)	社会消费品零售总额 (亿元) Total Retail Sales of Consumer Goods (100 million yuan)	增 长 (%) Growth Rate (%)
全 国	**National Total**	**332316.3**	**10.4**	**366261.6**	**10.2**
上 海	Shanghai	10946.6	8.0	11830.3	8.1
江 苏	Jiangsu	28707.1	10.9	31737.4	10.6
浙 江	Zhejiang	21970.8	11.0	24308.5	10.6
安 徽	Anhui	10000.2	12.3	11192.6	11.9
江 西	Jiangxi	6634.6	12.0	7448.1	12.3
湖 北	Hubei	15649.2	11.8	17394.1	11.1
湖 南	Hunan	13436.5	11.7	14854.9	10.6
重 庆	Chongqing	7271.4	13.2	8067.7	11.0
四 川	Sichuan	15601.9	11.7	17480.5	12.0
贵 州	Guizhou	3709.0	13.0	4154.0	12.0
云 南	Yunnan	5722.9	12.1	6423.1	12.2

15-6 网上零售额(2017年)
Online Retail Sales(2017)

地 区	Region	网上零售额(亿元) Online Retail Sales (100 million yuan)	增 长 (%) Growth Rate (%)	其中：实物商品网上零售额(亿元) Online Retail Sales in Goods (100 million yuan)	增 长 (%) Growth Rate (%)
全 国	**National Total**	**71750.7**	**32.2**	**54805.6**	**28.0**
上 海	Shanghai	6787.1	25.7	5817.9	23.9
江 苏	Jiangsu	7006.9	39.0	5545.3	34.8
浙 江	Zhejiang	12297.9	29.4	8503.2	27.7
安 徽	Anhui	1411.9	48.2	1107.0	46.2
江 西	Jiangxi	686.3	49.3	529.4	39.1
湖 北	Hubei	1716.6	37.2	1131.8	30.0
湖 南	Hunan	1107.5	41.8	720.1	32.0
重 庆	Chongqing	794.6	45.2	473.9	44.1
四 川	Sichuan	2013.4	22.5	1474.2	20.2
贵 州	Guizhou	352.5	78.5	188.1	60.7
云 南	Yunnan	388.6	38.5	211.8	26.4

十六、运输、邮电和软件业
Transport, Postal and Telecommunication Services, and Software Industry

16-1 交通运输、仓储和邮政业就业人员数(2017年底)
Number of Employed Persons in Transport, Storage and Post(End of 2017)

单位：人 (person)

地 区	Region	铁路运输业 Railway Transport	道路运输业 Road Transport	水上运输业 Water Transport	航空运输业 Air Transport	管道运输业 Pipeline Transport	装卸搬运和运输代理业 Loading, Unloading and Forwarding Agency	仓储业 Storage	邮政业 Post
全 国	**National Total**	**1848032**	**3846122**	**441227**	**624318**	**36965**	**428096**	**303235**	**910924**
上 海	Shanghai	39422	188720	53622	85911	1370	84213	29986	28186
江 苏	Jiangsu	23883	251916	71741	15241	9905	32327	19123	57203
浙 江	Zhejiang	27305	167380	25529	15016	50	22637	10272	49588
安 徽	Anhui	39458	143166	12421	4465		3749	8986	29857
江 西	Jiangxi	60840	105139	6819	3388	119	1601	7291	20297
湖 北	Hubei	86808	166875	15631	10551	4481	8592	9335	51404
湖 南	Hunan	76921	102379	2773	9138	271	5687	4892	32426
重 庆	Chongqing	30231	175496	11505	14102	35	7392	3078	28298
四 川	Sichuan	68316	190266	10475	38394	649	7297	7242	66468
贵 州	Guizhou	35289	55903	465	10581	165	2396	2459	14393
云 南	Yunnan	39345	81574	207	26962	365	10298	1899	17948

16-2 运输线路长度(2017年底)
Length of Transport Routes(End of 2017)

单位：公里 (km)

地区	Region	铁路营业里程 Length of Railways in Operation	内河航道里程 Length of Navigable Inland Waterways	公路里程 Total Length of Highways	等级公路 Expressway and Class I to IV Highways	#高速 Express way	#一级 First Class	#二级 Second Class	等外公路 Highways Below Class IV
全国	**National Total**	**126970**	**127019**	**4773469**	**4338560**	**136449**	**105224**	**380481**	**434909**
上海	Shanghai	465	2142	13322	13322	829	502	3607	
江苏	Jiangsu	2816	24383	158475	155803	4688	14234	23084	2672
浙江	Zhejiang	2624	9761	120101	118848	4154	6765	10263	1253
安徽	Anhui	4275	5641	203285	201081	4673	4151	10879	2204
江西	Jiangxi	4280	5638	162285	134863	5916	2917	10837	27422
湖北	Hubei	4216	8433	269484	259591	6252	5874	22712	9893
湖南	Hunan	4745	11496	239724	217251	6419	1669	13865	22473
重庆	Chongqing	2166	4352	147881	120915	3023	773	7963	26966
四川	Sichuan	4832	10818	329950	294809	6821	3669	14912	35142
贵州	Guizhou	3285	3664	194379	148839	5835	1313	7468	45540
云南	Yunnan	3682	3979	242546	208526	5022	1354	11941	34021

16-3 客运量(2017年)
Passenger Traffic (2017)

单位：万人 (10 000 persons)

地 区	Region	合 计 Total	铁 路 Railways	公 路 Highways	水 运 Waterways
全 国	**National Total**	**1848620**	**308379**	**1456784**	**28300**
上 海	Shanghai	15485	11617	3420	448
江 苏	Jiangsu	126783	19786	104566	2431
浙 江	Zhejiang	104497	20114	80099	4284
安 徽	Anhui	69105	11487	57365	253
江 西	Jiangxi	62997	10224	52506	268
湖 北	Hubei	103144	15747	86772	625
湖 南	Hunan	114936	12872	100390	1674
重 庆	Chongqing	60522	6349	53307	866
四 川	Sichuan	109093	12631	94098	2364
贵 州	Guizhou	91803	5796	83809	2198
云 南	Yunnan	44622	4754	38569	1299

16-4 旅客周转量(2017年)
Passenger-kilometers(2017)

单位：亿人公里 (100 million passenger-km)

地 区	Region	合 计 Total	铁 路 Railways	公 路 Highways	水 运 Waterways
全 国	**National Total**	**32812.80**	**13456.92**	**9765.18**	**77.66**
上 海	Shanghai	224.81	107.34	116.67	0.79
江 苏	Jiangsu	1515.26	765.15	746.89	3.22
浙 江	Zhejiang	1096.04	658.17	431.56	6.31
安 徽	Anhui	1153.69	746.17	407.11	0.41
江 西	Jiangxi	1000.29	722.66	277.29	0.34
湖 北	Hubei	1278.14	791.81	482.27	4.06
湖 南	Hunan	1500.54	970.47	526.60	3.47
重 庆	Chongqing	496.34	201.12	289.54	5.68
四 川	Sichuan	881.52	358.00	521.29	2.23
贵 州	Guizhou	720.13	249.48	463.93	6.72
云 南	Yunnan	453.39	142.24	308.27	2.88

16-5 货运量(2017年)
Freight Traffic(2017)

单位：万吨 (10 000 tons)

地 区	Region	合 计 Total	铁 路 Railways	公 路 Highways	水 运 Waterways
全 国	**National Total**	**4804850**	**368865**	**3686858**	**667846**
上 海	Shanghai	96850	488	39743	56619
江 苏	Jiangsu	220532	5949	128915	85668
浙 江	Zhejiang	242504	4071	151920	86513
安 徽	Anhui	403426	8940	280471	114015
江 西	Jiangxi	154437	4871	138074	11492
湖 北	Hubei	188107	4253	147711	36143
湖 南	Hunan	225551	4185	198806	22560
重 庆	Chongqing	115536	2012	95019	18506
四 川	Sichuan	172922	6982	158190	7750
贵 州	Guizhou	96242	5279	89298	1665
云 南	Yunnan	129298	4568	124064	667

16-6 货物周转量(2017年)
Freight Ton-kilometers(2017)

单位：亿吨公里 (100 million ton-km)

地 区	Region	合 计 Total	铁 路 Railways	公 路 Highways	水 运 Waterways
全 国	**National Total**	**197372.65**	**26962.20**	**66771.52**	**98611.25**
上 海	Shanghai	24998.71	10.08	297.91	24690.72
江 苏	Jiangsu	9057.60	297.49	2377.90	6382.21
浙 江	Zhejiang	10106.23	215.79	1821.22	8069.22
安 徽	Anhui	11429.77	746.97	5179.68	5503.12
江 西	Jiangxi	4217.34	532.51	3432.95	251.87
湖 北	Hubei	6344.76	814.05	2741.91	2788.80
湖 南	Hunan	4300.74	813.13	2990.55	497.07
重 庆	Chongqing	3374.34	179.66	1068.96	2125.72
四 川	Sichuan	2696.17	763.79	1676.81	255.57
贵 州	Guizhou	1656.48	602.84	1008.58	45.07
云 南	Yunnan	1824.96	448.37	1360.37	16.21

16-7 民用汽车拥有量(2017年)
Possession of Civil Vehicles(2017)

地 区	Region	民用汽车总计(万辆) Total (10 000 units)	载客汽车(万辆) Passenger Vehicles (10 000 units)	大 型 Large	中 型 Medium	小 型 Small	微 型 Minicar	载货汽车(万辆) Trucks (10 000 units)
全 国	**National Total**	**20906.67**	**18469.54**	**152.94**	**78.95**	**18038.69**	**198.96**	**2338.85**
上 海	Shanghai	360.96	328.17	5.12	2.78	319.21	1.06	30.81
江 苏	Jiangsu	1612.82	1499.72	11.14	4.63	1473.89	10.07	105.65
浙 江	Zhejiang	1395.80	1266.84	7.03	3.63	1244.91	11.28	124.53
安 徽	Anhui	708.93	605.79	5.10	2.50	594.79	3.41	99.79
江 西	Jiangxi	465.90	398.10	2.79	1.48	391.15	2.69	65.13
湖 北	Hubei	679.81	601.48	5.78	2.99	590.65	2.07	74.32
湖 南	Hunan	683.19	613.37	5.47	4.42	600.14	3.34	66.92
重 庆	Chongqing	370.47	328.42	3.00	1.18	323.48	0.77	40.26
四 川	Sichuan	990.30	890.61	7.46	2.44	866.95	13.77	95.97
贵 州	Guizhou	414.01	355.32	2.80	2.07	348.50	1.96	56.49
云 南	Yunnan	622.66	525.58	2.91	2.46	513.62	6.59	94.43

注：小轿车包括在载客汽车中。

a) Cars are included in passenger vehicles.

16-7 续表 continued

地 区	Region	载货汽车（万辆） Trucks(10 000 units)				其他汽车（万辆） Others (10 000 units)	机动车驾驶员（万人） Number of Motor Drivers (10 000 persons)	
		重 型 Heavy	中 型 Medium	轻 型 Light	微 型 Mini			#汽车驾驶员 Automobile Drivers
全 国	**National Total**	**635.41**	**130.68**	**1566.30**	**6.46**	**98.28**	**36016.94**	**31658.20**
上 海	Shanghai	18.29	4.97	7.55	0.00	1.98	715.68	701.55
江 苏	Jiangsu	42.41	11.46	51.70	0.07	7.45	2732.38	2476.84
浙 江	Zhejiang	20.27	4.17	99.18	0.91	4.44	2077.71	1962.59
安 徽	Anhui	34.74	2.88	62.07	0.10	3.35	1392.43	1281.45
江 西	Jiangxi	21.15	4.20	39.75	0.04	2.67	1310.57	1031.91
湖 北	Hubei	17.90	5.86	50.51	0.05	4.01	1544.60	1362.08
湖 南	Hunan	13.88	5.16	47.83	0.06	2.90	1480.86	1099.14
重 庆	Chongqing	12.15	2.88	25.23	0.00	1.79	811.97	665.95
四 川	Sichuan	22.39	7.72	65.81	0.06	3.71	2138.53	1737.38
贵 州	Guizhou	8.01	4.17	44.30	0.01	2.20	877.30	659.57
云 南	Yunnan	13.71	7.76	72.94	0.03	2.65	1295.56	919.32

16-8 民用运输船舶拥有量(2017年)
Possession of Civil Transport Vessels(2017)

地 区	Region	机动船 Motor Vessels				驳船 Barges		
		艘数(艘) Number (unit)	净载重量(吨位) Dead Weight Tonnage (ton)	载客量(客位) Passenger Capacity (seat)	拖船功率(千瓦) Drawing Power (kw)	艘数(艘) Number (unit)	净载重量(吨位) Dead Weight Tonnage (ton)	载客量(客位) Passenger Capacity (seat)
全 国	**National Total**	**131746**	**246750827**	**964377**	**1532698**	**13178**	**9765519**	**3122**
上 海	Shanghai	1454	31920168	39741	99712	47	122339	
江 苏	Jiangsu	30732	38657510	43001	388334	5135	3743001	
浙 江	Zhejiang	14497	25874061	88679	146862	26	7092	
安 徽	Anhui	24488	45763082	15151	39394	1021	503208	
江 西	Jiangxi	3060	2371268	11982	7136	2	1730	
湖 北	Hubei	3466	7132533	37766	51163	129	246671	
湖 南	Hunan	5235	4186165	67794	4865	260	40051	2038
重 庆	Chongqing	2907	6663380	43205	15226	29	44746	
四 川	Sichuan	5525	1318554	61559	15825	941	57578	
贵 州	Guizhou	2106	176267	54349		2	308	
云 南	Yunnan	1236	156276	28778	756	4	300	

16-9 内河主要规模以上港口码头泊位数(2017年底)
Number of Berths in Main Ports of Inland Rivers above Designated Size(End of 2017)

名 称	Name	总计 Total 码头长度(米) Length of Quay Line (m)	泊位个数(个) Number of Berths (unit)	#万吨级 10 000 Ton Class	生产用 For Productive Use 码头长度(米) Length of Quay Line (m)	泊位个数(个) Number of Berths (unit)	#万吨级 10 000 Ton Class	非生产用 For Nonproductive Use 码头长度(米) Length of Quay Line (m)	泊位个数(个) Number of Berths (unit)
总 计	**Total**	**833754**	**12120**	**418**	**793878**	**11456**	**418**	**39876**	**664**
#重 庆	Chongqing	88069	1102		67078	742		20991	360
宜 昌	Yichang	24300	245		22799	227		1501	18
武 汉	Wuhan	22188	231		19436	199		2752	32
黄 石	Huangshi	7892	89		7462	83		430	6
九 江	Jiujiang	16671	167		14466	137		2205	30
安 庆	Anqing	7775	94		6553	75		1222	19
池 州	Chizhou	8395	90		8395	90			
铜 陵	Tongling	7934	83	3	7889	82	3	45	1
芜 湖	Wuhu	14186	138	13	14186	138	13		
马鞍山	Maanshan	9426	123	1	9376	122	1	50	1
南 京	Nanjing	29312	231	60	28672	221	60	640	10
镇 江	Zhenjiang	22602	211	42	22482	209	42	120	2
泰 州	Taizhou	19721	154	56	19721	154	56		
扬 州	Yangzhou	7603	44	23	7603	44	23		
江 阴	Jiangyin	14341	98	31	14191	96	31	150	2
常 州	Changzhou	4134	32	9	4134	32	9		
南 通	Nantong	19207	111	54	18652	105	54	555	6
上海(内河)	Shanghai(Inland Rivers)	44752	919		44447	914		305	5

16-10 邮政和电信业务量(2017年)

Business Volume of Postal Services and Telecommunication Services(2017)

地 区	Region	邮政业务总量 (亿元) Business Volume of Postal Services (100 million yuan)	电信业务总量 (亿元) Business Volume of Telecommunication Services (100 million yuan)	函 件 (亿件) Number of Letters (100 million pcs)	包 裹 (万件) Package (10 000 pcs)	报刊期发数 (万份) Issue of Newspapers and Magazines (10 000 copies)	订销报纸累计数 (万份) Cumulative Number of Newspaper Sold and Booked (10 000 copies)	订销杂志累计数 (万份) Cumulative Number of Magazines Sold and Booked (10 000 copies)
全 国	**National Total**	**9763.71**	**27596.74**	**31.48**	**2657.2**	**12572.8**	**1766328.4**	**79261.4**
上 海	Shanghai	711.87	693.79	6.74	249.9	583.4	80962.7	2295.4
江 苏	Jiangsu	880.93	2066.50	2.86	151.5	1094.7	146974.8	6239.2
浙 江	Zhejiang	1728.41	1794.18	3.05	142.4	907.8	136452.7	5238.2
安 徽	Anhui	247.98	831.80	0.49	74.3	509.3	64946.5	3864.4
江 西	Jiangxi	129.65	661.48	0.30	50.1	343.5	53341.7	2230.5
湖 北	Hubei	265.74	857.64	0.68	72.6	396.3	64783.9	2796.5
湖 南	Hunan	192.64	929.11	0.25	45.4	516.4	67171.7	4107.3
重 庆	Chongqing	99.95	611.48	0.18	36.5	292.0	33554.6	2721.5
四 川	Sichuan	269.26	1245.99	0.33	94.6	674.9	102121.6	3661.1
贵 州	Guizhou	53.23	836.12	0.78	13.3	216.9	38020.9	1866.8
云 南	Yunnan	66.24	1143.47	0.18	81.9	259.3	45522.7	1667.2

注：固定长途电话通话时长为固定传统长途电话通话时长及固定IP电话通话时长之和。

a) Length of long-distance calls of fixed telephone includes traditional calls and IP calls.

16-10 续表 1 continued

地 区	Region	汇 兑 (万笔) Postal Remittance Transactions (10 000 times)	纪特邮票 (万枚) Commemorative and Special Stamps (10 000 pieces)	快 递 (万件) Pieces of Express Mail Services (10 000 pcs)	快递业务收入 (万元) Revenue from Express Service (10 000 yuan)	固 定 本地电话 通话时长 (亿分钟) Length of Local Calls of Fixed Telephone (100 million minutes)	固 定 长途电话 通话时长 (亿分钟) Length of Long-distance Calls of Fixed Telephone (100 million minutes)	移动短信 业 务 量 (亿条) Short Message Services (100 million messages)
全 国	**National Total**	**3743.4**	**140219.4**	**4005591.9**	**49571088.8**	**1527.9**	**314.1**	**6641.4**
上 海	Shanghai	252.2	6762.7	311503.7	8688851.6	107.5	34.7	236.7
江 苏	Jiangsu	382.0	8918.8	359627.8	4081730.6	119.0	25.5	771.6
浙 江	Zhejiang	205.5	6754.4	793231.1	6682204.0	98.1	17.5	859.0
安 徽	Anhui	39.0	4919.7	86332.3	895715.9	41.7	9.4	118.0
江 西	Jiangxi	87.1	5166.4	43754.5	491976.7	31.1	5.8	99.1
湖 北	Hubei	49.9	6521.0	101277.9	1190450.7	49.0	9.8	101.9
湖 南	Hunan	94.6	4490.9	59181.6	641882.9	50.5	8.2	159.6
重 庆	Chongqing	27.5	2185.0	32874.9	447311.3	35.9	2.9	88.5
四 川	Sichuan	134.1	4247.9	110795.9	1274785.5	80.4	15.1	201.1
贵 州	Guizhou	160.4	4398.1	15781.9	311536.8	14.4	2.1	93.7
云 南	Yunnan	203.2	1808.3	22775.8	360114.9	32.2	3.2	131.9

16-10 续表 2 continued

地 区	Region	移动电话用户(万户) Number of Mobile Telephone Subscribers at Year-end (10 000 subscribers)	#3G移动电话用户 3G Mobile Phone Subscribers	#4G移动电话用户 4G Mobile Phone Subscribers	移动电话通话时长(亿分钟) Length of Calls of Mobile Telephone (100 million minutes)	#去话通话时长 Length of Outgoing Calls	非漫游 Non-Roaming	国内漫游 Domestic Roaming
全 国	**National Total**	**141748.7**	**13463.2**	**99688.9**	**54004.7**	**26904.2**	**23424.4**	**3473.9**
上 海	Shanghai	3298.7	419.5	2387.8	1068.6	545.4	452.1	92.6
江 苏	Jiangsu	8807.7	740.1	6632.1	3276.9	1638.2	1399.8	238.0
浙 江	Zhejiang	7590.6	596.8	5651.4	2904.5	1467.5	1251.1	216.1
安 徽	Anhui	4884.3	442.5	3485.5	1686.9	823.0	682.4	140.6
江 西	Jiangxi	3449.2	259.5	2476.8	1320.8	640.3	554.9	85.3
湖 北	Hubei	4994.1	356.3	3567.0	1761.9	858.8	729.1	129.7
湖 南	Hunan	5683.4	391.3	4086.0	2161.7	1048.4	905.5	142.8
重 庆	Chongqing	3274.9	289.2	2200.0	1238.5	619.7	567.8	51.8
四 川	Sichuan	7693.6	725.6	5464.1	3081.1	1514.7	1360.1	154.6
贵 州	Guizhou	3485.6	260.2	2453.9	1649.2	823.4	705.6	117.7
云 南	Yunnan	4228.4	320.3	2951.4	1800.2	903.3	826.1	77.1

16-10 续表 3 continued

地区	Region	国际及港澳台漫游 Hong Kong, Macao, Taiwan and International Roaming	固定电话用户(万户) Number of Fixed Telephone Subscribers at Year-end (10 000 subscribers)	城市电话用户 Urban Fixed Telephone Subscribers	#住宅电话用户 Household Fixed Telephone Subscribers	农村电话用户 Rural Fixed Telephone Subscribers	#住宅电话用户 Household Fixed Telephone Subscribers	#公用电话用户(万户) Public Telephone (10 000 subscribers)
全 国	**National Total**	**5.79**	**19375.7**	**14730.8**	**7358.8**	**4644.9**	**3605.4**	**1258.3**
上 海	Shanghai	0.63	690.9	690.9	389.1			16.1
江 苏	Jiangsu	0.34	1512.1	1003.2	455.6	508.9	403.9	88.7
浙 江	Zhejiang	0.37	1211.1	978.1	369.3	233.0	154.3	142.0
安 徽	Anhui	0.05	551.4	392.6	190.1	158.7	127.5	32.9
江 西	Jiangxi	0.07	477.0	317.4	157.9	159.6	143.5	32.1
湖 北	Hubei	0.11	658.8	495.8	247.1	163.0	136.7	63.7
湖 南	Hunan	0.11	674.4	467.4	237.3	206.9	172.7	44.7
重 庆	Chongqing	0.06	566.8	435.8	310.8	131.0	115.7	3.0
四 川	Sichuan	0.11	1636.0	1027.9	699.5	608.1	555.6	42.7
贵 州	Guizhou	0.06	247.9	202.5	117.3	45.4	40.2	8.0
云 南	Yunnan	0.07	301.1	247.0	98.1	54.1	32.6	29.1

16-11 邮政业网点及邮递线路(2017年底)
Postal Offices and Postal Delivery Routes(End of 2017)

地 区	Region	营业网点 (处) Number of Offices (unit)	信筒信箱 (个) Number of Post Boxes (unit)	农村投递路线 (公里) Rural Delivery Routes (km)	城市投递路线 (公里) Urban Delivery Routes (km)	邮路总长度 (公里) Length of Postal Routes (km)	#航空邮路 Air Mail Routes	#铁路邮路 Railway Routes	#汽车邮路 Highway Routes
全 国	**National Total**	**278025**	**125409**	**3805332**	**1628446**	**9384668**	**5996105**	**215205**	**3156199**
上 海	Shanghai	16374	3025	34493	56829	189648	47102	8641	133200
江 苏	Jiangsu	15190	8177	262951	98753	539417	291760		247657
浙 江	Zhejiang	26487	25579	188093	109769	758228	361407	48442	346885
安 徽	Anhui	10652	2533	146126	49316	185191	38175	1109	145859
江 西	Jiangxi	10238	2066	90373	40920	90254	5953		84269
湖 北	Hubei	14222	2385	196030	55007	199008	68433	3317	127258
湖 南	Hunan	9810	2450	214278	88014	170706	31992		138597
重 庆	Chongqing	6583	2025	55607	35818	136593	88925	2023	45645
四 川	Sichuan	18962	12970	181379	55503	291551	139168	2121	142414
贵 州	Guizhou	8047	2075	71176	39530	148484	91556		56928
云 南	Yunnan	7970	1909	169787	35091	290966	162764	13839	114346

16-12 电信主要通信能力(2017年底)

Main Communication Capacity of Telecommunications(End of 2017)

地　区	Region	固定长途电话交换机容量(路端) Capacity of Long-distance Telephone Exchanges (circuit)	局　用交换机容量(万门) Capacity of Office Telephone Exchanges (10 000 lines)	移动电话交换机容量(万户) Capacity of Mobile Telephone Exchanges (10 000 subscribers)	移动电话基站(万个) Base Stations of Mobile Telephones (10 000)	光缆线路长度(公里) Length of Optical Cable Lines (km)	#长途光缆线路长度 Length of Long Distance Optical Cable Lines
全　国	**National Total**	**6035297**	**18398.7**	**242185.8**	**618.7**	**37801073**	**1044998**
上　海	Shanghai	463517	550.7	5044.0	9.8	582874	5331
江　苏	Jiangsu	211751	168.2	10643.7	38.3	3248411	43110
浙　江	Zhejiang	783630	478.8	15234.7	39.0	2776879	27714
安　徽	Anhui	17639	166.7	8563.2	21.6	1799591	38899
江　西	Jiangxi	206670	408.4	6125.9	18.9	1540826	25397
湖　北	Hubei	35456	408.4	8833.5	21.1	1421350	32336
湖　南	Hunan	409670	452.9	9803.0	22.3	1898039	49655
重　庆	Chongqing	65016	239.5	4099.0	14.9	930677	8173
四　川	Sichuan	373770	713.9	16388.3	31.5	2506090	67565
贵　州	Guizhou	27327	331.4	4908.0	19.3	866172	36459
云　南	Yunnan	199044	684.2	6027.2	21.5	1088486	51489

注：电话交换机容量不包括用户交换机容量。

a) The capacity of exchanges in this table do not includes the capacity of exchanges owned by users.

16-13 电信通信服务水平（2017年底）
Telecommunication Services Available (End of 2017)

地 区	Region	电话普及率（包括移动电话）（部/百人）Popularization Rate of Telephone (Include Mobile Telephone) (sets/100 persons)	固定电话普及率（部/百人）Popularization Rate of Fixed Line Telephone (sets/100 persons)	城市固定电话普及率（部/百人）Popularization Rate of Fixed Line Telephone in Urban Areas (sets/100 persons)	移动电话普及率（部/百人）Popularization Rate of Mobile Telephone (sets/100 persons)	每千人拥有公用电话数（部）Public Telephone owned Per 1 000 Person (set)
全 国	**National Total**	**115.91**	**13.94**	**18.11**	**101.97**	**9.05**
上 海	Shanghai	164.98	28.57	32.58	136.40	6.67
江 苏	Jiangsu	128.53	18.83	18.17	109.69	11.05
浙 江	Zhejiang	155.59	21.41	25.43	134.18	25.10
安 徽	Anhui	86.90	8.82	11.74	78.09	5.26
江 西	Jiangxi	84.94	10.32	12.58	74.62	6.95
湖 北	Hubei	95.78	11.16	14.17	84.62	10.80
湖 南	Hunan	92.68	9.83	12.48	82.85	6.51
重 庆	Chongqing	124.93	18.43	22.11	106.49	0.98
四 川	Sichuan	112.38	19.71	24.37	92.67	5.15
贵 州	Guizhou	104.29	6.92	12.29	97.36	2.22
云 南	Yunnan	94.36	6.27	11.02	88.08	6.05

16-14 邮政通信服务水平（2017年底）
Postal Services Available(End of 2017)

地 区	Region	平均每一营业网点服务面积（平方公里） Average Area Served by Every Postal Office (sq.km)	平均每一营业网点服务人口（万人） Average People Served by Every Postal Office (10 000 persons)	平均每人每年发函件数（件） Annual Average Number of Letters Mailed per Capita (piece)	平均每百人每年订报刊数（份） Annual Average Number of Newspaper and Magazine Subscribed per 100 Persons (piece)	已通邮的行政村比重（%） Percentage of Administrative Village with Posts (%)
全 国	**National Total**	**34.5**	**0.50**	**2.26**	**9.0**	**100.0**
上 海	Shanghai	0.4	0.15	27.86	24.1	100.0
江 苏	Jiangsu	6.6	0.53	3.56	13.6	100.0
浙 江	Zhejiang	3.8	0.21	5.39	16.0	100.0
安 徽	Anhui	12.2	0.59	0.79	8.1	100.0
江 西	Jiangxi	15.6	0.45	0.65	7.4	100.0
湖 北	Hubei	12.7	0.41	1.15	6.7	100.0
湖 南	Hunan	21.4	0.70	0.37	7.5	100.0
重 庆	Chongqing	12.5	0.47	0.57	9.5	100.0
四 川	Sichuan	25.3	0.44	0.39	8.1	100.0
贵 州	Guizhou	21.1	0.44	2.17	6.1	100.0
云 南	Yunnan	47.7	0.60	0.37	5.4	100.0

16-15 互联网主要指标发展情况(2017年底)
Main Indicators on Internet Development(End of 2017)

地 区	Region	域名数 (万个) Number of Domain Names (10 000 units)	网站数 (万个) Number of Websites (10 000 sites)	网页数 (万个) Number of Webpages (10 000 pages)	IPv4地址数 (万个) IPv4 Addresses (10 000)	互联网宽带接入端口 (万个) Broad Band Subscribers Port of Internet (10 000 ports)	互联网拨号用户 (万户) Dial-up Subscribers of Internet (10 000 subscribers)	移动互联网用户 (万户) Mobile Internet Subscribers (10 000 subscribers)
全 国	**National Total**	**3848.0**	**533.3**	**26039903.0**	**33870.5**	**77599.1**	**301.7**	**127153.7**
上 海	Shanghai	240.6	41.5	1892366.4	1527.6	1810.2	0.0	3393.1
江 苏	Jiangsu	161.6	28.9	1291048.1	1612.2	6531.7	3.7	9257.6
浙 江	Zhejiang	207.6	40.0	3316217.1	2191.4	5455.1	29.6	7456.3
安 徽	Anhui	72.2	8.1	206187.6	558.9	2872.2	19.4	4639.7
江 西	Jiangxi	33.2	4.4	212189.3	586.0	1985.9	0.7	3079.3
湖 北	Hubei	79.0	11.7	189036.0	809.5	2605.5	12.7	4116.4
湖 南	Hunan	112.4	8.8	152334.9	799.3	2436.0		4922.5
重 庆	Chongqing	43.8	5.5	77438.7	569.0	1935.2	0.0	2831.6
四 川	Sichuan	118.4	23.4	299900.3	938.2	4702.8	7.7	6898.5
贵 州	Guizhou	25.5	2.0	17166.7	149.0	1325.6		2938.5
云 南	Yunnan	23.3	2.7	177203.9	331.9	1661.8	5.6	3680.5

注：各地区IPv4地址数是根据各地区占全国的比例推算数据。
a) The number of IPv4 addresses in each region is calculated according to the proportion of the regions in the whole country.

16-15 续表 continued

地 区	Region	移动互联网接入流量(万G) Flow Accessed to Mobile Internet (10 000 G)	互联网宽带接入用户(万户) Broadband Subscribers of Internet (10 000 subscribers)	#城市宽带接入用户 Urban Broadband Subscribers	#农村宽带接入用户 Rural Broadband Subscribers	#家庭宽带接入用户 Household Broadband Subscribers	#单位宽带接入用户 Institution Broadband Subscribers
全 国	**National Total**	**2459380.3**	**34854.0**	**25476.7**	**9377.3**	**29552.2**	**5301.8**
上 海	Shanghai	48162.7	681.3	681.3		597.3	84.0
江 苏	Jiangsu	178112.1	3106.1	1953.2	1152.9	2551.3	554.9
浙 江	Zhejiang	150822.8	2464.6	1860.4	604.2	2013.5	451.0
安 徽	Anhui	85024.9	1323.7	900.8	422.8	1158.6	165.1
江 西	Jiangxi	57687.9	997.1	687.8	309.3	871.7	125.4
湖 北	Hubei	74504.0	1242.9	979.5	263.4	1013.8	229.1
湖 南	Hunan	76087.2	1315.5	941.4	374.0	1014.7	300.8
重 庆	Chongqing	54842.8	866.9	661.4	205.5	775.6	91.3
四 川	Sichuan	103502.5	2167.5	1430.3	737.2	1923.1	244.4
贵 州	Guizhou	84612.3	568.6	436.7	131.9	517.4	51.2
云 南	Yunnan	116314.7	812.6	694.2	118.3	619.1	193.5

16-16 软件和信息技术服务业主要经济指标(2017年)
Main Indicators on Software and Information Technology Services(2017)

地 区	Region	软件业务收入(万元) Software Income (10 000 yuan)	#软件产品收入 Software Products Income	#信息技术服务收入 Income from IT Service	#嵌入式系统软件收入 Embedded System and Software Income	其中：软件业务出口(万元) Software Export (10 000 USD)
全 国	**National Total**	**551031186.6**	**169835724.7**	**306037090.4**	**75158371.5**	**5411643.3**
上 海	Shanghai	43414756.2	13750868.8	28147609.5	1516277.9	344604.2
江 苏	Jiangsu	89364544.8	22433472.7	38733310.2	28197761.9	621901.1
浙 江	Zhejiang	43404221.5	12163301.4	28622850.0	2618070.1	344547.0
安 徽	Anhui	3411237.9	1294735.2	1682503.3	433999.4	8197.6
江 西	Jiangxi	1066180.0	365198.8	687610.3	13370.8	9234.8
湖 北	Hubei	15311988.0	7486686.1	7186114.5	639187.4	22592.1
湖 南	Hunan	4548845.4	1390494.7	2771766.4	386584.3	61844.9
重 庆	Chongqing	12129036.1	2859347.8	7831006.5	1438681.8	16680.8
四 川	Sichuan	27822348.9	10495826.9	16686669.2	639852.8	147168.7
贵 州	Guizhou	1297262.1	191094.8	1027136.7	79030.7	3694.0
云 南	Yunnan	776748.8	178009.8	593341.2	5397.8	200.0

注：本表统计口径为主营业务收入500万元以上的软件和信息技术服务业等企业。

a) Data in the table cover enterprises with revenue from principal business of over 5 million yuan of software and IT service etc.

16-17 企业信息化及电子商务情况(2017年)
Informatization and E-Commerce of Enterprises(2017)

地 区	Region	企业数(个) Number of Enterprises (unit)	期末使用计算机数(台) Computers Used at the End of Period (unit)	每百人使用计算机数(台) Computers Used Per 100 Persons (unit)	企业拥有网站数(个) Websites of Enterprises (unit)	每百家企业拥有网站数(个) Websites Per 100 Enterprises (unit)
全 国	**National Total**	**967343**	**47427774**	**26**	**541127**	**56**
上 海	Shanghai	32923	3461822	54	23731	72
江 苏	Jiangsu	100429	4623098	22	63938	64
浙 江	Zhejiang	84737	3779698	22	47796	56
安 徽	Anhui	39256	1277447	22	26106	67
江 西	Jiangxi	25062	827224	17	13176	53
湖 北	Hubei	36577	1591304	24	22849	62
湖 南	Hunan	36103	1229091	20	19406	54
重 庆	Chongqing	23455	1032125	21	11519	49
四 川	Sichuan	38076	1756141	23	22234	58
贵 州	Guizhou	15953	500947	25	7193	45
云 南	Yunnan	15551	693067	29	7423	48

16-17 续表 continued

地 区	Region	有电子商务交易活动 With E-Commerce Transactions 企业数 (个) Enter-prises (unit)	比重 (%) Propor-tion (%)	电子商务销售额 (亿元) Sales of E-Com-merce (100 million yuan)	电子商务采购额 (亿元) Purchases of E-Com-merce (100 million yuan)
全 国	**National Total**	**92122**	**9.5**	**130480.7**	**74365.1**
上 海	Shanghai	3556	10.8	15342.3	8814.2
江 苏	Jiangsu	8468	8.4	6576.6	5227.2
浙 江	Zhejiang	10775	12.7	6831.3	2528.7
安 徽	Anhui	4510	11.5	3299.5	1951.2
江 西	Jiangxi	1925	7.7	2871.0	940.7
湖 北	Hubei	3284	9.0	4411.3	1755.6
湖 南	Hunan	3292	9.1	2682.7	1162.2
重 庆	Chongqing	2513	10.7	3572.2	1201.6
四 川	Sichuan	4459	11.7	3687.8	2023.9
贵 州	Guizhou	1657	10.4	1434.3	516.2
云 南	Yunnan	1742	11.2	1329.4	821.2

十七、住宿、餐饮业和旅游 Hotels, Catering Services and Tourism

17-1 限额以上住宿业企业主要指标(2017年)
Main Indicators of Enterprises above Designated Size of Hotels(2017)

单位：亿元 (100 million yuan)

地 区	Region	法人企业(个) Number of Corporation Enterprises (unit)	年末从业人数(人) Engaged Persons at Year-end (person)	营业额 Business Revenue	#客房收入 From Hotel Rooms	#餐费收入 From Meals	资产总计 Total Assets	#流动资产合计 Total Current Assets
全 国	**National Total**	**19780**	**1820851**	**3963.9**	**2051.2**	**1403.3**	**12648.1**	**4881.0**
上 海	Shanghai	721	73135	289.9	163.1	71.4	890.7	335.6
江 苏	Jiangsu	1047	102728	245.4	111.2	106.6	810.5	254.4
浙 江	Zhejiang	1320	130660	325.0	168.5	128.2	932.9	329.3
安 徽	Anhui	548	42406	71.5	34.7	30.4	264.5	92.2
江 西	Jiangxi	524	41356	69.8	35.9	28.3	250.7	90.7
湖 北	Hubei	721	55531	117.8	62.9	43.6	301.5	95.0
湖 南	Hunan	794	78188	165.1	81.2	67.3	467.3	176.6
重 庆	Chongqing	457	38045	92.5	46.8	35.7	280.5	129.1
四 川	Sichuan	1050	77966	150.9	77.8	56.8	477.4	196.1
贵 州	Guizhou	635	39227	68.7	42.7	20.4	213.9	95.2
云 南	Yunnan	611	55814	96.0	55.5	28.3	404.1	144.0

17-1 续表 continued

单位：亿元 (100 million yuan)

地 区	Region	#固定资产合计 Total Fixed Assets	负债合计 Total Liabilities	所有者权益合计 Total Owners' Equities	主营业务收入 Revenue from Principal Business	主营业务成本 Cost of Principal Business	主营业务税金及附加 Taxes and Other Charges on Principal Business	主营业务利润 Profits from Principal Business
全 国	**National Total**	**4914.1**	**9279.1**	**3369.0**	**3731.5**	**1501.5**	**68.9**	**2161.0**
上 海	Shanghai	291.6	500.1	390.7	275.2	85.9	4.4	184.9
江 苏	Jiangsu	356.7	587.5	222.9	230.3	90.6	3.7	136.1
浙 江	Zhejiang	381.1	736.7	196.2	287.4	94.1	3.3	190.1
安 徽	Anhui	98.8	204.7	59.8	68.2	32.3	1.4	34.5
江 西	Jiangxi	99.1	170.6	80.1	68.1	30.7	1.6	35.9
湖 北	Hubei	127.8	201.1	100.4	111.4	52.2	2.2	57.0
湖 南	Hunan	178.3	296.2	171.1	156.5	79.1	4.3	73.1
重 庆	Chongqing	95.1	222.9	57.7	87.2	42.0	1.7	43.5
四 川	Sichuan	180.0	362.4	115.0	141.2	62.9	2.7	75.6
贵 州	Guizhou	73.1	140.4	73.4	64.6	31.5	1.3	31.8
云 南	Yunnan	175.5	282.6	121.5	88.8	41.1	2.4	45.3

17-2 限额以上餐饮业企业主要指标(2017年)
Main Indicators of Enterprises above Designated Size of Catering Services(2017)

单位: 亿元 (100 million yuan)

地 区	Region	法人企业(个) Number of Corporation Enterprises (unit)	年末从业人数(人) Engaged Persons at Year-end (person)	营业额 Business Revenue	#餐费收入 From Meals	资产总计 Total Assets	#流动资产合计 Total Current Assets	#固定资产合计 Total Fixed Assets
全 国	**National Total**	**25884**	**2232258**	**5312.8**	**4732.1**	**5002.0**	**2265.4**	**1572.8**
上 海	Shanghai	1655	237405	725.6	698.7	448.4	274.6	71.9
江 苏	Jiangsu	1853	177071	404.5	343.8	495.0	180.2	194.5
浙 江	Zhejiang	1579	139891	338.9	293.9	384.2	161.7	132.0
安 徽	Anhui	1213	76554	145.9	118.4	223.2	88.8	75.2
江 西	Jiangxi	447	24773	44.5	36.3	69.2	27.3	22.6
湖 北	Hubei	1363	94218	253.2	211.7	260.3	98.5	100.7
湖 南	Hunan	930	60737	138.6	119.4	123.0	39.8	53.0
重 庆	Chongqing	1372	78943	228.6	202.5	135.1	57.8	48.2
四 川	Sichuan	1474	96640	204.8	177.9	239.7	102.7	86.1
贵 州	Guizhou	598	20419	36.8	32.4	41.1	21.1	13.9
云 南	Yunnan	536	31165	64.1	57.1	85.1	48.6	27.6

17-2 续表 continued

单位：亿元 (100 million yuan)

地 区	Region	负债合计 Total Liabilities	所有者权益合计 Total Owners' Equities	主营业务收入 Revenue from Principal Business	主营业务成本 Cost of Principal Business	主营业务税金及附加 Taxes and Other Charges on Principal Business	主营业务利润 Profits from Principal Business
全 国	**National Total**	**3511.8**	**1491.1**	**5004.0**	**2587.4**	**48.3**	**2368.3**
上 海	Shanghai	345.5	102.8	670.1	288.4	1.4	380.3
江 苏	Jiangsu	368.8	126.4	383.0	201.6	3.7	177.8
浙 江	Zhejiang	301.3	83.0	315.5	161.8	1.9	151.9
安 徽	Anhui	151.0	72.2	140.1	78.4	2.0	59.7
江 西	Jiangxi	44.0	25.2	43.3	24.7	0.7	17.9
湖 北	Hubei	171.9	88.4	233.5	129.6	3.6	100.3
湖 南	Hunan	68.3	54.7	131.8	76.5	2.9	52.4
重 庆	Chongqing	68.9	66.2	210.5	134.8	3.6	72.1
四 川	Sichuan	170.6	69.1	194.6	109.3	2.8	82.4
贵 州	Guizhou	24.3	16.8	35.3	22.4	0.5	12.4
云 南	Yunnan	47.2	37.9	60.6	38.5	1.1	21.0

17-3 连锁餐饮企业基本情况(2017年)
Basic Conditions of Chain Catering Enterprises(2017)

地 区	Region	总店数 (个) Number of Head Stores (unit)	门店总数 (个) Number of Stores (unit)	年末从业人数 (万人) Engaged Persons at Year-end (10 000 persons)	年末餐饮营业面积 (万平方米) Operating Area of Catering Enterprises at Year-end (10 000 sq.m)	餐位数 (万个) Number of Dining-seats (10 000 units)	营业额 (亿元) Business Revenue (100 million yuan)	商品购进总额 (亿元) Total Purchases Value (100 million yuan)	统一配送商品购进额 (亿元) Centralized Purchase and Delivery (100 million yuan)
全 国	**National Total**	**463**	**27478**	**78.0**	**1075.4**	**337.9**	**1735.48**	**613.29**	**489.46**
上 海	Shanghai	38	3888	7.7	126.5	36.9	245.52	78.82	60.77
江 苏	Jiangsu	21	1598	4.8	50.3	16.3	101.57	33.01	30.33
浙 江	Zhejiang	26	1940	4.6	69.0	22.0	107.61	39.40	37.01
安 徽	Anhui	8	747	1.4	35.9	6.5	21.05	6.96	6.85
江 西	Jiangxi	5	151	0.7	6.2	0.7	9.31	4.40	4.20
湖 北	Hubei	34	1089	5.0	56.9	15.0	69.68	20.47	17.94
湖 南	Hunan	21	1133	4.7	64.7	26.2	61.38	20.64	13.78
重 庆	Chongqing	25	2460	9.2	130.1	52.6	131.19	58.88	29.91
四 川	Sichuan	10	973	2.6	28.8	11.4	57.03	15.16	14.96
贵 州	Guizhou	2	18	0.1	1.9	0.4	0.68	0.27	0.27
云 南	Yunnan	7	249	0.8	6.6	3.8	15.10	4.13	2.52

注：门店总数全国总计中包括开设在港澳台地区和国外的门店。
a) Total number of stores includes that from Hong Kong, Macao and Taiwan province and foreign countries.

17-4 国际旅游收入
Foreign Exchange Earnings from International Tourism

单位：百万美元 (USD million)

地 区	Region	1995	2000	2005	2010	2015	2016	2017
上 海	Shanghai	939.42	1612.67	3555.88	6340.92	5860.44	6419.20	6698.65
江 苏	Jiangsu	259.88	723.84	2259.74	4783.43	3527.29	3803.62	4194.72
浙 江	Zhejiang	235.91	513.97	1716.26	3930.20	6788.47	3127.59	3586.44
安 徽	Anhui	31.39	86.21	185.58	708.98	2262.87	2542.36	2880.78
江 西	Jiangxi	24.99	62.34	103.95	346.03	567.00	584.54	629.92
湖 北	Hubei	73.17	145.72	276.36	751.16	1671.90	1872.39	2104.74
湖 南	Hunan	64.93	220.78	390.24	906.22	857.72	1004.57	1295.37
重 庆	Chongqing		138.40	264.36	703.20	1468.57	1686.82	1947.59
四 川	Sichuan	125.32	121.87	315.95	354.09	1180.87	1581.68	1446.54
贵 州	Guizhou	28.98	60.92	101.41	129.58	231.33	252.71	283.27
云 南	Yunnan	165.03	339.02	528.01	1323.65	2875.50	3074.77	3550.33

17-5 接待入境过夜游客
Number of Oversea Visitor Arrivals

单位：万人次 (10 000 person-times)

地区	Region	2000		2005		2010		2016		2017	
		总计 Total	#外国人 Foreigners	总计 Total	#外国人 Foreigners	总计 Total	#外国人 Foreigners	总计 Total	#外国人 Foreigners	总计 Total	#外国人 Foreigners
上海	Shanghai	181.40	143.90	444.54	379.93	733.72	593.12	690.43	572.57	719.33	589.48
江苏	Jiangsu	160.95	98.15	378.30	262.15	653.55	473.50	329.77	218.00	370.10	241.75
浙江	Zhejiang	112.59	64.75	348.05	232.92	684.71	447.41	525.59	387.30	589.06	430.13
安徽	Anhui	31.84	16.79	63.29	41.06	198.42	117.40	313.43	184.46	351.09	205.28
江西	Jiangxi	16.31	5.54	37.25	13.63	113.97	39.92	164.83	49.80	174.69	57.05
湖北	Hubei	45.08	35.74	82.57	62.68	181.74	138.55	337.56	254.65	368.14	277.95
湖南	Hunan	45.40	15.79	71.98	60.88	189.87	103.30	240.81	127.41	322.28	155.48
重庆	Chongqing	26.61	19.29	52.39	41.81	137.02	103.96	180.89	119.00	224.85	136.21
四川	Sichuan	46.20	19.97	106.28	68.27	104.93	74.97	308.79	219.23	336.17	241.29
贵州	Guizhou	18.39	7.12	27.62	9.26	50.01	18.61	72.29	31.86	32.40	13.49
云南	Yunnan	100.11	66.59	150.28	99.65	329.15	231.23	600.38	450.69	667.69	507.52

十八、房地产 Real Estate

18-1 房地产开发企业个数(2017年)
Number of Enterprises for Real Estate Development(2017)

单位：个 (unit)

地区	Region	企业个数 Number of Enterprises	内资企业 Domestic Funded Enterprises	#国有 State-owned Enterprises	#集体 Collective-owned Enterprises	港、澳、台投资企业 Enterprises with Funds from Hong Kong, Macao and Taiwan	外商投资企业 Foreign Funded Enterprises
全国	**National Total**	**95897**	**91608**	**943**	**319**	**3066**	**1223**
上海	Shanghai	2637	2253	32	13	268	116
江苏	Jiangsu	6530	5980	47	21	385	165
浙江	Zhejiang	6336	6020	36	9	221	95
安徽	Anhui	3889	3817	30	4	55	17
江西	Jiangxi	2452	2377	32		58	17
湖北	Hubei	4059	3954	48	12	78	27
湖南	Hunan	3898	3811	48	4	66	21
重庆	Chongqing	2316	2191	10		96	29
四川	Sichuan	4010	3893	23	4	73	44
贵州	Guizhou	2674	2632	24	1	33	9
云南	Yunnan	2605	2568	28	5	31	6

18-2 房地产开发企业从业人员数(2017年)
Number of Employed Persons in Enterprises for Real Estate Development(2017)

单位：人 (person)

地区	Region	平均从业人数 Average Number of Employed Persons	内资企业 Domestic Funded Enterprises	#国有 State-owned Enterprises	#集体 Collective-owned Enterprises	港、澳、台投资企业 Enterprises with Funds from Hong Kong, Macao and Taiwan	外商投资企业 Foreign Funded Enterprises
全国	**National Total**	**2830960**	**2663954**	**37904**	**9092**	**113221**	**53785**
上海	Shanghai	63755	47223	616	250	11786	4746
江苏	Jiangsu	171665	153463	1488	463	12146	6056
浙江	Zhejiang	117136	109592	1345	93	5600	1944
安徽	Anhui	114238	110812	817	37	2591	835
江西	Jiangxi	80716	78659	1061		1584	473
湖北	Hubei	132221	128326	2649	335	2730	1165
湖南	Hunan	128476	124778	1781	50	2647	1051
重庆	Chongqing	104044	96903	346		5699	1442
四川	Sichuan	144020	137703	949	138	4142	2175
贵州	Guizhou	92582	91062	556	7	1247	273
云南	Yunnan	86747	84336	930	68	1977	434

18-3 房地产开发企业房屋建筑面积和造价(2017年)

Floor Space and Cost of Buildings Developed by Enterprises for Real Estate Development(2017)

地区	Region	房屋施工面积(万平方米) Floor Space of Buildings under Construction (10 000 sq.m)	房屋竣工面积(万平方米) Floor Space of Buildings Completed (10 000 sq.m)	房屋建筑面积竣工率(%) Rate of Floor Space of Buildings Completed (%)	房屋竣工价值(亿元) Value of Buildings Completed (100 million yuan)	房屋竣工造价(元/平方米) Cost of Buildings Completed (yuan/sq.m)
全国	**National Total**	**781483.73**	**101486.41**	**13.0**	**31512.46**	**3105**
上海	Shanghai	15362.25	3387.56	22.1	2054.31	6064
江苏	Jiangsu	59464.23	9581.73	16.1	3429.35	3579
浙江	Zhejiang	41236.24	6884.18	16.7	2809.74	4081
安徽	Anhui	39169.24	4747.71	12.1	1269.60	2674
江西	Jiangxi	18806.79	1854.40	9.9	441.22	2379
湖北	Hubei	30510.48	3219.72	10.6	993.68	3086
湖南	Hunan	31691.19	4084.05	12.9	1070.93	2622
重庆	Chongqing	25960.99	5055.73	19.5	1721.01	3404
四川	Sichuan	41294.89	5620.73	13.6	1571.40	2796
贵州	Guizhou	20385.43	1171.70	5.7	256.31	2188
云南	Yunnan	21085.35	2419.63	11.5	681.22	2815

18-4 按用途分商品房销售面积(2017年)
Floor Space of Commercialized Buildings Sold by Use(2017)

单位：万平方米 (10 000 sq.m)

地区	Region	商品房销售面积 Floor Space of Commercialized Buildings Sold	住宅 Residential Buildings	#别墅、高档公寓 Villas, High-grade Apartments	办公楼 Office Buildings	商业营业用房 Houses for Business Use	其他 Others
全国	**National Total**	**169407.82**	**144788.77**	**4743.44**	**4756.21**	**12838.14**	**7024.70**
上海	Shanghai	1691.60	1341.62	212.04	124.10	79.33	146.55
江苏	Jiangsu	14211.12	12486.66	679.26	385.97	967.72	370.77
浙江	Zhejiang	9599.67	7669.70	412.01	493.48	698.37	738.12
安徽	Anhui	9200.71	7949.28	107.39	179.47	872.00	199.96
江西	Jiangxi	5841.93	4964.97	108.08	140.69	573.67	162.60
湖北	Hubei	8155.21	7363.67	157.14	176.65	483.27	131.61
湖南	Hunan	8532.25	7368.27	165.26	147.77	714.69	301.52
重庆	Chongqing	6711.00	5452.65	325.64	168.47	634.37	455.51
四川	Sichuan	10869.07	8786.61	253.15	299.29	1004.42	778.75
贵州	Guizhou	4696.90	3897.65	93.41	113.00	573.22	113.03
云南	Yunnan	4327.18	3484.49	292.94	110.58	418.08	314.04

18-5 按用途分商品房销售额(2017年)
Total Sale of Commercialized Buildings Sold by Use(2017)

单位：亿元 (100 million yuan)

地 区	Region	商品房销售额 Total Sale of Commercialized Buildings Sold	住 宅 Residential Buildings	#别 墅、高档公寓 Villas, High-grade Apartments	办公楼 Office Buildings	商业营业用 房 Houses for Business Use	其 他 Others
全 国	**National Total**	**133701.31**	**110239.51**	**7098.43**	**6441.36**	**13252.71**	**3767.73**
上 海	Shanghai	4026.67	3336.09	1153.49	394.07	208.23	88.28
江 苏	Jiangsu	13066.85	11325.84	951.62	421.61	1125.80	193.60
浙 江	Zhejiang	12339.99	10300.34	650.11	674.13	971.17	394.35
安 徽	Anhui	5865.77	4878.56	95.92	144.77	765.69	76.75
江 西	Jiangxi	3592.52	2879.66	84.01	120.74	505.30	86.83
湖 北	Hubei	6258.92	5380.31	142.00	255.69	521.65	101.27
湖 南	Hunan	4460.66	3570.76	133.68	134.49	634.45	120.95
重 庆	Chongqing	4557.85	3601.56	361.70	162.13	629.66	164.51
四 川	Sichuan	6757.11	5173.60	281.97	270.61	1029.81	283.09
贵 州	Guizhou	2240.77	1623.37	82.38	75.34	499.81	42.24
云 南	Yunnan	2561.19	1973.72	181.43	88.89	351.44	147.14

18-6 按用途分商品房平均销售价格(2017年)
Average Selling Price of Commercialized Buildings by Use(2017)

单位：元/平方米 (yuan/sq.m)

地 区	Region	商品房平均销售价格 Average Selling Price of Commercialized Buildings	住 宅 Residential Buildings	#别 墅、高档公寓 Villas, High-grade Apartments	办公楼 Office Buildings	商业营业用 房 Houses for Business Use	其 他 Others
全 国	**National Average**	**7892**	**7614**	**14965**	**13543**	**10323**	**5364**
上 海	Shanghai	23804	24866	54399	31753	26249	6024
江 苏	Jiangsu	9195	9070	14010	10923	11633	5222
浙 江	Zhejiang	12855	13430	15779	13661	13906	5343
安 徽	Anhui	6375	6137	8932	8067	8781	3838
江 西	Jiangxi	6150	5800	7773	8582	8808	5340
湖 北	Hubei	7675	7307	9037	14474	10794	7695
湖 南	Hunan	5228	4846	8089	9101	8877	4011
重 庆	Chongqing	6792	6605	11107	9623	9926	3612
四 川	Sichuan	6217	5888	11138	9042	10253	3635
贵 州	Guizhou	4771	4165	8820	6667	8719	3737
云 南	Yunnan	5919	5664	6193	8039	8406	4685

18-7 房地产开发企业资产负债(2017年)
Assets and Liabilities of Enterprises for Real Estate Development(2017)

单位：亿元 (100 million yuan)

地 区	Region	实收资本合计 Total Capital Held	资产总计 Total Assets	累计折旧 Total Depreciation	#本年折旧 Depreciation This Year	负债合计 Total Liabilities	所有者权益 Owners' Equity	资产负债率(%) Ratio of Liabilities to Assets(%)
全 国	**National Total**	**85649.75**	**722236.02**	**3909.38**	**657.18**	**571274.85**	**150961.17**	**79.1**
上 海	Shanghai	9152.63	55208.53	423.00	55.83	37837.03	17371.50	68.5
江 苏	Jiangsu	9678.62	61005.46	311.20	49.82	47088.91	13916.55	77.2
浙 江	Zhejiang	6953.13	48101.08	235.93	41.22	38401.23	9699.85	79.8
安 徽	Anhui	2750.71	22988.08	109.08	19.94	18647.25	4340.83	81.1
江 西	Jiangxi	1212.80	12362.91	56.01	10.02	9698.19	2664.71	78.4
湖 北	Hubei	2833.16	26822.83	120.39	20.13	21368.86	5453.97	79.7
湖 南	Hunan	1606.15	15427.09	92.29	14.05	12504.38	2922.71	81.1
重 庆	Chongqing	2599.00	24221.14	113.18	18.97	18054.90	6166.24	74.5
四 川	Sichuan	2957.23	26141.90	153.08	27.01	21144.68	4997.23	80.9
贵 州	Guizhou	1148.99	12025.28	64.01	20.06	9504.55	2520.73	79.0
云 南	Yunnan	1578.85	17660.41	96.52	17.09	14748.30	2912.11	83.5

18-8 房地产开发企业经营情况(2017年)

Operating Statistics on Enterprises for Real Estate Development(2017)

单位：亿元 (100 million yuan)

地区	Region	主营业务收入 Revenue from Principle Business	土地转让收入 Land Transferred	商品房销售收入 Commercialized Buildings Sold	房屋出租收入 Houses Leased	其他收入 Others	主营业务税金及附加 Taxes and Other Charges on Principal Business	营业利润 Operating Profit
全 国	**National Total**	**95896.90**	**838.42**	**90609.15**	**1568.32**	**2881.01**	**5751.77**	**11728.11**
上 海	Shanghai	6232.48	144.37	5409.06	472.21	206.83	527.19	1653.84
江 苏	Jiangsu	11061.62	70.49	10749.60	58.21	183.33	578.41	1116.85
浙 江	Zhejiang	8926.99	31.29	8622.24	62.86	210.61	423.37	823.58
安 徽	Anhui	3363.71	26.32	3225.95	15.84	95.60	162.14	342.00
江 西	Jiangxi	2260.89	17.80	2197.30	11.62	34.16	102.63	273.94
湖 北	Hubei	3683.47	12.76	3512.87	35.11	122.72	203.05	494.00
湖 南	Hunan	2708.36	14.54	2594.59	14.77	84.46	141.30	141.13
重 庆	Chongqing	2747.38	66.55	2553.51	37.93	89.39	116.68	167.19
四 川	Sichuan	4038.76	15.58	3859.76	30.51	132.91	212.57	349.85
贵 州	Guizhou	1583.51	6.65	1488.15	12.42	76.29	87.26	159.52
云 南	Yunnan	1349.64	66.80	1174.03	26.39	82.43	58.95	54.60

18-9 长江经济带大中城市主要指标完成情况（2017年）
Main Indicators of Real Estate Projects in Large and Medium-sized Cities (2017)

城市	City	本年完成投资（亿元）Investment Completed This Year (100 million yuan)	#住宅 Residential Buildings	#办公楼 Office Buildings	#商业营业用房 Houses for Business Use	房屋施工面积（万平方米）Floor Space of Buildings under Construction (10 000 sq.m)	房屋竣工面积（万平方米）Floor Space of Buildings Completed (10 000 sq.m)
上　海	Shanghai	3856.53	2152.40	642.20	506.71	15362.25	3387.56
南　京	Nanjing	2170.21	1569.52	150.15	263.08	8163.04	1077.49
杭　州	Hangzhou	2734.20	1713.13	245.57	328.63	11527.37	2085.61
宁　波	Ningbo	1374.47	932.47	64.23	129.85	6833.12	1032.62
合　肥	Hefei	1557.41	1095.45	113.58	219.74	8283.56	1179.34
南　昌	Nanchang	790.69	486.38	66.03	167.97	5948.81	558.97
武　汉	Wuhan	2686.34	1840.31	254.52	288.90	11912.98	776.30
长　沙	Changsha	1493.44	809.32	129.95	301.25	9814.09	1159.87
重　庆	Chongqing	3980.08	2632.88	157.28	671.80	25960.99	5055.73
成　都	Chengdu	2492.65	1300.46	215.73	573.23	19396.65	1857.47
贵　阳	Guiyang	1024.09	595.06	79.85	200.46	5790.77	313.63
昆　明	Kunming	1683.33	1058.90	121.95	222.73	10090.20	680.33

18-9 续表 continued

城　市	City	#住　宅 Residential Buildings	商品房销售面　积（万平方米）Floor Space of Commercialized Buildings Sold (10 000 sq.m)	#住　宅 Residential Buildings	商品房平均销售价格（元/平方米）Average Selling Price of Commercialized Buildings (yuan/sq.m)	#住　宅 Residential Buildings	本年土地购置面积（万平方米）Land Space Purchased This Year (10 000 sq.m)
上　海	Shanghai	1862.74	1691.60	1341.62	23804	24866	179.73
南　京	Nanjing	805.85	1429.61	1208.98	15653	15259	288.62
杭　州	Hangzhou	1170.81	2054.11	1520.17	20354	21225	147.17
宁　波	Ningbo	622.09	1543.64	1283.72	13324	14145	278.64
合　肥	Hefei	779.88	1283.40	960.46	10751	11442	684.87
南　昌	Nanchang	389.41	1610.43	1289.79	8527	8106	148.46
武　汉	Wuhan	597.82	3532.61	3085.78	11744	11453	104.80
长　沙	Changsha	805.06	2260.79	1823.81	7691	7287	205.85
重　庆	Chongqing	3316.37	6711.00	5452.65	6792	6605	1112.22
成　都	Chengdu	1075.10	3925.91	2976.47	8733	8595	162.28
贵　阳	Guiyang	201.92	1068.67	868.98	7269	6552	221.71
昆　明	Kunming	394.52	1827.25	1387.77	8010	8197	408.90

十九、科学技术 Science and Technology

19-1 规模以上工业企业研究与试验发展(R&D)活动及专利情况(2017年)
Statistics on R&D Activities and Patents of Industrial Enterprises above Designated Size(2017)

地 区	Region	R&D人员全时当量(人年) Full-time Equivalent of R&D Personnel (man-year)	R&D经费(万元) Expenditure on R&D (10 000 yuan)	R&D项目数(项) R&D Projects (unit)	专利申请数(件) Number of Patent Applications (piece)	#发明专利 Inventions	有效发明专利数(件) Number of Inventions In Force (piece)
全 国	**National Total**	**2736244**	**120129589**	**445029**	**817037**	**320626**	**933990**
上 海	Shanghai	88967	5399953	12557	27581	12329	43416
江 苏	Jiangsu	455468	18338832	67205	124980	45719	140346
浙 江	Zhejiang	333646	10301447	69180	85639	21817	49158
安 徽	Anhui	103598	4361175	20010	52916	24394	49810
江 西	Jiangxi	45082	2216865	7504	19383	3949	10806
湖 北	Hubei	94241	4689377	12968	22244	10112	25568
湖 南	Hunan	94228	4617716	10411	21319	9144	26697
重 庆	Chongqing	56416	2799986	10624	17269	5149	12472
四 川	Sichuan	71968	3010846	12359	26687	10335	32598
贵 州	Guizhou	18786	648576	2758	5344	2542	6805
云 南	Yunnan	21393	885588	4122	5389	1891	6510

19-2 规模以上工业企业新产品开发及生产情况(2017年)
New Products Development and Production of Industrial Enterprises above Designated Size(2017)

地 区	Region	新产品开发项目数(项) New Products (unit)	新产品开发经费支出(万元) Expenditure on New Products Development (10 000 yuan)	新产品销售收入(万元) Sales Revenue of New Products (10 000 yuan)	#出口 Exports
全 国	**National Total**	**477861**	**134978371**	**1915686889**	**349447537**
上 海	Shanghai	16121	6787046	100681518	13040804
江 苏	Jiangsu	69653	21506492	285790192	57081068
浙 江	Zhejiang	72083	11074026	211501500	41552462
安 徽	Anhui	22904	5117102	88430765	8192150
江 西	Jiangxi	11689	2949584	38571746	3330683
湖 北	Hubei	12460	4640613	75234883	3591500
湖 南	Hunan	10204	4857534	85857213	3788448
重 庆	Chongqing	11227	3252278	53227016	13021817
四 川	Sichuan	11583	3107379	36830600	1741911
贵 州	Guizhou	2537	577811	6055568	357346
云 南	Yunnan	4208	1026693	8086166	364647

19-3 国内三种专利申请数和授权数（2017年）
Three Kinds of Domestic Patent Applications and Granted (2017)

单位：件 (piece)

地 区	Region	申请数 Applications	发 明 Inventions	实用新型 Utility Models	外观设计 Designs	授权数 Granted	发 明 Inventions	实用新型 Utility Models	外观设计 Designs
全 国	**National Total**	**3536333**	**1245709**	**1679807**	**610817**	**1720828**	**326970**	**967416**	**426442**
上 海	Shanghai	131740	54630	60925	16185	72806	20681	39942	12183
江 苏	Jiangsu	514402	187005	219503	107894	227187	41518	126482	59187
浙 江	Zhejiang	377115	98975	191372	86768	213805	28742	114311	70752
安 徽	Anhui	175872	93527	72333	10012	58213	12440	38304	7469
江 西	Jiangxi	70591	11507	39496	19588	33029	2238	17613	13178
湖 北	Hubei	110234	51569	49744	8921	46369	10880	28867	6622
湖 南	Hunan	77934	31365	33073	13496	37916	7909	20337	9670
重 庆	Chongqing	64648	19297	37525	7826	34780	6138	23261	5381
四 川	Sichuan	167484	64642	73789	29053	64006	11367	33613	19026
贵 州	Guizhou	34610	13885	16898	3827	12559	1875	7986	2698
云 南	Yunnan	28695	7801	17867	3027	14230	2259	10085	1886

19-4 技术市场成交额
Transaction Value in Technical Markets

单位：万元 (10 000 yuan)

地 区	Region	2010	2011	2012	2013	2014	2015	2016	2017
全 国	**National Total**	**39065753**	**47635589**	**64370683**	**74691254**	**85771790**	**98357896**	**114069816**	**134242245**
上 海	Shanghai	4314374	4807491	5187473	5316804	5924481	6637838	7809858	8106177
江 苏	Jiangsu	2493406	3334316	4009141	5275020	5431585	5729178	6356425	7784223
浙 江	Zhejiang	603478	718968	813079	814958	872527	980966	1983716	3247310
安 徽	Anhui	461470	650337	861592	1308253	1698313	1904669	2173748	2495697
江 西	Jiangxi	230479	341861	397796	430552	507593	648484	790077	962096
湖 北	Hubei	907218	1256876	1963922	3976158	5806801	7893407	9038371	10330773
湖 南	Hunan	400940	353901	422420	772098	979342	1050578	1056287	2031915
重 庆	Chongqing	794410	681453	540188	902760	1562007	572366	1471870	513581
四 川	Sichuan	547393	678330	1112438	1485752	1990506	2823202	2993006	4058307
贵 州	Guizhou	77191	136483	96743	183972	200392	259626	204437	807409
云 南	Yunnan	108827	117144	454779	420003	479233	518364	582559	847625

19-5 产品质量情况(2017年)
Quality of Products (2017)

单位: % (%)

地 区	Region	优等品率 Rate of Products with Excellent Quality	质量损失率 Rate of Loss Due to Bad Quality	产品质量合格率 Qualification Rate of Products
全 国	**National Average**	**57.10**	**2.03**	**93.77**
上 海	Shanghai	63.60	1.03	94.96
江 苏	Jiangsu	55.00	2.14	93.42
浙 江	Zhejiang	65.40	1.27	93.80
安 徽	Anhui	57.70	1.62	94.72
江 西	Jiangxi	60.50	1.79	91.44
湖 北	Hubei	54.00	2.05	94.23
湖 南	Hunan	62.30	1.27	91.91
重 庆	Chongqing	49.00	2.69	96.31
四 川	Sichuan	45.70	1.84	91.92
贵 州	Guizhou	51.90	2.69	95.68
云 南	Yunnan	58.20	1.37	93.89

注：本资料由75个重点工业城市抽样数据汇总而成。
a) Sampling data in this table are collected from 75 main industrial cities.

二十、教育 Education

20-1 普通本专科学生情况（2017年）
Number of Regular Students Enrolled in Normal and Short-cycle Courses in Regular Higher Education(2017)

单位：人 (person)

地区	Region	招生数 Entrants	本科 Normal Courses	专科 Short-cycle Courses	在校学生数 Enrolment	本科 Normal Courses	专科 Short-cycle Courses	毕业生数 Graduates
全国	**National Total**	**7614893**	**4107534**	**3507359**	**27535869**	**16486320**	**11049549**	**7358287**
上海	Shanghai	135592	95073	40519	514917	376152	138765	134207
江苏	Jiangsu	456629	267396	189233	1767877	1096984	670893	489522
浙江	Zhejiang	255635	146183	109452	1002346	616276	386070	276580
安徽	Anhui	307187	160385	146802	1147401	649355	498046	322786
江西	Jiangxi	288453	134856	153597	1048289	530546	517743	295985
湖北	Hubei	394100	213037	181063	1400918	863408	537510	394897
湖南	Hunan	357872	178349	179523	1273208	703480	569728	332792
重庆	Chongqing	209497	112934	96563	746859	453829	293030	196414
四川	Sichuan	433030	225118	207912	1499715	865109	634606	386145
贵州	Guizhou	199747	86696	113051	627672	317072	310600	149037
云南	Yunnan	202091	103172	98919	705854	413831	292023	175254

20-1 续表 continued

单位：人 (person)

地区	Region	本科 Normal Courses	专科 Short-cycle Courses	授予学位数 Degrees Conferred	预计毕业生数 Estimated Graduates for Next Year	本科 Normal Courses	专科 Short-cycle Courses
全国	**National Total**	**3841839**	**3516448**	**3771039**	**7804685**	**4031331**	**3773354**
上海	Shanghai	86945	47262	85166	144227	94853	49374
江苏	Jiangsu	252892	236630	246299	517918	273758	244160
浙江	Zhejiang	146131	130449	144446	293532	157909	135623
安徽	Anhui	152059	170727	150310	342659	157679	184980
江西	Jiangxi	122575	173410	121204	313527	128990	184537
湖北	Hubei	212847	182050	207659	387197	211687	175510
湖南	Hunan	162286	170506	158683	357602	169664	187938
重庆	Chongqing	104704	91710	101731	208491	110511	97980
四川	Sichuan	184269	201876	180585	413791	196688	217103
贵州	Guizhou	75025	74012	71164	166121	72713	93408
云南	Yunnan	96365	78889	94580	193399	98795	94604

20-2 普通高等学校(机构)情况(2017年)

Situations on Educational Personnel in Regular Schools (Institutions) of Higher Education(2017)

单位：人 (person)

地 区	Region	学校数(所) Schools (unit)	教职工数 Educa-tional Personnel	#校本部教职工 In Main Campus	专任教师 Full-time Teachers	正高级 Senior	副高级 Sub-senior
全 国	**National Total**	**2631**	**2442995**	**2336980**	**1633248**	**208917**	**490184**
上 海	Shanghai	64	73891	69449	43484	8191	14082
江 苏	Jiangsu	167	168583	160390	112888	15677	38866
浙 江	Zhejiang	107	92654	88532	62357	9170	19236
安 徽	Anhui	119	81266	79039	60429	5355	16550
江 西	Jiangxi	100	80113	77743	56519	5348	14596
湖 北	Hubei	129	131395	125821	83507	11237	27764
湖 南	Hunan	124	102318	99032	70249	7736	20578
重 庆	Chongqing	65	58388	56668	41708	4924	11999
四 川	Sichuan	109	121894	116446	83949	9011	22568
贵 州	Guizhou	70	47896	47273	35072	3329	11079
云 南	Yunnan	77	53533	52542	39271	4127	10811

20-2 续表 continued

单位：人 (person)

地 区	Region	中级 Middle	初级 Junior	无职称 No Rank	行政人员 Administrative Personnel	教辅人员 Supporting Staff	工勤人员 Workers
全 国	**National Total**	**644154**	**181785**	**108208**	**343226**	**220791**	**139715**
上 海	Shanghai	16906	2745	1560	12902	9176	3887
江 苏	Jiangsu	46116	8043	4186	24523	14612	8367
浙 江	Zhejiang	26209	3876	3866	15309	8236	2630
安 徽	Anhui	23915	11080	3529	8814	5894	3902
江 西	Jiangxi	22474	7996	6105	7819	9878	3527
湖 北	Hubei	31009	8314	5183	20042	12943	9329
湖 南	Hunan	28015	7188	6732	13766	9654	5363
重 庆	Chongqing	17230	4519	3036	7998	4205	2757
四 川	Sichuan	32077	14684	5609	15428	9397	7672
贵 州	Guizhou	10329	5881	4454	6839	3536	1826
云 南	Yunnan	14763	6159	3411	6560	3990	2721

20-3 各级学校生师比(2017年)
Student-Teacher Ratio by Level of Regular Schools(2017)

(教师人数=1) (Number of Teachers=1)

地 区	Region	普通小学 Primary School	初 中 Junior Secondary School	普通高中 Regular Senior Secondary School	中等职业学校 Secondary Vocational School	普通高校 Regular Institution of Higher Education
全 国	**National Total**	**16.98**	**12.52**	**13.39**	**18.98**	**17.52**
上 海	Shanghai	14.35	10.48	8.86	13.06	16.82
江 苏	Jiangsu	17.99	11.48	9.96	16.00	15.65
浙 江	Zhejiang	17.26	12.50	11.11	15.60	15.12
安 徽	Anhui	17.98	13.00	13.91	25.38	18.52
江 西	Jiangxi	18.63	15.85	17.35	23.63	18.03
湖 北	Hubei	17.44	11.53	12.43	16.84	17.44
湖 南	Hunan	19.24	13.38	15.12	23.06	18.37
重 庆	Chongqing	16.76	13.00	15.26	22.43	17.94
四 川	Sichuan	16.98	12.37	14.50	21.03	19.37
贵 州	Guizhou	17.92	14.35	15.77	25.24	17.89
云 南	Yunnan	16.51	14.52	14.74	24.60	19.35

20-4 每十万人口各级学校平均在校生数(2017年)
Number of Students Per 100 000 Population by Level(2017)

单位：人 (person)

地 区	Region	学前教育 Pre-education	小 学 Primary Education	初中阶段 Junior Secondary	高中阶段 Senior Secondary	高等教育 Higher Education
全 国	**National Average**	**3327**	**7300**	**3213**	**2861**	**2576**
上 海	Shanghai	2367	3243	1701	1099	3498
江 苏	Jiangsu	3257	6753	2609	2316	3045
浙 江	Zhejiang	3503	6333	2788	2635	2345
安 徽	Anhui	3242	7110	3263	3123	2250
江 西	Jiangxi	3505	9209	4160	3150	2676
湖 北	Hubei	2991	6025	2527	2156	3000
湖 南	Hunan	3357	7500	3366	2905	2419
重 庆	Chongqing	3145	6888	3249	3305	3084
四 川	Sichuan	3177	6679	3015	2889	2339
贵 州	Guizhou	4316	10185	5147	4502	2129
云 南	Yunnan	2922	7864	3925	3094	1999

注：1.高等教育包括普通高等学校和成人高等学校。
2.高中阶段合计数据包括普通高中、成人高中、普通中专、职业高中、技工学校和成人中专。
3.初中阶段包括普通初中和职业初中。

a) Institutions of higher education include that of regular institutions of higher education and institutions of higher education for adults.

b) Total of senior schools include that of regular senior schools, adult senior schools, regular secondary technical schools, vocational secondary schools, technical worker school, adult technical secondary schools.

c) Junior secondary schools include regular junior schools and junior vocational schools.

20-5 教育经费情况(2016年)
Basic Statistics on Educational Funds(2016)

单位：万元 (10 000 yuan)

地 区	Region	合 计 Total	国家财政性教育经费 Government Appropriation for Education	#公共财政教育经费 Public Expenditure on Education	民办学校中举办者投入 Funds from Runners of Private Schools	社会捐赠经 费 Donations and Fund-raising for Running Schools	事业收入 Income from Teaching Research and Other Auxiliary Activity	#学杂费 Tuition and Miscel-laneous Fees	其他教育经 费 Other Educational Funds
全 国	**National Average**	**388883850**	**313962519**	**277006325**	**2032733**	**810447**	**62768292**	**47709339**	**9309860**
中 央	Central Government	36227666	25351988	14883286		314724	8138797	2846879	2422158
地 方	Local Governments	352656184	288610531	262123039	2032733	495724	54629494	44862461	6887702
上 海	Shanghai	11218946	9237025	8019825	5955	8503	1565521	1255665	401941
江 苏	Jiangsu	24020855	19233685	18419418	136862	92081	3828459	3054072	729767
浙 江	Zhejiang	18908104	14235711	13136547	145215	34872	3639753	2933513	852553
安 徽	Anhui	12357931	10304306	9108725	57504	9871	1844677	1520679	141573
江 西	Jiangxi	10468837	8816174	8401619	43813	13337	1523413	1267594	72100
湖 北	Hubei	13009264	10446404	9797918	126305	6898	2251451	1838664	178207
湖 南	Hunan	13781959	10836439	10273884	82134	6988	2561467	2041954	294931
重 庆	Chongqing	8863208	7054576	5652593	117792	13178	1430841	1135283	246821
四 川	Sichuan	17620946	14423197	12774499	126748	36263	2852604	2276355	182134
贵 州	Guizhou	10335342	8909339	8402520	44819	9000	1073184	850508	299000
云 南	Yunnan	11886446	10227745	8641229	63876	22110	1226316	992947	346400

二十一、卫生和社会服务 Public Health and Social Service

21-1 医疗卫生机构(2017年)
Health Care Institutions(2017)

单位：个 (unit)

地 区	Region	合 计 Total	#医 院 Hospitals	#综合医院 General Hospitals	#中医医院 Hospitals Specialized in Traditional Chinese Medicine	#专科医院 Specialized Hospitals	#基层医疗卫生机构 Health Care Institutions at Grass-root Level	#社区卫生服务中心(站) Community Health Service Centers	#乡 镇 卫生院 Township Health Centers
全 国	**National Total**	**986649**	**31056**	**18921**	**3695**	**7220**	**933024**	**34652**	**36551**
上 海	Shanghai	5144	363	180	19	118	4574	1009	
江 苏	Jiangsu	32037	1727	1015	121	420	29118	2780	1057
浙 江	Zhejiang	31979	1204	529	162	438	30189	5687	1150
安 徽	Anhui	24491	1095	701	107	251	22635	1881	1367
江 西	Jiangxi	37791	669	427	104	125	36311	573	1582
湖 北	Hubei	36357	979	569	118	261	34756	1182	1137
湖 南	Hunan	58624	1313	773	144	361	56302	746	2229
重 庆	Chongqing	19682	749	459	92	161	18748	472	881
四 川	Sichuan	80481	2219	1444	222	490	77487	940	4466
贵 州	Guizhou	28034	1270	940	95	203	26378	701	1362
云 南	Yunnan	24684	1252	838	136	244	22868	568	1355

注：村卫生室数计入医疗卫生机构数中。
a) Number of village clinics was included in health care institutions.

21-1　续表　continued

单位：个　(unit)

地　区	Region	#村卫生室 Village Clinics	#门诊部(所) Outpatient Department	#专业公共卫生机构 Specialized Public Health Institutions	#疾病预防控制中心 Center for Disease Control and Prevention	#专科疾病防治院(所/站) Specialized Disease Prevention & Treatment Institution	#妇幼保健院(所/站) Women and Children Care Agencies	#卫生监督所(中心) Health Inspection Institution (center)
全　国	**National Total**	**632057**	**229221**	**19896**	**3456**	**1200**	**3077**	**2992**
上　海	Shanghai	1187	2378	112	19	20	20	17
江　苏	Jiangsu	15319	9960	911	116	43	110	104
浙　江	Zhejiang	11535	11806	394	100	16	88	100
安　徽	Anhui	15331	4055	666	121	48	118	112
江　西	Jiangxi	29734	4414	744	149	108	112	111
湖　北	Hubei	24636	7776	534	115	73	102	107
湖　南	Hunan	42144	11179	961	147	84	137	133
重　庆	Chongqing	10991	6390	152	41	15	42	39
四　川	Sichuan	56216	15855	708	206	25	203	200
贵　州	Guizhou	20543	3722	356	100	10	98	95
云　南	Yunnan	13446	7493	524	153	30	145	142

21-2 卫生人员(2017年)
Employed Persons in Health Care Institutions(2017)

单位：人 (person)

地 区	Region	卫生人员 Medical Personnel	卫生技术人员 Medical Technical Personnel	#执业(助理)医师 Licensed (Assistant) Doctors	#执业医师 Licensed Doctor	#注册护士 Registered Nurse
全 国	**National Total**	**11748972**	**8988230**	**3390034**	**2828999**	**3804021**
上 海	Shanghai	227750	186917	67907	64196	83939
江 苏	Jiangsu	692473	547676	217146	181276	236906
浙 江	Zhejiang	555716	459661	178704	155076	187717
安 徽	Anhui	407457	313478	120839	97680	138139
江 西	Jiangxi	317798	235741	83648	70083	104109
湖 北	Hubei	510044	399685	147340	122070	184283
湖 南	Hunan	536677	415563	173037	132578	172580
重 庆	Chongqing	255854	191572	68549	55216	84853
四 川	Sichuan	709899	530306	194909	162709	228548
贵 州	Guizhou	301876	225914	75533	60382	97970
云 南	Yunnan	369151	283894	93925	77892	128513

注：1.卫生人员和卫生技术人员包括公务员中卫生监督员。
2.执业(助理)医师数包括村卫生室执业(助理)医师数。

a) Medical personnel and medical technical personnel include health supervisors in civil servants.

b) Licensed (assistant) doctors include licensed (assistant) doctors in village clinics.

21-2 续表 continued

单位：人 (person)

地 区	Region	#药师(士) Pharmacist	乡村医生和卫生员 Village Doctors and Assistants	其 他技术人员 Other Technical Personnel	管理人员 Administrative Personnel	工勤技能人 员 Logistics Technical Workers
全 国	**National Total**	**452968**	**968611**	**451480**	**509093**	**831558**
上 海	Shanghai	10014	829	11458	13005	15541
江 苏	Jiangsu	28839	30934	29496	29125	55242
浙 江	Zhejiang	27885	7792	22208	19826	46229
安 徽	Anhui	14460	40869	15095	15057	22958
江 西	Jiangxi	14549	43421	9181	9446	20009
湖 北	Hubei	18663	39530	21339	20642	28848
湖 南	Hunan	20523	44460	19637	22490	34527
重 庆	Chongqing	8800	20076	9120	13303	21783
四 川	Sichuan	24945	64771	20123	32617	62082
贵 州	Guizhou	8762	35105	11465	15011	14381
云 南	Yunnan	10932	37308	14399	10818	22732

21-3 每千人口卫生技术人员(2017年)
Medical Technical Personnel in Health Care Institutions per 1000 Persons(2017)

单位：人 (person)

地 区	Region	卫生技术人员 Medical Technical Personnel			执业(助理)医师 Licensed (Assistant) Doctors			注册护士 Registered Nurses		
		合计 Total	城市 City	农村 Rural	合计 Total	城市 City	农村 Rural	合计 Total	城市 City	农村 Rural
全 国	**National Total**	**6.47**	**10.87**	**4.28**	**2.44**	**3.97**	**1.68**	**2.74**	**5.01**	**1.62**
上 海	Shanghai	7.73	13.08	7.68	2.81	4.70	3.86	3.47	5.92	2.52
江 苏	Jiangsu	6.82	10.14	4.99	2.70	3.73	2.16	2.95	4.73	1.94
浙 江	Zhejiang	8.13	13.03	6.87	3.16	4.89	2.78	3.32	5.62	2.62
安 徽	Anhui	5.01	7.26	3.19	1.93	2.56	1.33	2.21	3.59	1.24
江 西	Jiangxi	5.10	10.70	3.26	1.81	3.60	1.20	2.25	5.27	1.32
湖 北	Hubei	6.77	10.09	4.83	2.50	3.51	1.88	3.12	5.06	2.04
湖 南	Hunan	6.06	12.10	4.15	2.52	4.42	1.87	2.52	5.95	1.51
重 庆	Chongqing	6.23	7.88	3.69	2.23	2.73	1.40	2.76	3.75	1.41
四 川	Sichuan	6.39	8.54	4.47	2.35	3.05	1.69	2.75	4.07	1.74
贵 州	Guizhou	6.31	15.59	3.63	2.11	5.56	1.17	2.74	7.44	1.49
云 南	Yunnan	5.91	14.61	4.56	1.96	5.13	1.46	2.68	7.05	1.99

注：城市包括直辖市区和地级市辖区，农村包括县及县级市。

a) City includes district of municipalities and prefecture-level city, rural area include county and city at county level.

21-4 村卫生室情况(2017年)
Statistics on Village Clinics(2017)

地 区	Region	村卫生室(个) Village Clinics (unit)						设卫生室的村数占行政村数% Villages with Clinics as % of Total
		合计 Total	村办 Run by Village	乡卫生院设点 Township Hospitals	联合办 Jointly Run	私人办 Run by Private	其他 Others	
全 国	**National Total**	**632057**	**349025**	**63598**	**28687**	**147046**	**43701**	**92.8**
上 海	Shanghai	1187	891	183	31		82	74.9
江 苏	Jiangsu	15319	8253	3972	1867	26	1201	100.0
浙 江	Zhejiang	11535	7073	1331	154	1950	1027	42.0
安 徽	Anhui	15331	7167	2884	1892	900	2488	100.0
江 西	Jiangxi	29734	13571	285	1617	12747	1514	100.0
湖 北	Hubei	24636	15552	3519	2953	1810	802	98.7
湖 南	Hunan	42144	28171	1485	930	8089	3469	100.0
重 庆	Chongqing	10991	6624	1265	353	1497	1252	100.0
四 川	Sichuan	56216	27794	3541	2583	19077	3221	100.0
贵 州	Guizhou	20543	9063	2247	547	6749	1937	100.0
云 南	Yunnan	13446	10078	1363	624	434	947	100.0

21-5 医疗卫生机构床位(2017年)
Number of Beds in Health Care Institutions(2017)

单位：万张 (10 000 beds)

地 区	Region	合 计 Total	#医 院 Hospitals	#基层医疗卫生机构 Health Care Institutions at Grass-root Level	#社区卫生服务中心(站) Health Service Centers for Community (stations)	#乡 镇卫生院 Township Health Centers	#专业公共卫生机构 Specialized Public Health Institutions	#妇幼保健院(所、站) Maternity and Child Care Centers (Institutions, Stations)	#专科疾病防治院(所、站) Specialized Prevention & Treatment Centers (Institutions, Stations)
全 国	**National Total**	**794.03**	**612.05**	**152.85**	**21.84**	**129.21**	**26.26**	**22.11**	**4.08**
上 海	Shanghai	13.46	11.59	1.64	1.64		0.15	0.13	0.02
江 苏	Jiangsu	46.92	36.98	8.94	2.13	6.78	0.74	0.57	0.17
浙 江	Zhejiang	31.35	27.71	2.58	0.75	1.79	0.90	0.85	0.04
安 徽	Anhui	30.57	23.32	6.50	0.80	5.68	0.68	0.40	0.28
江 西	Jiangxi	23.40	16.01	5.92	0.44	5.44	1.28	0.97	0.31
湖 北	Hubei	37.62	27.09	8.89	1.52	7.21	1.65	1.41	0.23
湖 南	Hunan	45.23	31.95	11.40	1.33	10.04	1.88	1.43	0.45
重 庆	Chongqing	20.64	15.05	5.10	0.85	4.11	0.41	0.36	0.05
四 川	Sichuan	56.35	41.19	13.94	1.16	12.71	1.22	1.18	0.03
贵 州	Guizhou	23.30	17.83	4.62	0.35	4.18	0.83	0.76	0.07
云 南	Yunnan	27.48	21.08	5.56	0.52	5.00	0.75	0.69	0.06

21-6 医院床位利用情况(2017年)
Utilization of Beds in Hospitals(2017)

地 区	Region	病床工作日(日) Work Day of Beds (day)			病床使用率(%) Utilization Rate of Beds(%)			出院者平均住院日(日) Average Say Days in Hospital (day)		
		合计 Total	公立 State	民营 Private	合计 Total	公立 State	民营 Private	合计 Total	公立 State	民营 Private
全 国	**National Average**	**310.1**	**333.3**	**231.3**	**85.0**	**91.3**	**63.4**	**9.3**	**9.4**	**8.7**
上 海	Shanghai	348.3	363.0	274.6	95.4	99.4	75.2	10.1	9.5	21.5
江 苏	Jiangsu	319.2	346.3	262.7	87.5	94.9	72.0	9.5	9.6	9.3
浙 江	Zhejiang	326.2	351.0	247.9	89.4	96.2	67.9	9.8	9.3	13.0
安 徽	Anhui	314.6	339.8	244.4	86.2	93.1	67.0	8.7	9.0	7.6
江 西	Jiangxi	313.1	323.8	267.8	85.8	88.7	73.4	8.9	9.1	7.9
湖 北	Hubei	338.4	359.0	231.7	92.7	98.4	63.5	9.5	9.7	8.0
湖 南	Hunan	311.1	336.7	224.6	85.2	92.3	61.5	9.1	9.4	7.6
重 庆	Chongqing	307.1	337.9	240.4	84.1	92.6	65.9	9.3	9.9	7.9
四 川	Sichuan	333.4	367.7	258.4	91.3	100.8	70.8	10.5	10.7	9.8
贵 州	Guizhou	291.8	334.6	217.7	79.9	91.7	59.6	8.2	8.5	7.4
云 南	Yunnan	303.6	340.2	213.4	83.2	93.2	58.5	8.5	8.7	7.9

21-7 提供住宿的社会服务床位数(2017年)
Beds of Social Welfare Institutions with Accommodations (2017)

单位：万张 (10 000 beds)

地 区	Region	床位数 Number of Beds	#养老 The Aged	#儿童 Child	#其他 Other	每千老年人口养老床位数(张) Beds in Elderly Care Institutions per 1 000 Senior Citizens (bed)
全 国	**National Total**	**419.6**	**383.5**	**10.3**	**17.1**	**30.92**
上 海	Shanghai	13.4	12.8	0.2	0.3	27.84
江 苏	Jiangsu	43.3	41.5	0.4	0.7	40.23
浙 江	Zhejiang	28.0	27.1	0.3	0.5	57.06
安 徽	Anhui	19.8	18.4	0.6	0.7	32.04
江 西	Jiangxi	15.4	14.6	0.1	0.6	29.20
湖 北	Hubei	25.4	23.6	0.4	0.8	31.83
湖 南	Hunan	15.0	13.3	0.5	0.7	23.62
重 庆	Chongqing	8.9	8.2	0.3	0.2	25.46
四 川	Sichuan	35.2	31.0	0.7	2.2	31.50
贵 州	Guizhou	8.0	6.9	0.3	0.5	36.73
云 南	Yunnan	6.1	5.0	0.3	0.5	19.05

注：老年人口指60岁及以上人口。

a) The aged refer to those 60 years old and above.

21-8 孤儿和家庭收养情况(2017年)
Orphans and Children Adopted by Families(2017)

单位：人 (person)

地区	Region	孤儿数 Number of Orphans	集中供养 Institutionalized	社会散居 Dispersed	家庭收养儿童数 Number of Children-adoption in Families	被中国公民收养 Children Adopted by Chinese Citizens	被外国人收养 Children Adopted by Foreigners	社会福利机构抚养的儿童 Children Raised by Social Welfare Institutions
全 国	**National Total**	**409840**	**86025**	**323815**	**18820**	**16592**	**2228**	**9115**
上 海	Shanghai	1670	1581	89	212	152	60	111
江 苏	Jiangsu	15301	3024	12277	1637	1515	122	809
浙 江	Zhejiang	3851	2039	1812	3174	3087	87	2180
安 徽	Anhui	26855	2836	24019	593	534	59	253
江 西	Jiangxi	22688	5444	17244	183	88	95	145
湖 北	Hubei	10464	1963	8501	735	676	59	237
湖 南	Hunan	33993	4325	29668	591	530	61	287
重 庆	Chongqing	4246	1062	3184	258	236	22	91
四 川	Sichuan	26631	3687	22944	1027	983	44	329
贵 州	Guizhou	17908	2528	15380	216	157	59	106
云 南	Yunnan	23685	1878	21807	1492	1422	70	408

21-9 社会救助情况(2017年)
Statistics on Social Relief(2017)

单位：万人 (10 000 persons)

地 区	Region	城市居民最低生活保障人数 Number of Urban Residents Receiving Minimum Living Allowance	农村居民最低生活保障人数 Number of Rural Residents Receiving Minimum Living Allowance	农村特困人员集中供养人数 Rural Households with Centralized Livelihood Guaranteed in Five Aspects	农村特困人员分散供养人数 Rural Households with Decentralized Livelihood Guaranteed in Five Aspects
全 国	**National Total**	**1261.0**	**4045.2**	**99.6**	**367.2**
上 海	Shanghai	15.7	3.5	0.1	0.1
江 苏	Jiangsu	20.5	97.2	6.4	13.7
浙 江	Zhejiang	22.2	59.2	2.6	0.1
安 徽	Anhui	47.9	155.5	9.1	30.7
江 西	Jiangxi	83.3	175.7	11.5	9.6
湖 北	Hubei	45.9	137.9	4.8	19.8
湖 南	Hunan	76.7	124.9	6.1	31.8
重 庆	Chongqing	34.0	60.2	1.7	9.4
四 川	Sichuan	118.4	366.3	13.9	32.0
贵 州	Guizhou	31.5	260.0	3.6	4.8
云 南	Yunnan	70.9	329.9	1.6	12.2

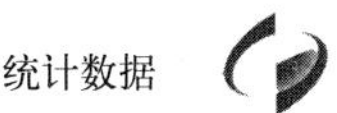

21-10 社会组织、自治组织情况(2017年)
Statistics on Social Organizations and Autonomy Organizations(2017)

地 区	Region	社会组织 Social Organizations				自治组织 Autonomy Organizations		
		单位数(个) Number of Institutions (unit)	社会团体 Social Organization	民办非企业单位 Non-enterprise Units Run by NGO	基金会 Fund Organization	单位数(个) Number of Institutions (unit)	村民委员会 Village Committee	社区居委会 Neighborhood Committee
全 国	**National Total**	**761539**	**354794**	**400438**	**6307**	**660709**	**554218**	**106491**
上 海	Shanghai	14929	3999	10504	426	5949	1585	4364
江 苏	Jiangsu	87024	35139	51225	660	21663	14462	7201
浙 江	Zhejiang	51368	23592	27183	593	31924	27458	4466
安 徽	Anhui	28067	13083	14860	124	17998	14482	3516
江 西	Jiangxi	22610	11303	11233	74	20602	17033	3569
湖 北	Hubei	29469	12347	16974	148	29371	24970	4401
湖 南	Hunan	33611	14720	18609	282	29183	23906	5277
重 庆	Chongqing	16824	7586	9160	78	11145	8090	3055
四 川	Sichuan	42282	20149	21975	158	53093	45683	7410
贵 州	Guizhou	12700	7127	5520	53	17488	13436	4052
云 南	Yunnan	23184	14679	8393	112	14378	11905	2473

二十二、文化和体育 Culture and Sports

22-1 图书、期刊和报纸出版情况(2017年)
Number of Books, Magazines and Newspapers Published(2017)

地区	Region	图书 Books Published 种数(种) Number of Publication (kind)	#新出版 New Publication	总印数(亿册、亿张) Printed Copies (100 million copies)	期刊 Magazines Published 种数(种) Number of Publication (kind)	总印数(亿册) Total Printed Copies (100 million copies)	报纸 Newspapers Published 种数(种) Number of Publication (kind)	总印数(亿份) Total Printed Copies (100 million copies)
全 国	**National Total**	**512487**	**255106**	**92.4**	**10130**	**24.9**	**1884**	**362.5**
上 海	Shanghai	27772	13262	4.2	639	0.9	70	9.1
江 苏	Jiangsu	28864	12610	6.4	471	1.2	81	22.9
浙 江	Zhejiang	14462	7135	4.0	229	0.8	66	23.1
安 徽	Anhui	9745	4864	3.1	186	0.4	51	7.2
江 西	Jiangxi	7982	4546	2.3	166	0.7	40	9.1
湖 北	Hubei	13590	7404	2.3	430	1.4	73	10.6
湖 南	Hunan	12219	4844	4.6	259	1.2	48	9.3
重 庆	Chongqing	5320	2208	1.4	138	0.5	27	3.9
四 川	Sichuan	13329	8287	2.9	357	0.5	85	14.2
贵 州	Guizhou	1062	769	0.9	93	0.2	27	2.8
云 南	Yunnan	7972	4438	1.6	128	0.3	42	3.6

22-2　音像制品及电子出版物情况（2017年）
Statistics on Number of Publication of Audio-Video and Electronic Products(2017)

地　区	Region	录像制品出版品种（种）Number of Publication of Video Products (kind)	录像制品出版数量（万盒、万张）Volume of Publication of Video Products (10000 cassettes, 10000 discs)	录音制品出版品种（种）Number of Publication of Audio Products (kind)	录音制品出版数量（万盒、万张）Volume of Publication of Audio Products (10000 cassettes, 10000 discs)	电子出版物出版品种（种）Electronic Publications (kind)	电子出版物出版数量（万张）Number of Electronic Publications (10000 discs)
全　国	**National Total**	**5293**	**6915.2**	**8259**	**18676.7**	**9240**	**28132.9**
上　海	Shanghai	750	1882.3	2399	2037.4	748	1456.5
江　苏	Jiangsu	95	149.3	151	1058.8	304	2717.8
浙　江	Zhejiang	173	38.0	102	301.7	326	802.2
安　徽	Anhui	54	11.5	13	8.4	12	2.2
江　西	Jiangxi	104	97.3	163	125.4	72	9.0
湖　北	Hubei	82	27.4	42	11.8	145	256.5
湖　南	Hunan	141	121.5	133	264.3	97	172.0
重　庆	Chongqing	21	8.2	45	16.5	146	70.6
四　川	Sichuan	53	61.3	17	3.8	163	84.6
贵　州	Guizhou						
云　南	Yunnan	154	91.1	44	11.6	28	65.4

22-3 出版物发行网点情况（2017年）
Issuing Institutions and Spots of Publication(2017)

地 区	Region	发行网点合计（处）Issuing Institutions (unit)	新华书店及其发行网点 Xinhua Book Store and Issuing Spots	供销社 Supply and Marketing Coopera-tives	出版社 Press	邮政系统 Postal Systems	其他批发网点 Wholesale Spots	其他零售网点 Retail Spots	新华书店系统、出版社自办发行单位从业人数（人）Persons Engaged in Own Issuance of Presses of Xinhua Book-store System (person)	#新华书店及其发行网点 State-owned Bookstores and Issuing Spots
全 国	**National Total**	**162811**	**9633**	**59**	**437**	**40523**	**8969**	**103190**	**132402**	**121490**
上 海	Shanghai	3360	91		73	1103	356	1737	2376	1773
江 苏	Jiangsu	16513	891		18	2376	335	12893	5867	5726
浙 江	Zhejiang	11234	775		10	2201	339	7909	7969	7856
安 徽	Anhui	8200	586		11	3457	370	3776	5573	5508
江 西	Jiangxi	3379	292		6	21	266	2794	3141	3040
湖 北	Hubei	4266	95		14	328	514	3315	4479	4158
湖 南	Hunan	9995	1162		13	4570	235	4015	8533	7185
重 庆	Chongqing	4209	267		3	601	102	3236	2890	2890
四 川	Sichuan	8986	213			3100	273	5400	8910	8910
贵 州	Guizhou	3253	189		6	833	148	2077	1611	1556
云 南	Yunnan	5781	272		8	1831	145	3525	3767	3751

22-4 出版印刷生产情况(2017年)
Conditions of Printing(2017)

地 区	Region	企业数 (个) Number of Enterprises (unit)	从业人员 (人) Number of Employees (unit)	印刷产量 Output of Printing 黑白 (万令) Black and White (10 000 ream)	印刷产量 Output of Printing 彩色 (万对开色令) Color (10 000 bisect color ream)	装订产量 (万令) Output of Bookbinding (10 000 ream)	用纸量 (万令) Amount of Paper Used (10 000 ream)
全 国	**National Total**	**8753**	**451667**	**30375.1**	**140600.5**	**33425.5**	**62255.5**
上 海	Shanghai	201	17112	382.5	7239.1	394.3	1552.9
江 苏	Jiangsu	426	29543	1307.2	6476.5	1632.4	3360.6
浙 江	Zhejiang	748	33794	1885.2	13483.1	2034.0	5326.0
安 徽	Anhui	302	15535	838.2	5227.8	1400.4	2433.2
江 西	Jiangxi	140	8075	984.1	1363.4	933.5	1024.0
湖 北	Hubei	349	16661	1122.4	2710.3	1454.0	1980.1
湖 南	Hunan	434	19560	920.2	4660.1	1321.6	2310.4
重 庆	Chongqing	148	13629	433.3	1173.3	407.9	683.5
四 川	Sichuan	282	9831	1523.0	4166.2	1308.9	1916.3
贵 州	Guizhou	173	4118	161.9	1250.0	148.0	341.7
云 南	Yunnan	171	6222	325.5	1203.5	330.0	724.5

22-5 广播电视节目综合人口覆盖情况及制作播出情况(2017年)
Population Coverage of Radio and TV Programs, and Radio and TV Programs Produced and Broadcasted(2017)

地区	Region	广播节目综合人口覆盖率 Population Coverage Rate of Radio Programs (%)	#农村 Rural	电视节目综合人口覆盖率 Population Coverage Rate of TV Programs (%)	#农村 Rural	公共广播节目套数(套) Number of Public Radio Programs (set)	公共电视节目套数(套) Number of TV Programs (set)	电视剧播出数(部) Number of TV Plays Broadcasted (set)	#进口 Import	动画电视播出时间(小时) Number of Cartoons Broadcasted (hour)	#进口 Import
全 国	**National Total**	**98.71**	**98.24**	**99.07**	**98.74**	**2825**	**3493**	**231379**	**1473**	**362825**	**11480**
上 海	Shanghai	100.00	100.00	100.00	100.00	22	25	864	37	16613	2463
江 苏	Jiangsu	100.00	100.00	100.00	100.00	122	124	7110		13313	183
浙 江	Zhejiang	99.68	99.65	99.75	99.70	112	112	8481	13	20055	152
安 徽	Anhui	99.04	98.78	99.19	98.98	104	109	7697	15	5678	
江 西	Jiangxi	98.35	97.87	98.89	98.43	108	121	9266	110	15963	390
湖 北	Hubei	99.38	99.16	99.32	99.06	90	117	13149	56	13880	30
湖 南	Hunan	98.49	97.45	99.30	98.91	111	137	12615	65	25436	116
重 庆	Chongqing	98.96	98.55	99.22	98.88	35	46	3106		9945	120
四 川	Sichuan	97.42	96.73	98.54	98.18	146	213	18189	131	19716	361
贵 州	Guizhou	93.45	93.12	96.47	96.22	46	103	5196	32	6394	
云 南	Yunnan	98.39	97.91	98.66	98.26	64	175	9138		16161	538

22-6 有线广播电视传输干线网络及实际用户情况(2017年)
Transmission Trunk and Actual Users of Cable Radios and TVs(2017)

地 区	Region	有线广播电视传输干线网络总长(万公里) Total Length of Transmission Trunk for Cable Radios and TVs (10 000 km)	有线广播电视实际用户数(万户) Actual Users of Cable Radios and TVs (10 000 households)	#农村有线广播电视 Users of Rural Cable Radios and TVs	#数字电视 Users of Digital TV	#付费电视 Pay TV	有线广播电视实际用户数占家庭总户数的比重(%) Popularization Rate of Actual Cable TV Programs (%)	#农 村 Rural Areas
全 国	**National Total**	**214.5**	**21445.6**	**7503.5**	**19404.4**	**7013.8**	**48.32**	**31.70**
上 海	Shanghai	4.8	519.3	41.7	485.1	256.9	95.95	53.04
江 苏	Jiangsu	4.4	1605.8	832.2	1478.7	634.5	65.44	67.41
浙 江	Zhejiang	7.3	1419.6	918.9	1401.8	475.5	85.88	75.96
安 徽	Anhui	3.3	837.4	353.2	550.9	67.8	39.09	24.15
江 西	Jiangxi	9.0	638.2	457.2	581.9	225.6	49.82	74.81
湖 北	Hubei	11.9	1082.9	444.0	1060.6	525.4	52.26	41.35
湖 南	Hunan	10.9	1181.9	372.6	1038.2	278.3	56.91	37.94
重 庆	Chongqing	5.3	351.5	100.5	316.4	183.8	27.88	14.27
四 川	Sichuan	2.8	1088.4	363.2	1006.4	637.5	30.31	17.88
贵 州	Guizhou	12.5	576.4	247.9	576.4	167.4	43.26	28.69
云 南	Yunnan	2.7	408.0	140.2	360.7	250.7	27.92	14.86

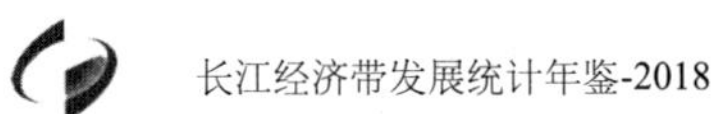

22-7 艺术表演团体、艺术表演场馆演出情况(2017年)
Statistics on Performance of Art Performance Troupes and Art Performance Places(2017)

地 区	Region	艺术表演团体 Art Performance Troupes				艺术表演场馆 Art Performance Places				
		机构数(个) Number of Institutions (unit)	演出场次(万场次) Number of Performances (10 000 shows)	#国内演出 Domestic Performances	国内演出观众人次(万人次) Number of Domestic Audience (10 000 person-times)	机构数(个) Number of Institutions (unit)	演(映)出场次(万场次) Number of Performances (10 000 shows)	#艺术演出 Art Performances	观众人次(万人次) Number of Audience (10 000 person-times)	#艺术演出 Art Performances
全 国	**National Total**	**15742**	**293.58**	**292.15**	**124739**	**2455**	**141.98**	**21.18**	**13454**	**3234**
上 海	Shanghai	199	2.64	2.61	969	49	2.32	0.75	587	292
江 苏	Jiangsu	628	10.42	10.36	3724	254	42.44	2.48	1736	395
浙 江	Zhejiang	1410	37.05	37.02	20973	365	11.69	4.20	1525	270
安 徽	Anhui	2639	58.23	58.17	25331	91	1.61	0.59	490	105
江 西	Jiangxi	425	6.68	6.63	3134	61	1.94	0.35	233	70
湖 北	Hubei	473	6.46	6.43	4151	65	5.35	0.31	322	183
湖 南	Hunan	534	6.02	5.98	2488	92	3.33	0.92	655	158
重 庆	Chongqing	1283	15.16	15.15	3371	24	0.08	0.06	42	10
四 川	Sichuan	697	7.77	7.70	2541	101	1.20	0.84	258	81
贵 州	Guizhou	137	1.47	1.46	2713	9	0.04	0.03	3	
云 南	Yunnan	316	5.60	5.57	2855	45	0.61	0.34	257	30

22-8 公共图书馆基本情况(2017年)
Statistics on Public Libraries (2017)

地 区	Region	公共图书馆 (个) Number of Public Library (unit)	总藏量 (万册件) Total Collections (10 000 copies)	人均拥有公共图书馆藏量 (册) Collections of Public Libraries Owned Per Person (copy)	有效借书证数 (万个) Accumulative Number of Library Cards Distributed (10 000 units)	总流通人次 (万人次) Total Number of Circulation (10 000 person-times)	#书刊文献外借人次 Borrowing from Libraries
全 国	**National Total**	**3166**	**96953**	**0.70**	**6736**	**74450**	**25503**
上 海	Shanghai	24	7773	3.21	280	2993	671
江 苏	Jiangsu	115	8598	1.07	1301	7975	2970
浙 江	Zhejiang	101	7813	1.38	1041	10847	2862
安 徽	Anhui	124	2537	0.41	179	2376	1070
江 西	Jiangxi	113	2429	0.53	156	1722	873
湖 北	Hubei	116	3597	0.61	187	2388	1182
湖 南	Hunan	139	3050	0.44	171	2177	899
重 庆	Chongqing	43	1672	0.54	157	1524	546
四 川	Sichuan	204	3793	0.46	181	2601	1088
贵 州	Guizhou	98	1386	0.39	63	784	357
云 南	Yunnan	151	2111	0.44	51	1261	520

22-8 续表 1 continued

地　区	Region	书刊文献外借册次(万册次) Number of Books and Periodicals Lent to Readers (10 000 copies-times)	阅览室座席数(个) Seats of Reading Room (unit)	每万人拥有公共图书馆建筑面积(平方米) Floor Space of Buildings of Public Libraries Owned per 10 000 Population (sq.m)	组织各类讲座次数(次) Number of Lectures (time)	参加讲座人次(万人次) Attending Lectures (10 000 person-times)	举办展览(个) Exhibitions Held (unit)
全　国	**National Total**	**55091**	**1064163**	**109.0**	**74174**	**1254.34**	**30443**
上　海	Shanghai	2792	22684	177.4	2665	39.99	422
江　苏	Jiangsu	5586	65425	152.4	3545	54.10	1566
浙　江	Zhejiang	6982	68536	190.4	5258	89.98	2618
安　徽	Anhui	1899	39852	76.6	2374	45.09	900
江　西	Jiangxi	1561	36248	87.0	1743	25.45	1361
湖　北	Hubei	2136	44751	125.8	2605	51.47	992
湖　南	Hunan	1849	38091	68.8	4233	166.70	942
重　庆	Chongqing	1223	27622	110.6	1604	26.36	996
四　川	Sichuan	1845	55179	75.6	3601	57.35	1289
贵　州	Guizhou	551	24559	71.8	1572	17.68	591
云　南	Yunnan	958	30971	84.3	2012	28.95	1300

22-8 续表 2 continued

地 区	Region	参观展览人次(万人次) Visiting Exhibitions (10 000 person-times)	举办培训班(个) Training Classes Held (unit)	参加培训人次(万人次) Attending Training (10 000 person-times)	计算机(台) Computers (set)	#电子阅览室终端数 Terminals in Electronic Media Reading Rooms
全 国	**National Total**	**7190.98**	**50973**	**411.44**	**220992**	**144255**
上 海	Shanghai	97.56	1605	9.85	6283	3029
江 苏	Jiangsu	374.38	2359	10.85	11739	6769
浙 江	Zhejiang	745.58	6769	39.48	11813	7551
安 徽	Anhui	207.14	1008	8.67	7823	5792
江 西	Jiangxi	276.20	1041	7.79	7159	5035
湖 北	Hubei	169.61	1639	9.59	7576	5025
湖 南	Hunan	347.03	2377	21.99	7226	4887
重 庆	Chongqing	180.88	1952	10.92	4667	3474
四 川	Sichuan	394.96	1419	8.80	11249	7966
贵 州	Guizhou	59.33	729	5.33	5507	3666
云 南	Yunnan	169.45	1411	11.36	7623	5390

22-9 博物馆基本情况(2017年)
Statistics on Museums (2017)

地 区	Region	机 构 (个) Number of Institutions (unit)	从业人员 (人) Number of Employed Persons (person)	#专业技术人员 Professional Technical Staff	文物藏品 (件/套) Number of Collections (piece/set)	基本陈列展览 (个) Displays Exhibition (unit)	参观人次 (万人次) Spectators (10 000 person-times)	门票销售总额 (万元) Ticket Sales for Entrance Ticket (10 000 yuan)
全 国	**National Total**	**4721**	**105079**	**37333**	**36623080**	**24611**	**97172**	**990512.4**
上 海	Shanghai	98	2940	1655	2103805	617	2270	555757.7
江 苏	Jiangsu	322	6633	2379	1830926	1980	9108	24013.3
浙 江	Zhejiang	308	5236	1746	1403205	2149	6485	3414.7
安 徽	Anhui	196	2948	1119	755266	940	3183	777.3
江 西	Jiangxi	139	3101	1128	418234	560	3233	90.7
湖 北	Hubei	199	3956	1912	1686427	1069	3471	631.5
湖 南	Hunan	120	3204	968	591210	442	5513	89.7
重 庆	Chongqing	94	2652	832	560457	467	3096	10500.0
四 川	Sichuan	255	6688	1815	4058627	1165	6752	32417.1
贵 州	Guizhou	84	1892	480	148955	249	1851	40.0
云 南	Yunnan	125	1656	921	1296332	684	2342	321.3

22-10 规模以上文化及相关产业法人单位数(2017年底)

Number of Legal Persons of Culture and Relevant Industry above Designated Size (End of 2017)

单位：个 (unit)

地 区	Region	法人单位数 Legal Persons	文化制造业 Cultural Manufacturing	文化批发和零售业 Wholesale and Retail of Culture	文化服务业 Services of Culture
全 国	**National Total**	**60251**	**19803**	**9739**	**30709**
上 海	Shanghai	2649	389	321	1939
江 苏	Jiangsu	7884	2494	1136	4254
浙 江	Zhejiang	4718	2133	843	1742
安 徽	Anhui	2449	1011	463	975
江 西	Jiangxi	1537	665	104	768
湖 北	Hubei	2117	590	465	1062
湖 南	Hunan	3340	1381	428	1531
重 庆	Chongqing	1018	174	171	673
四 川	Sichuan	1782	514	283	985
贵 州	Guizhou	799	156	123	520
云 南	Yunnan	743	150	162	431

注：规模以上文化及相关产业法人单位包括规模以上文化制造业企业、限额以上文化批发和零售业企业以及规模以上文化服务业企业。

a) Legal persons of culture and relevant industry above designated size include cultural manufacturing above designated size, wholesale and retail of culture above designated size, services of culture above designated size.

22-11 规模以上文化制造业企业基本情况(2017年)
Basic Conditions on Cultural Industrial Enterprises above Designated Size(2017)

单位：万元 (10 000 yuan)

地 区	Region	企业单位数(个) Number of Enterprises (unit)	年末从业人员(人) Engaged Persons at Year-end (person)	资产总计 Total Assets	营业收入 Business Revenue	营业税金及附加 Taxes and Extra Charges on Business	营业利润 Operating Profit	应交增值税 Value-added Tax Payable
全 国	**National Total**	**19803**	**4876696**	**340144414**	**466237751**	**2942158**	**27844492**	**9529143**
上 海	Shanghai	389	91393	8699501	13634499	32463	627365	185276
江 苏	Jiangsu	2494	654622	56236601	75202464	360136	5079873	1721102
浙 江	Zhejiang	2133	342661	27375973	25346323	151761	1238954	857887
安 徽	Anhui	1011	153895	11490512	15847852	84324	983352	340976
江 西	Jiangxi	665	159004	8371912	13963664	128370	1146504	318763
湖 北	Hubei	590	109394	9570515	12684653	112875	675634	306270
湖 南	Hunan	1381	323280	10706170	24238223	466336	1526425	398989
重 庆	Chongqing	174	40849	3306347	3948172	24241	281332	111493
四 川	Sichuan	514	134410	17482478	18457865	136787	572136	372334
贵 州	Guizhou	156	19445	1097068	1956214	15436	146817	44548
云 南	Yunnan	150	24515	2174973	2867502	24447	348498	87620

22-12 限额以上文化批发和零售业企业基本情况(2017年)
Basic Conditions on Cultural Wholesale and Retail Trades Enterprises above Designated Size(2017)

单位：万元 (10 000 yuan)

地 区	Region	企业单位数(个) Number of Enterprises (unit)	年末从业人员(人) Engaged Persons at Year-end (person)	资产总计 Total Assets	营业收入 Business Revenue	营业税金及附加 Taxes and Extra Charges on Business	营业利润 Operating Profit	应交增值税 Value-added Tax Payable
全 国	**National Total**	**9739**	**553683**	**121801153**	**196840402**	**650233**	**5805351**	**1683159**
上 海	Shanghai	321	35787	15374959	41305136	84367	1279445	205881
江 苏	Jiangsu	1136	62713	23732260	32730964	61248	741654	258543
浙 江	Zhejiang	843	31307	6807211	11173714	21691	206207	128957
安 徽	Anhui	463	15310	4257860	5708842	14966	240505	32312
江 西	Jiangxi	104	8664	1650650	1316208	6277	81067	21607
湖 北	Hubei	465	21761	2179490	3112171	25252	164273	38357
湖 南	Hunan	428	16538	2491150	3286067	30345	203828	46843
重 庆	Chongqing	171	14501	2641422	4099386	12502	117482	36370
四 川	Sichuan	283	19449	3892654	3111230	12455	140279	19669
贵 州	Guizhou	123	4547	670780	557596	1764	38110	3299
云 南	Yunnan	162	11322	1602647	2814418	6860	91776	16786

22-13 规模以上文化服务业企业基本情况(2017年)
Basic Conditions on Cultural Enterprises of Service Industry above Designated Size (2017)

单位：万元 (10 000 yuan)

地 区	Region	企业单位数(个) Number of Enterprises (unit)	年末从业人员(人) Engaged Persons at Year-end (person)	资产总计 Total Assets	营业收入 Business Revenue	营业税金及附加 Taxes and Extra Charges on Business	营业利润 Operating Profit	应交增值税 Value-added Tax Payable
全 国	**National Total**	**30709**	**3384012**	**726936256**	**318910016**	**2676017**	**44476719**	**7095250**
上 海	Shanghai	1939	310626	89188442	38079232	262480	4857900	1247827
江 苏	Jiangsu	4254	458796	74892344	33164735	244211	3019378	745869
浙 江	Zhejiang	1742	175389	65316487	42660753	241384	11407975	924126
安 徽	Anhui	975	93087	13248997	5481212	44990	469864	119176
江 西	Jiangxi	768	54011	6013217	2836718	32242	276052	61223
湖 北	Hubei	1062	159983	23489083	9563158	198905	978521	220035
湖 南	Hunan	1531	119755	22604123	7266016	71170	750020	155990
重 庆	Chongqing	673	78300	14754161	5560962	47623	457001	113161
四 川	Sichuan	985	109174	19062968	7693543	80835	1693509	161148
贵 州	Guizhou	520	42493	7500888	1354486	20798	189736	31487
云 南	Yunnan	431	47307	11396471	2552978	26191	197051	65047

二十三、社会保障 Social Security

23-1 城镇职工基本养老保险情况(2017年)
Statistics on Urban Employee Basic Pension Insurance(2017)

地 区	Region	年末参加城镇职工基本养老保险人数(万人) Urban Employee Basic Pension Insurance Contributors at Year-end (10 000 persons)			基金收支情况(亿元) Revenue and Expenses(100 million yuan)		
			职 工 Number of Staff and Workers	离退休人员 Number of Retirees	基金收入 Revenue	基金支出 Expenses	累计结余 Balance at Year-end
全 国	**National Total**	**40293.3**	**29267.6**	**11025.7**	**43309.6**	**38051.5**	**43884.6**
上 海	Shanghai	1548.2	1059.0	489.2	2767.4	2571.1	2068.8
江 苏	Jiangsu	3034.5	2238.5	796.1	2885.6	2555.3	3730.8
浙 江	Zhejiang	2712.4	1964.9	747.5	3052.6	2636.7	3709.8
安 徽	Anhui	1077.0	754.1	322.9	993.3	784.6	1393.9
江 西	Jiangxi	1005.2	697.6	307.7	974.1	862.6	638.1
湖 北	Hubei	1546.6	1020.5	526.1	1793.6	1864.2	751.6
湖 南	Hunan	1279.3	856.6	422.7	1448.1	1349.1	1104.1
重 庆	Chongqing	989.2	628.3	360.8	1434.7	1372.4	897.1
四 川	Sichuan	2335.1	1519.0	816.0	3295.9	2276.4	3245.8
贵 州	Guizhou	588.2	446.9	141.3	667.1	575.7	619.2
云 南	Yunnan	591.5	420.1	171.3	1096.0	958.9	950.8

23-2 城乡居民基本养老保险情况（2017年）
Statistics on Basic Pension Insurance for Urban and Rural Residents(2017)

地 区	Region	参保人数（万人）		基金收支情况(亿元) Revenue and Expenses(100 million yuan)		
		Contributors at Year-end (10 000 persons)	#实际领取待遇人数 Actually Persons Received Pension	基金收入 Revenue	基金支出 Expenses	累计结余 Balance at Year-end
全 国	**National Total**	**51255.0**	**15597.9**	**3304.2**	**2372.2**	**6317.6**
上 海	Shanghai	78.8	50.3	62.5	63.3	76.5
江 苏	Jiangsu	2338.2	1069.8	312.6	252.0	565.5
浙 江	Zhejiang	1200.7	533.1	158.6	157.5	151.9
安 徽	Anhui	3429.5	915.0	150.2	96.5	321.7
江 西	Jiangxi	1870.0	467.5	86.3	48.8	174.8
湖 北	Hubei	2214.6	697.4	137.2	90.7	248.5
湖 南	Hunan	3322.0	945.1	159.8	110.3	271.3
重 庆	Chongqing	1109.0	362.6	66.8	50.9	116.9
四 川	Sichuan	3074.9	1126.2	250.2	159.8	442.2
贵 州	Guizhou	1748.5	448.9	63.3	44.4	110.3
云 南	Yunnan	2258.9	516.6	92.0	51.7	231.8

23-3 失业保险情况(2017年)
Statistics of Unemployment Insurance(2017)

地 区	Region	年末参加失业保险人数(万人) Unemployment Insurance Contributors at Year-end (10 000 persons)	年末领取失业保险金人数(万人) Beneficiaries of Unemployment Insurance Fund (10 000 persons)	基金收支情况(亿元) Revenue and Expenses (100 million yuan)		
				基金收入 Revenue	基金支出 Expenses	累计结余 Balance at Year-end
全 国	**National Total**	**18784.2**	**220.2**	**1112.6**	**893.8**	**5552.4**
上 海	Shanghai	961.8	11.1	87.2	98.5	169.9
江 苏	Jiangsu	1583.0	32.1	88.0	100.0	428.0
浙 江	Zhejiang	1380.9	8.9	74.2	63.3	411.9
安 徽	Anhui	472.4	8.1	26.1	25.2	116.4
江 西	Jiangxi	286.3	1.7	9.6	3.8	77.2
湖 北	Hubei	561.3	6.4	26.2	21.0	178.5
湖 南	Hunan	563.7	6.8	23.2	16.5	132.9
重 庆	Chongqing	466.3	3.9	17.2	15.5	113.8
四 川	Sichuan	776.7	27.4	136.0	62.2	415.3
贵 州	Guizhou	235.7	2.2	13.8	11.3	80.2
云 南	Yunnan	259.8	5.1	17.0	11.4	133.4

23-4 基本医疗保险参保人数(2017年)
Persons Covered of Urban Basic Medical Care Insurance (2017)

单位：万人 (10 000 persons)

地 区	Region	年末参保人数合计 Persons Covered at Year-end	职工基本医疗保险 Employees Basic Medical Care Insurance	职工 Staff and Workers	退休人员 Retirees	城乡居民基本医疗保险 Basic Medical Care Insurance for Urban and Rural Residents
全 国	**National Total**	**117681.4**	**30322.7**	**22288.4**	**8034.3**	**87358.7**
上 海	Shanghai	1839.8	1495.1	1005.4	489.7	344.6
江 苏	Jiangsu	7619.1	2601.1	1921.4	679.8	5018.0
浙 江	Zhejiang	5251.6	2117.4	1702.9	414.5	3134.2
安 徽	Anhui	2108.1	809.2	571.5	237.7	1298.9
江 西	Jiangxi	4762.4	558.7	366.9	191.8	4203.7
湖 北	Hubei	5622.2	1018.9	702.7	316.2	4603.3
湖 南	Hunan	6906.3	867.1	581.8	285.4	6039.1
重 庆	Chongqing	3248.5	640.3	455.3	184.9	2608.2
四 川	Sichuan	7714.8	1526.4	1068.0	458.4	6188.4
贵 州	Guizhou	1001.3	410.4	298.9	111.5	590.9
云 南	Yunnan	4463.8	491.3	344.0	147.3	3972.5

23-5 基本医疗保险基金收支情况（2017年）
Revenue and Expenses of Urban Basic Medical Care Insurance(2017)

单位：亿元 (100 million yuan)

地 区	Region	基金收入 Revenue			基金支出 Expenses			累计结余 Balance at the Year-end		
		合 计 Total	职 工 Workers	居 民 Non-employment	合 计 Total	职 工 Workers	居 民 Non-employment	合 计 Total	职 工 Workers	居 民 Non-employment
全 国	**National Total**	**17931.6**	**12278.3**	**5653.3**	**14421.7**	**9466.9**	**4954.8**	**19385.6**	**15851.0**	**3534.6**
上 海	Shanghai	1404.4	1340.4	64.0	729.4	663.7	65.7	2085.7	2079.6	6.1
江 苏	Jiangsu	1368.7	978.6	390.1	1149.4	810.0	339.3	1463.6	1282.9	180.7
浙 江	Zhejiang	1234.1	895.0	339.0	989.5	663.2	326.3	1568.6	1481.1	87.4
安 徽	Anhui	339.8	259.6	80.2	269.4	203.0	66.4	403.3	323.9	79.5
江 西	Jiangxi	474.9	178.0	296.9	341.6	131.5	210.1	444.5	230.4	214.1
湖 北	Hubei	697.4	371.9	325.5	578.6	318.5	260.1	569.5	338.5	231.0
湖 南	Hunan	676.4	313.6	362.8	561.1	243.3	317.8	583.5	389.3	194.2
重 庆	Chongqing	410.6	250.3	160.3	392.2	241.1	151.1	311.6	217.5	94.1
四 川	Sichuan	1023.2	649.7	373.5	762.7	449.5	313.2	1126.1	890.0	236.1
贵 州	Guizhou	186.4	153.9	32.5	143.3	120.5	22.8	188.5	141.6	46.9
云 南	Yunnan	503.2	250.3	252.9	406.8	192.2	214.6	431.5	299.1	132.4

23-6 工伤保险情况（2017年）
Statistics of Work Injury Insurance(2017)

地 区	Region	年末参加工伤保险人数（万人）Work Injury Insurance Contributors at Year-end (10 000 persons)	享受工伤待遇人数（万人）Beneficiaries at Year-end (10 000 persons)	基金收支情况(亿元) Revenue and Expenses (100 million yuan)		
				基金收入 Revenue	基金支出 Expenses	累计结余 Balance at Year-end
全 国	**National Total**	**22723.7**	**192.8**	**853.8**	**662.3**	**1606.9**
上 海	Shanghai	958.1	6.4	38.8	30.7	68.2
江 苏	Jiangsu	1690.2	14.3	85.3	58.9	136.9
浙 江	Zhejiang	1977.2	19.4	58.2	51.0	93.6
安 徽	Anhui	565.5	10.5	24.5	17.6	48.7
江 西	Jiangxi	517.1	5.1	19.8	13.9	43.0
湖 北	Hubei	656.6	6.5	23.1	15.2	47.1
湖 南	Hunan	782.8	11.9	42.0	31.2	69.4
重 庆	Chongqing	504.6	6.7	22.7	18.7	6.7
四 川	Sichuan	876.0	7.6	32.7	26.2	67.4
贵 州	Guizhou	332.5	2.4	15.1	12.6	22.5
云 南	Yunnan	383.7	4.4	16.6	12.7	27.8

注：工伤保险累计结余中含储备金。

a) Balance of work injury insurance includes reserves.

23-7 生育保险情况（2017年）
Statistics of Maternity Insurance(2017)

地　区	Region	年末参加生育保险人数（万人） Maternity Insurance Contributors at Year-end (10 000 persons)	享　受待遇人次（万人次） Beneficiaries at Year-end (10 000 person-times)	基金收支情况(亿元) Revenue and Expenses (100 million yuan)		
				基金收入 Revenue	基金支出 Expenses	累计结余 Balance at Year-end
全　国	**National Total**	**19300.2**	**1112.8**	**642.5**	**743.5**	**564.5**
上　海	Shanghai	972.0	36.4	78.6	68.1	42.1
江　苏	Jiangsu	1582.0	167.1	56.7	72.3	27.4
浙　江	Zhejiang	1393.0	77.2	45.4	50.1	36.7
安　徽	Anhui	554.1	23.5	11.6	13.1	12.6
江　西	Jiangxi	279.3	13.5	6.0	9.0	7.6
湖　北	Hubei	522.1	35.2	14.4	17.1	23.5
湖　南	Hunan	561.9	34.0	14.1	15.2	24.4
重　庆	Chongqing	411.3	26.6			
四　川	Sichuan	776.3	34.3	20.9	26.4	13.4
贵　州	Guizhou	304.0	20.5	7.9	9.2	7.8
云　南	Yunnan	307.9	22.2	12.6	17.5	4.4

二十四、城市和区域发展 Urban and Regional Development

24-1 地级及以上城市数(2017年)
Number of Cities at Prefecture Level and Above (2017)

单位: 个 (unit)

地区	Region	合计 Total	按城市市辖区年末总人口分组 Grouped by Population in Urban Districts (year-end) 400万以上 4 million and over	200-400万 2 million-4 million	100-200万 1 million-2 million	50-100万 0.5 million-1 million	20-50万 0.2 million-0.5 million	20万以下 under 0.2 million
全国地级及以上城市	**Total Cities at Prefecture Level and Above**	**298**	**19**	**42**	**100**	**86**	**42**	**9**
上海	Shanghai	1	1					
江苏	Jiangsu	13	1	9	3			
浙江	Zhejiang	11	1	2	3	4	1	
安徽	Anhui	16		3	6	6	1	
江西	Jiangxi	11		2	4	3	2	
湖北	Hubei	12	1	1	4	5	1	
湖南	Hunan	13		1	6	5	1	
重庆	Chongqing	1	1					
四川	Sichuan	18	1		13	4		
贵州	Guizhou	6		2	2		2	
云南	Yunnan	8		1	1	3	2	1

注：本表为公安部的户籍人口数。
a) Population at year-end refer to household registrations, which are from the Ministry of Public Security.

24-2 长江经济带省会城市和计划单列市主要指标（2017年）
Main Indicators of Provincial Capitals and Cities Specially Designated in the State Plan(2017)

包括市辖县。
Counties under the jurisdiction of city governments are included.

城市名称	City	年末户籍人口（万人）Household Registered Population at Year-end (10 000 persons)	地区生产总值（当年价格）（亿元）Gross Regional Product (Current Prices) (100 million yuan)	第一产业 Primary Industry	第二产业 Secondary Industry	第三产业 Tertiary Industry	地方一般公共预算收入（亿元）General Public Budget Revenue of the Local Governments (100 million yuan)
上　海	Shanghai	1455	30633.0	110.8	9330.7	21191.5	6642.3
南　京	Nanjing	681	11715.1	263.0	4454.9	6997.2	1271.9
杭　州	Hangzhou	754	12603.4	311.1	4362.5	7929.8	1567.4
宁　波	Ningbo	597	9842.1	305.8	5119.4	4416.8	1245.3
合　肥	Hefei	743	7213.4	272.8	3643.1	3297.6	655.9
南　昌	Nanchang	525	5003.2	192.1	2666.1	2145.0	417.1
武　汉	Wuhan	854	13410.3	408.2	5861.4	7140.8	1402.9
长　沙	Changsha	709	10535.5	379.5	4998.3	5157.8	800.3
重　庆	Chongqing	3390	19424.7	1276.1	8584.6	9564.0	2252.4
成　都	Chengdu	1435	13889.4	500.9	5998.2	7390.3	1275.5
贵　阳	Guiyang	408	3538.0	147.3	1375.2	2015.5	377.8
昆　明	Kunming	563	4857.6	210.1	1866.0	2781.5	560.9

24-2 续表 1 continued

城市名称	City	地方一般公共预算支出(亿元) General Public Budget Expenditure of the Local Governments (100 million yuan)	固定资产投资(不含农户)(亿元) Investment in Fixed Assets (Excluding Rural) (100 million yuan)	住户存款余额(亿元) Deposit of Households (100 million yuan)	城镇单位在岗职工平均工资(元) Average Wage of Staff and Workers in Urban Units (yuan)	年末邮政局(所)(处) Postal Offices at Year-end (unit)	年末固定电话用户(万户) Subscribers of Fixed Telephones at Year-end (10 000 subscribers)
上 海	Shanghai	7547.6	7240.9	24338.5	130765	538	690.9
南 京	Nanjing	1354.1	6362.2	6019.7	101502	181	217.9
杭 州	Hangzhou	1540.9	5856.6	8503.0	96670	287	259.4
宁 波	Ningbo	1410.6	5009.6	5902.7	91705	270	224.0
合 肥	Hefei	965.3	6351.4	3489.2	77484	185	123.7
南 昌	Nanchang	653.1	5115.2	2869.8	72686	162	93.0
武 汉	Wuhan	1728.3	7817.2	6879.7	79684	262	208.8
长 沙	Changsha	1182.6	7567.8	5200.2	85187	231	153.0
重 庆	Chongqing	4336.3	17440.6	14367.4	73272	1781	566.8
成 都	Chengdu	1756.7	9404.2	11970.8	79292	595	590.0
贵 阳	Guiyang	582.5	3850.6	2646.1	73939	187	83.9
昆 明	Kunming	775.9	4217.9	4431.4	76350	279	120.3

24-2 续表 2 continued

城市名称	City	社会消费品零售总额(万元) Total Retail Sales of Consumer Goods (10 000 yuan)	货物进出口总额(万美元) Total Value of Import and Export (10 000 USD)	年末实有公共(汽)电车营运车辆(辆) Public Vehicles under Operation at Year-end (unit)	普通本专科学生(人) Undergraduate in Regular HEIs (person)	医院数(个) Number of Hospitals (unit)	执业(助理)医师(人) Licensed (Assistant) Doctors (person)
上　海	Shanghai	118303000	47619665	17461	514917	363	67907
南　京	Nanjing	56046602	6118727	8765	721540	220	28100
杭　州	Hangzhou	57174278	6901288	9672	425769	302	41833
宁　波	Ningbo	40478094	11219657	7271	156110	154	24268
合　肥	Hefei	27285104	2495869	5762	502943	172	20964
南　昌	Nanchang	20969616	988559	3691	609801	118	14143
武　汉	Wuhan	61962978	2859709	9049	947651	354	36266
长　沙	Changsha	45476752	1388604	8361	610379	188	29265
重　庆	Chongqing	80676654	6660111	9088	746859	749	68549
成　都	Chengdu	64035285	5831558	14402	817432	888	58159
贵　阳	Guiyang	13352766	299155	4023	349952	185	16858
昆　明	Kunming	25909538	781784	6159	503538	308	27317

注：年末实有公共(汽)电车营运车辆数不包括市辖县。
a) Number of public vehicles under operation at year-end does not include that of counties under the jurisdiction of city governments.

24-3 城市建设情况（2017年）
Statistics on City Construction (2017)

地 区	Region	城区面积 (平方公里) Urban Area (sq.km)	建成区面积 (平方公里) Area of Built Districts (sq.km)	城市建设用地面积 (平方公里) Area of Land Used for Urban Construction (sq.km)	本年征用土地面积 (平方公里) Land Put in Requisition for State Construction Projects (sq.km)	城市人口密度 (人/平方公里) Population Density of Urban Area (persons/sq.km)
全 国	**National Total**	**198357.2**	**56225.4**	**55155.5**	**1934.4**	**2477**
上 海	Shanghai	6340.5	998.8	1910.7	23.0	3814
江 苏	Jiangsu	15368.4	4426.5	4431.7	165.2	2092
浙 江	Zhejiang	11590.5	2829.3	2682.5	133.4	2109
安 徽	Anhui	6082.5	2039.3	2001.9	148.3	2535
江 西	Jiangxi	2421.6	1454.1	1402.6	94.0	4740
湖 北	Hubei	8084.1	2340.8	2499.4	95.4	2746
湖 南	Hunan	4592.0	1709.4	1635.9	69.5	3883
重 庆	Chongqing	7440.0	1423.1	1213.2	108.3	2017
四 川	Sichuan	8359.0	2832.3	2660.1	109.5	2962
贵 州	Guizhou	3184.4	986.4	945.3	18.7	2302
云 南	Yunnan	3157.4	1142.1	1087.7	51.1	3000

24-4 城市市政设施（2017年）
Basic Statistics on Municipal Infrastructure in Cities(2017)

地 区	Region	年末实有道路长度（公里）Length of Paved Roads (year-end) (km)	年末实有道路面积（万平方米）Area of Paved Roads (year-end) (10 000 sq.m)	城市桥梁（座）Number of City Bridges (unit)	城市排水管道长度（公里）Length of City Sewage Pipes (km)	城市污水日处理能力（万立方米）Daily Disposal Capacity of City Sewage (10 000 cu.m)	城市道路照明灯（千盏）Number of Street Lights (1 000 units)
全 国	**National Total**	**397830**	**788853**	**69816**	**630304**	**17036.7**	**25936.3**
上 海	Shanghai	5224	10896	2688	19766	821.0	579.1
江 苏	Jiangsu	47112	82379	15250	76886	1773.6	3538.4
浙 江	Zhejiang	21773	42229	10957	45674	1007.2	1555.7
安 徽	Anhui	13997	34208	1601	29108	544.2	946.6
江 西	Jiangxi	10289	20547	918	15469	278.1	706.1
湖 北	Hubei	19021	34937	2082	25857	697.1	800.3
湖 南	Hunan	10882	24470	923	16479	566.0	666.2
重 庆	Chongqing	9364	19015	1720	17335	319.0	584.2
四 川	Sichuan	16077	33979	2557	28502	670.5	1344.9
贵 州	Guizhou	4345	8930	705	7194	201.6	493.5
云 南	Yunnan	6062	11856	756	13616	254.7	500.1

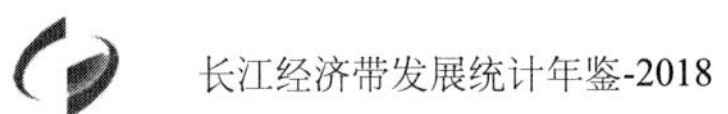

24-5　城市公共交通情况（2017年）
Basic Statistics on Public Transportation in Cities(2017)

地区	Region	年末公共交通车辆运营数(辆) Number of Public Vehicles under Operation at Year-end (unit)	公共汽、电车 Bus and Trolley Bus	轨道交通 Subways, Light Rail, Streetcar	运营线路总长度(公里) Length under Operation (km)	公共汽、电车 Bus and Trolley Bus	轨道交通 Subways, Light Rail, Streetcar	公共交通客运总量(万人次) Passengers Transported by Public Vehicles (10 000 person-times)	公共汽、电车 Bus and Trolley Bus	轨道交通 Subways, Light Rail, Streetcar	出租汽车(辆) Number of Taxi (unit)
全　国	**National Total**	**583437**	**554820**	**28617**	**795935**	**791365**	**4570**	**8470688**	**6627688**	**1843000**	**1102823**
上　海	Shanghai	22214	17461	4753	24827	24161	666	573841	220072	353769	46397
江　苏	Jiangsu	44137	41558	2579	69678	69100	578	582024	449242	132782	53465
浙　江	Zhejiang	35373	34281	1092	75654	75474	180	392857	347638	45219	38435
安　徽	Anhui	16477	16171	306	15718	15666	52	176245	171973	4272	39490
江　西	Jiangxi	9908	9614	294	19695	19646	49	118395	107424	10971	14361
湖　北	Hubei	21809	20453	1356	22871	22637	234	413335	320652	92683	36748
湖　南	Hunan	21051	20706	345	19320	19251	69	261597	238250	23347	25768
重　庆	Chongqing	13944	12768	1176	16428	16164	264	322446	248136	74310	21871
四　川	Sichuan	28502	27086	1416	31216	31041	175	413213	360209	53004	32611
贵　州	Guizhou	7018	7018		10277	10277		141536	141536		21249
云　南	Yunnan	11134	10642	492	21459	21373	86	153795	141312	12483	19061

24-6 城市绿地和园林(2017年)
Basic Statistics on Parks and Green Areas in Cities(2017)

地区	Region	城市绿地面积(公顷) Area of Green Land (hectare)	#公园绿地 Park Green Areas	公园(个) Number of Parks (unit)	公园面积(公顷) Area of Parks (hectare)	建成区绿化覆盖率(%) Green Covered Area as % of Completed Area (%)
全国	**National Total**	**2921346**	**688441**	**15633**	**444622**	**40.9**
上海	Shanghai	136327	19805	224	2409	39.1
江苏	Jiangsu	285981	48060	1107	30141	43.0
浙江	Zhejiang	159214	32544	1252	19111	40.4
安徽	Anhui	102402	22075	432	14454	42.2
江西	Jiangxi	63747	16646	468	10601	45.2
湖北	Hubei	86713	24421	420	13950	38.4
湖南	Hunan	67669	17817	337	12607	41.2
重庆	Chongqing	61575	25584	418	13742	40.3
四川	Sichuan	107505	30912	588	16370	40.0
贵州	Guizhou	47360	11182	168	10634	37.0
云南	Yunnan	45173	10895	775	8620	38.9

注：公园绿地面积包括综合公园、社区公园、专类公园、带状公园和街旁绿地。

a) Area of park green areas includes comprehensive park, community park, topic park, belt-shaped park and green area nearby street.

24-7 城市市容环境卫生情况（2017年）
Basic Statistics on Urban Sanitation in Cities (2017)

地 区	Region	清扫保洁面 积（万平方米）Area under Cleaning Program (10 000 sq.m)	生活垃圾清运量（万吨）Volume of Garbage Disposal (10 000 tons)	市容环卫专用车辆设备总数（台）Number of Special Vehicles for Environmental Sanitation (unit)	公共厕所（座）Number of Public Lavatories (unit)	#三类以上 Third Grade and Above
全 国	**National Total**	**842048**	**21520.9**	**228019**	**136084**	**104264**
上 海	Shanghai	18852	743.1	8583	6221	2642
江 苏	Jiangsu	67319	1734.7	16820	12934	11413
浙 江	Zhejiang	49663	1454.6	8255	7883	6752
安 徽	Anhui	32514	612.2	5938	3467	2972
江 西	Jiangxi	20042	451.5	3838	2242	1837
湖 北	Hubei	32460	908.0	13264	5173	4569
湖 南	Hunan	27762	764.9	5018	3576	2198
重 庆	Chongqing	18249	529.7	3418	4115	2917
四 川	Sichuan	37804	989.9	7620	5893	4565
贵 州	Guizhou	13425	323.5	4732	2109	2003
云 南	Yunnan	17237	409.1	3933	5091	4888

24-8 城市设施水平（2017年）
Level of Public Facilities in Cities(2017)

地 区	Region	城市用水普及率(%) Coverage Rate of Urban Population with Access to Tap Water (%)	城市燃气普及率(%) Coverage Rate of Urban Population with Access to Gas (%)	每万人拥有公共交通车辆(标台) Number of Public Transportation Vehicles Per 10 000 Population (unit)	人均城市道路面积(平方米) Per Capita Area of Paved Roads (sq.m)	人均公园绿地面积(平方米) Per Capita Public Green Areas (sq.m)	每万人拥有公共厕所(座) Number of Public Lavatories Per 10 000 Population (unit)
全 国	**National Average**	**98.30**	**96.26**	**14.73**	**16.05**	**14.01**	**2.77**
上 海	Shanghai	100.00	100.00	13.94	4.51	8.19	2.57
江 苏	Jiangsu	99.98	99.73	17.42	25.62	14.95	4.02
浙 江	Zhejiang	100.00	99.97	16.93	17.28	13.32	3.23
安 徽	Anhui	99.43	98.57	13.61	22.19	14.32	2.25
江 西	Jiangxi	98.11	97.38	12.55	17.90	14.50	1.95
湖 北	Hubei	99.27	97.13	12.38	15.74	11.00	2.33
湖 南	Hunan	96.52	93.50	14.43	13.72	9.99	2.01
重 庆	Chongqing	98.05	96.37	11.50	12.67	17.05	2.74
四 川	Sichuan	94.91	91.22	14.46	13.72	12.48	2.38
贵 州	Guizhou	96.54	87.74	11.02	12.18	15.25	2.88
云 南	Yunnan	96.71	75.93	13.60	12.52	11.50	5.38

注：人均和普及率指标按城区人口与暂住人口之和计算，以公安部门的户籍统计和暂住人口统计为准。

a) Per capita data and coverage rate are calculated on the basis of the sum of districts area population and temporarily residing population, which are provided by the Ministry of Public Security.

24-9 京津冀及长江经济带国民经济和社会发展主要指标(2017年)
Main Indicators of National Economic and Social Development by Beijing-Tianjin-Hebei Region and Yangtze River Economic Zone(2017)

指标	Item	全国总计 National Total	京津冀地区 Beijing-Tianjin-Hebei Region		长江经济带 Yangtze River Economic Zone	
			绝对数 Absolute Figures	占全国比重(%) As Percentage of National Total	绝对数 Absolute Figures	占全国比重(%) As Percentage of National Total
总人口(年末)(万人)	Population at Year-end(10 000 persons)	139008	11247	8.1	59501	42.9
国内(地区)生产总值(亿元)	Gross Domestic Product(100 million yuan)	820754	80580	9.5	370998	43.8
第一产业	Primary Industry	62100	3419	5.5	26944	43.4
第二产业	Secondary Industry	332743	28767	8.1	156817	44.1
第三产业	Tertiary Industry	425912	48395	11.3	187238	43.6
地方一般公共预算收入(亿元)	General Public Budget Revenue(100 million yuan)	91469	10975	12.0	41014	44.8
地方一般公共预算支出(亿元)	General Public Budget Expenditure (100 million yuan)	173228	16746	9.7	74041	42.7
全社会固定资产投资额(亿元)	Total Investment in Fixed Assets(100 million yuan)	641238	53066	8.3	291701	45.5
房地产开发投资额(亿元)	Total Investment in Real Estate Development (100 million yuan)	109799	10750	9.8	51457	46.9
社会消费品零售总额(亿元)	Total Retail Sales of Consumer Goods (100 million yuan)	366262	33213	9.1	154891	42.6
货物进出口总额(亿元)	Total Value of Imports and Exports (RMB 100 million yuan)	278101	32968	11.9	121331	43.6
出口	Exports	153311	9045	5.9	71644	46.7
进口	Imports	124790	23923	19.2	49686	39.8
主要农产品产量	Output of Major Farm Products					
谷物(万吨)	Cereal(10 000 tons)	61521	3924	6.4	21981	35.7
棉花(万吨)	Cotton(10 000 tons)	565.3	26.5	4.7	52.2	9.2
油料(万吨)	Oil-bearing Crops(10 000 tons)	3475.2	131.2	3.8	1514.1	43.6
主要工业产品产量	Output of Major Industrial Products					
原煤(亿吨)	Coal(100 million tons)	35.2	0.6	1.8	4.3	12.3
原油(万吨)	Crude Oil(10 000 tons)	19151	3642	19.0	227	1.2
天然气(亿立方米)	Natural Gas(100 million cu.m)	1480	44	3.0	436	29.5
水泥(万吨)	Cement(10 000 tons)	233084	9918	4.3	117771	50.5
粗钢(万吨)	Crude Steel(10 000 tons)	83138	20934	25.2	27684	33.3
钢材(万吨)	Rolled Steel(10 000 tons)	104642	29104	27.8	34365	32.8
汽车(万辆)	Motor Vehicles(10 000 sets)	2902	381	13.1	1325	45.7
发电量(亿千瓦小时)	Electricity(100 million kwh)	64951	3817	5.9	25784	39.7
铁路营业里程(公里)	Length of Railways in Operation(km)	126970	9575	7.5	37385	29.4
公路里程(公里)	Length of Highways(km)	4773469	230451	4.8	2081434	43.6
#高速公路	Expressway	136449	8791	6.4	53631	39.3
客运量(万人)	Passenger Traffic(10 000 persons)	1848620	126334	7.0	902987	50.3
货运量(万吨)	Freight Traffic(10 000 tons)	4804850	300764	6.4	2045406	43.3
邮政业务总量(亿元)	Business Volume of Postal Services(100 million yuan)	9764	794	8.1	4646	47.6
电信业务总量(亿元)	Business Volume of Postal Services(100 million yuan)	27597	2267	8.3	11672	42.5
普通高等学校数(个)	Number of Regular Institutions of Higher Education(unit)	2631	270	10.3	1131	43.0
本专科在校学生数(万人)	Graduates of Undergraduates and College Students (10 000 persons)	2754	238	8.6	1174	42.6
医院数(个)	Number of Hospitals(unit)	31056	2928	9.4	12840	41.3
执业(助理)医师(万人)	Licensed (Assistant) Doctors(10 000 persons)	339	33	9.7	142	41.9
医院床位数(万张)	Number of Beds of Medical Institutions(10 000 beds)	612	47	7.7	270	44.1

3

附　录

Appendix

上海市市情

【建置沿革】上海，简称“沪”，别称“申”。大约在 6000 年前，现在的上海西部即已成陆，东部地区成陆也有 2000 年之久。唐天宝十载（公元 751 年）上海地区属华亭县（今松江区）。南宋咸淳三年（公元 1267 年），在上海浦西岸设置市镇，定名为“上海镇”。至元二十九年（公元 1292 年），中央政府把上海镇从华亭县划出，批准设立上海县，标志着上海建城之始。

【自然地理】上海地处太平洋西岸，亚洲大陆东沿，长江三角洲前缘；东濒东海，南临杭州湾，西接江苏、浙江两省，北界长江入海口，长江与东海在此连接。上海属北亚热带季风性气候，温和湿润，春秋较短，冬夏较长。2017 年全市平均气温 17.7℃，日照 1809.2 小时，降水量 1388.8 毫米。黄浦江流经市区，终年不冻，是上海的水上交通要道。淀山湖是上海最大的湖泊。2017 年末，上海全市土地面积为 6340.5 平方千米，划分为 16 个区，共 105 个街道、107 个镇、2 个乡。境内辖有崇明、长兴、横沙三个岛屿，其中崇明岛是中国的第三大岛。2017 年末，全市常住人口 2418.33 万人，其中外来常住人口 972.68 万人，户籍常住人口 1445.65 万人。

【经济概况】2017 年，全市实现生产总值 30632.99 亿元，比上年增长 6.9%；人均生产总值达到 18756 美元，比上年增长 5.1%，相当于世界中等发达国家或地区的水平；地方一般公共预算收入 6642.26 亿元，比上年增长 9.1%。2017 年，全市居民人均可支配收入 58988 元，比上年增长 8.6%。其中，城镇常住居民人均可支配收入 62596 元，增长 8.5%；农村常住居民人均可支配收入 27825 元，增长 9.0%。

【文化旅游】上海是一座历史悠久、具有光荣革命传统的文化城市。中共“一大”会址位于黄浦区兴业路 76-78 号，由两幢具有 20 世纪 20 年代上海民居风格的石库门楼房组成。1921 年 7 月 23 日，中国共产党第一次全国代表大会在这里召开。位于上海市中心的豫园始建于明嘉靖三十八年，距今已有 400 多年历史，是

著名的江南古典园林。朱家角素有“东方威尼斯”之称，是上海保存最完好的江南水乡古镇。东方明珠广播电视塔塔高 468 米，享有亚洲第一、世界第三的殊荣。目前位列中国第一、世界第二摩天高楼的“上海中心”大厦主体建筑总高度 632 米，地上 127 层，地下 5 层。2016 年 6 月开幕的上海迪士尼度假区位于上海浦东新区中部地区，规划面积约 24.7 平方千米，其中核心区约 7 平方千米，是中国大陆首个、亚洲第三个、全球第六个迪士尼度假区。

【中国（上海）自由贸易试验区】自贸试验区是中国政府设立在上海的区域性自由贸易园区，位于浦东境内，属中国自由贸易区范畴。2013 年 9 月中国（上海）自由贸易试验区正式成立。2014 年 12 月全国人大常务委员会授权国务院扩展中国（上海）自由贸易试验区区域，范围由原来的上海市外高桥保税区、外高桥保税物流园区、洋山保税港区和上海浦东机场综合保税区等 4 个区域，加上陆家嘴金融片区、金桥开发片区、张江高科技片区，面积扩大 4.2 倍，达到 120.72 平方千米，占浦东新区总面积的 10%。2017 年区内新注册企业累计超过 5 万户，实到外资、外贸进出口额占全市比重均超过 40%。2017 版外商投资负面清单减少到 95 条。深化“证照分离”改革试点，第一批 116 项改革事项已复制推广到其他自贸试验区。

【科创中心建设】2017 年，上海全市用于研究与试验发展 (R&D) 经费支出相当于全市生产总值的比例为 3.93%。至 2017 年末，拥有外资研发中心 426 家，科技小巨人（含培育）企业达到 1798 家，技术先进型服务企业 274 家。2017 年全市专利授权量为 7.28 万件，其中发明专利授权量为 2.07 万件。每万人口发明专利拥有量达到 41.5 件。2017 年高新技术成果转化项目共 493 项。其中，电子信息、生物医药、新材料等重点领域项目占比达到 87.4%。认定登记的各类技术交易合同 21559 件，合同金额 867.53 亿元。张江综合性国家科学中心建设全面推进，全面创新改革试验加快落实落地，6 个研发与转化功能性平台启动建设。2017 年，上海新当选两院院士 13 人，占全国 10.2%。

【洋山深水港区】洋山深水港区是上海国际航运中心的集装箱深水枢纽港区。港区位于杭州湾东北部、舟山群岛嵊泗列岛海域，由全长 32.5 千米的东海大桥与浦东新区芦潮港相连。目前已建成大型集装箱泊位 16 个，码头岸线全长 5.6 千米，年设计吞吐能力 930 万标准箱。

江苏省省情

江苏位于我国大陆东部沿海中心、长江下游，东濒黄海，东南与浙江和上海毗邻，西连安徽，北接山东。省际陆地边界线 3383 公里，其中与安徽接壤线最长，达 1673 公里。全省面积 10.72 万平方公里，占全国的 1.1%，列全国第 24 位，人均国土面积在全国各省区中最少。

江苏跨江滨海，平原辽阔，水网密布，湖泊众多。海岸线 954 公里，长江横穿东西 425 公里，京杭大运河纵贯南北 718 公里。有淮、沂、沭、泗、秦淮河、苏北灌溉总渠等大小河流 2900 多条。全国五大淡水湖，江苏得其二，太湖 2250 平方公里，居第三，洪泽湖 2069 平方公里，居第四，此外还有大小湖泊 290 多个，其中 50 平方公里以上的湖泊 12 个。平原、水域面积分别占 69% 和 17%，比例之高居全国首位。低山丘陵面积占 14%，集中分布在西南和北部。连云港云台山玉女峰是全省最高峰，海拔 625 米。

江苏处于亚热带向暖温带的过渡区，气候温和，雨量适中，四季分明。年均气温 15.2—17.9℃，年降雨量 1000 毫米左右。

江苏历史上名人辈出，灿若繁星。政治家、军事家有孙武、伍子胥、刘邦、项羽、韩信等，科学家有祖冲之、沈括、徐光启、徐霞客等，文学家有刘勰、李煜（南唐后主）、范仲淹、秦观、范成大、施耐庵、吴承恩、曹雪芹、吴敬梓、冯梦龙、刘鹗等，艺术家、书画家有顾恺之、张旭、米芾、唐寅、文征明、祝枝山和以郑板桥为代表的“扬州八怪”，还有思想家顾炎武等。《水浒传》《西游记》《红楼梦》《儒林外史》等古典名著均出自江苏籍作者之手或与江苏有关。张謇、荣宗敬、荣德生、刘国钧等著名实业家，是我国近代民族工业的重要创始人。近代和当代著名的科学家有华罗庚、周培源、茅以升、钱伟长等，文化名人有柳亚子、朱自清、叶圣陶等，著名书画家有徐悲鸿、刘海粟、傅抱石、钱松、林散之等，著名表演艺术家有梅兰芳、周信芳、赵丹等。老一辈无产阶级革命家周恩来、张太雷、恽代英、瞿秋白等都是江苏籍人。

江苏历史悠久，古迹遍布大江南北。全国 127 座历史文化名城中，江苏有南京、苏州、扬州、徐州、镇江、淮安、无锡、南通、泰州、常州、常熟、宜兴 12 座。省会南京有“六朝古都”、“十朝都会”之称。连云港锦屏山将军崖岩画被称为“我国最早的一部天书”；孔望山东汉摩崖造像，比敦煌石窟还早一二百年，有“九州第一窟”之誉。武进春秋淹城是我国目前保存最古老、最完整的地面建筑遗址。徐州汉画像石，南京、丹阳帝王墓前留下的六朝石刻，是中国古代雕刻艺术的瑰宝。徐州狮子山发现的西汉兵马俑被考古学界称为第三大奇迹。南京明城墙不仅是我国最长的城墙，也是世界上最大的砖城之一。

江苏是全国重点旅游省份之一，名山、名湖、名泉、名园、名寺遍布各地。现有国家 5A 级旅游景区 23 家，居全国第一。太湖烟波浩渺，景色之佳居全国五大淡水湖之首，南京玄武湖、莫愁湖、扬州瘦西湖、苏州阳澄湖、徐州云龙湖、溧阳天目湖皆独具风情。镇江中泠泉称“天下第一泉”，无锡惠山泉称“天下第二泉”，苏州虎丘憨泉称“天下第三泉”，南京汤山温泉、东海汤庙温泉等也颇具盛名。南京钟山、镇江三山（北固山、金山、焦山）苍翠雄秀。句容和金坛交界处的茅山是我国东南道教中心，有道教“第一福地”、“第八洞天”之称。南通狼山是全国佛教八小名山之一。陶都宜兴号称“洞天世界”。连云港花果山因结缘《西游记》而闻名海内外。古典园林举世闻名，苏州拙政园、留园跻身全国四大名园，苏州 9 家古典园林被列为世界文化遗产。2003 年 7 月 3 日，南京明孝陵被正式收入《世界遗产名录》。南京栖霞寺、镇江金山寺、扬州大明寺、苏州寒山寺、句容隆昌寺等都是著名古刹。

江苏现有 13 个设区市，下辖 96 个县（市、区），其中 41 个县（市）、55 个市辖区；有 826 个乡镇（其中乡 68 个、镇 758），458 个街道办事处；有 14462 个村委会、7201 个居委会。据统计，2017 年末，江苏户籍人口为 7794.19 万人，比上年增加 18.5 万人；江苏常住人口为 8029.30 万人，居全国第 5 位，占全国的 5.8%；人口密度为 749 人 / 平方公里，居全国各省区之首。

浙江省省情

2017 年，浙江省委、省政府召开民营企业家座谈会，提出要大力弘扬新时代浙商精神，即：坚忍不拔的创业精神、敢为人先的创新精神、兴业报国的担当精神、开放大气的合作精神、诚信守法的法治精神、追求卓越的奋斗精神。

浙江，原为钱塘江的古称，首见于《山海经 · 海内东经》所载“浙江出三天子都”，其后《史记》《越绝书》《吴越春秋》等多有记载。浙江省因江而名，简称为“浙”。省会杭州。钱塘自古繁华，素有“鱼米之乡、丝茶之府、文物之邦、旅游胜地”之称。浙江省位于中国东南沿海、长江三角洲南翼。东临东海，南接福建，西与江西、安徽相连，北与上海、江苏为邻。浙江陆域面积 10.55 万平方公里，是中国面积较小的省份之一。全省陆域面积中，山地和丘陵占 70.4%，河流和湖泊占 6.4%，平原和盆地占 23.2%，故有“七山一水两分田”之说。浙江海域面积 26 万平方公里，是全国岛屿最多的省份，其中舟山岛为中国第四大岛。在“2016 中国海洋宝岛榜”中，浙江有 21 个海岛上榜，占总数的五分之一。

浙江现设杭州、宁波 2 个副省级市，温州、嘉兴、湖州、绍兴、金华、衢州、舟山、台州、丽水 9 个地级市，37 个市辖区、19 个县级市、33 个县（其中 1 个自治县），463 个街道、641 个镇、274 个乡。2017 年年末全省常住人口 5657 万人，居住在城镇的人口 3846.8 万人，居住在乡村的人口 1810.2 万人，分别占总人口的 68% 和 32%；全省户籍人口 4958 万人，登记在册流动人口 2515.7 万人，其中来自省外的流动人口 2163.6 万人，占流动人口总数的 86%。

改革开放以来，特别是在习近平新时代中国特色社会主义思想的指引下，历届省委、省政府团结带领全省

貌发生历史性变化，实现了从资源小省向经济大省的历史性跨越，人民生活实现了由基本温饱向全面小康的历史性跨越。2003 年 7 月省委确立并实施“八八战略”以来，进一步明确经济、政治、文化、社会以及生态文明建设“五位一体”的总体布局，扎实推进中国特色社会主义在浙江的生动实践，各项工作取得了显著成绩。通过落实宏观调控政策和推动经济转型升级，全省经济发展再上新台阶；通过改善民生和推进平安浙江建设，社会和谐稳定呈现新局面；通过加快文化大省和文化强省建设，文化综合实力实现新提升；通过推进法治浙江建设，民主法制建设取得新进展；通过深化生态省建设和推进美丽浙江建设，生态环境质量和可持续发展能力有了新提高；通过加强党的执政能力建设和先进性建设，党的建设得到新加强。全省经济总量 2004 年迈上万亿元台阶，2008 年突破 2 万亿元，2011 年突破 3 万亿元，2014 年突破 4 万亿元，2017 年突破 5 万亿元，达到 51768 成元，人均生产总值在 2012 年突破 1 万美元。当前，浙江迈上了高水平全面建成小康社会、高水平推进社会主义现代化建设的新征程。

一是经济发展进入工业化中后期阶段。长期以来，浙江都是一个以农业为主的省份，直到改革开放初期，农业在浙江仍占很大比重。1978 年，全省生产总值 124 亿元，其中第一产业占 38.1%；农村人口占总人口的 85.5%。经过改革开放以来 40 年的发展，浙江已成为一个以工业和服务业为主的经济大省。1978—2017 年，全省生产总值年均增长 12.1%，由 123.7 亿元增加到 51768 亿元，由全国第 12 位上升到第 4 位；人均生产总值（按常住人口计算）年均增长 10.9%，由 331 元增加到 92057 元（约合 13634 美元），由第 16 位上升到第 5 位；社会消费品零售总额年均增长 17.4%，由 47 亿元增加到 24308 亿元，由第 12 位上升到第 4 位；外贸进出口总额年均增长 24.7%，由 0.7 亿美元增加到 3779 亿美元，由第 15 位上升到第 4 位，其中，外贸出口总额年均增长 24.7%，由 0.52 亿美元增加到 2868 亿美元，由第 14 位上升到第 3 位，外贸进口总额年均增长 24.4%，由 0.2 亿美元增加到 911 亿美元，由第 12 位上升到第 6 位；一般公共预算收入年均增长 14.7%，由 27.5 亿元增加到 5804 亿元，由第 14 位上升到第 5 位。三次产业构成由 38.1 ：43.3 ：18.6 转变为 3.7 ：43.0 ：53.3。

二是社会发展呈现全面进步的良好态势。基础教育各项主要指标居全国前列，目前已普及从学前三年到高中段十五年教育和实现城乡免费义务教育，2017 年，十五年教育普及率达 98.8%，其中学前教育入园率 97.6%，义务教育入学率、巩固率分别为 99.9%、100%，初中毕业生升入高中段的比例为 98.8%。教育公平扎实推进，教育质量不断提高。高等教育实现由精英教育向普及化教育的跨越。2017 年，全省有普通高等学校 108 所（含独立学院及筹建院校），其中本科院校 59 所，普通高考录取率达 95.36%，高等教育毛入学率为 58.2%，在校大学生（含研究生）107.7 万人。职业教育能力不断提升，全省各类中等职业教育（含技工学校）在校生 66.4 万人，中等职业教育与普通高中教育协调发展。中职学校双师型教师占专任教师和专业课教师的比例分别为 44.2%、81.7%。特殊教育和民工子女教育稳步发展，30 万人口以上的县（市、区）已全部设立特殊教育学校。是首个国家技术创新工程试点省、首批创新型试点省、农村信息化建设示范省和国家科技成果转移转化示范省，2017 年区域创新能力、企业技术创新能力、知识产权和专利综合实力分别居全国第 5 位、第 3 位、第 4 位、第 4 位。修订颁布《浙江省专利条例》，在全国率先开展电子商务领域专利保护专项行动。2017 年，全省专利申请 37.7 万件、授权 21.4 万件，其中发明专利授权量 28742 件，是 2012 年的 2.5 倍，年均增长 20.2%，发明专利授权量居全国前列。基本完成有线电视“村村通”和有线广播“村村响”工程，实现广播、电视全覆盖，县以上城市全面完成广播电视有线网络数字化。截至 2017 年底，全省本地电话用户 1211 万户，移动电话用户 7590 万户，普及率分别为每百人 21.4 线和 134.2 部，固定互联网宽带接入用户 2464 万户，移动互联网用户 7456 万户。医疗卫生事业全面发展。截至 2017 年底，全省有卫生机构 3.2 万个（包括村卫生室），各类卫生机构床位 31.4 万张（其中社会办医疗机构床位占 26.6%），卫生技术人员 46.0 万人，其中执业（助理）医师 17.9 万人，注册护士 18.8 万人，按常住人口计算，全省每千人执业（助理）医师数、注册护士数、床位数分别为 3.2 人、3.3 人、5.6 张。全省人均期望寿命达到 78.6 岁，孕产妇死亡率、5 岁以下儿童死亡率、婴儿死亡率分别下降到 4.54/10 万、3.4‰、2.5‰，人群主要健康指标达到中高收入国家水平，主要健康指标达到中上收入国家水平，人类发展指数（HDI）进入高收入国家行列。截至 2017 年底，累计开工建设各类保障性安居工程住房 415.3 万套，竣工 356.1 万套，改善了 332.5 万户城市中低收入家庭住房条件，城镇住房保障受益率超过 23.3%；累计解决农村无房户、危房户 30.7 万户。2003—2017 年，全省异地搬迁农户 94.6 万人。生态环境得到全面改善，县以上城市污水处理率、生活垃圾无害化处理率分别达到 94.2% 和 99.9%，人均公园绿地面积 13.3 平方米；90% 的村实现生活污水有效治理，4800 个试点村推进生活垃圾分类处理，农村生活垃圾集中收集有效处理村覆盖率 85%，生态环境质量继续保持全国前列。

三是城乡基础设施条件发生巨大变化。城乡基础设施落后曾经长期制约浙江的发展。从 20 世纪 90 年代初期开始，浙江从改革投融资体制入手，先后在交通建设上出台了“四自”政策（自行借款、自行建设、自行收费、自行还贷），在水利建设上出台了“五自”政策（自行筹资、自行建设、自行收费、自行还贷、自行管理），通过多种筹资方式，动员社会各方力量参与城乡基础设施建设。其后通过实施“六个一千工程”（1000 公里标准海塘、1000 公里钱塘江标准江堤、1000 公里高等级公路、1000 万千瓦发电机组、1000 万人次空港吞吐客流量、1000 万亩标准农田）、“百亿基础设施建设工程”和“千亿基础网络工程”等，浙江基础设施得到根本性改观，水、电、路、气、通信等条件全面改善。近年来，加快推进“大港口、大路网、大航空、大水运、大物流”现代交通五大建设，大力构建“通达、便捷、经济、安全”的现代综合交通运输体系。“三位一体”港航物流体系建设全面推进，全省有沿海港口万吨级以上泊位 235 个，初步形成以宁波舟山港（含嘉兴港）为主，温州港、台州港为辅的“一主两辅”港口格局，2017 年宁波舟山港实现货物吞吐量 10.1 亿吨，连续 9 年居全球海港首位；集装箱吞吐量 2461 万标箱，居全球海港第 4 位。内河航道总里程 9761 公里，其中 500 吨级及以上高等级航道 1561 公里，形成“北网南线、双十千八”的骨干航道布局，2017 年内河港口货物吞吐量达 3.3 亿吨，居全国第 5 位。机场综合保障能力不断增强，初步构建以杭州萧山国际机场为龙头，宁波、温州机场为骨干，台州、义乌、舟山、衢州机场为支撑的民用机场体系，2017 年民航运输旅客吞吐量、货邮吞吐量、航班起降架次分别为 5759 万人次、80 万吨、46 万架次，杭州萧山国际机场成为全国第五大航空口岸城市机场。

四是人民生活基本实现全面小康。1978—2017 年，浙江城镇常住居民人均可支配收入年均实际增长 7.9%，由 332 元增加到 51261 元，由全国第 9 位上升到第 3 位；农村常住居民人均可支配收入年均实际增长 8.4%，由 165 元增加到 24956 元，由全国第 8 位上升到第 2 位，城乡居民人均收入已分别连续 17 年和 33 年居全国省区首位。近年来，城乡居民人均收入实际增速快于人均生产总值增速，城乡居民收入增长与经济发展同步机制正在逐步形成。农村居民人均可支配收入增长快于城镇居民人均可支配收入，城乡居民收入比缩小到 2.05 ：1，是全国城乡居民收入差距最小的省区之一。截至 2017 年底，全省基本养老、基本医疗、失业、工伤、生育保险参保人数分别为 3913 万人、5252 万人、1381 万人、1977 万人、1393 万人。基本养老保险参保率和医疗保险参保率分别为 88.6% 和 99%。从 2010 年开始，全省符合条件的 60 周岁以上城乡居民可领取每月不低于 60 元的基础养老金，此后基础养老金最低标准经过七次提高，2017 年达到每月 135 元；从 2011 年 4 月 1 日开始，全省 138.4 万名 80 周岁以上的高龄老人每月领取至少 30 元的高龄补贴。正常缴费企业退休人员基本养老金月人均水平达到 3085 元。养老服务业快速发展，居家养老服务基本覆盖城市社区和大部分农村地区，2017 年末每百名老人拥有机构床位 5.7 张，33.2 万名老年人享受政府提供的养老服务补贴。初步建成以基本医保为主体、大病保险为延伸、医疗救助为托底、社会慈善和商业保险为补充的多层次医疗保障体系。2017 年，全省职工医保参保人数 2117 万人，城乡居民医保参保人数 3135 万人。建成覆盖城乡的新型社会救助体系，救助水平稳步提高。医疗救助即时结报全面实施，2004—2017 年直接医疗救助人数 2124.1 万人，资助参保人数 1423.3 万人，支出医疗救助资金 117 亿元。实行教育救助制度和家庭经济困难学生免费就读中等职业学校等政策。先后 24 次启动困难群众基本生活价格补贴机制，累计发放补贴资金 17.3 亿元，惠及群众 2023.8 万人次。最低生活保障制度实现城乡全覆盖，所有县（市、区）农村最低生活保障标准提高到 6528 元 / 年 · 人以上，83 个县（市、区）实现城乡同一标准。全省现有在册低保对象（未含五保供养）82.7 万人，其中城镇 24.5 万人、农村 58.2 万人，城乡低保平均标准分别为每人每月 739 元和 730 元，被征地农民基本生活保障做到“应保尽保”“即征即保”。

安徽省省情

安徽省简称皖，地处长江下游、淮河中游，属于华东地区，为暖温带向亚热带过渡性气候。改革开放40年来，安徽的面貌发生了翻天覆地的变化，经济和社会各方面取得了巨大的成就，由以农业为主的省份发展为我国重要的产粮基地，工业和科技教育大省。

一、基本情况

安徽省地处长江、淮河中下游，长江三角洲腹地，居中靠东、沿江通海，东连江苏、浙江，西接湖北、河南，南邻江西，北靠山东，东西宽450千米，南北长570千米。全省辖区面积14.01万平方千米，土地面积13.94万平方千米，占全国土地面积1.45%，位居全国第22位。全省下辖16个地级市，其中安庆、池州、铜陵、芜湖和马鞍山5市沿江分布。

2017年末，全省户籍人口7059万人，占全国人口的5.1%，同比增长0.5%，常住人口6255万人，居全国第8位，为人口净流出省份；常住人口城镇化率53.5%。安徽省属少数民族散居省份，现有少数民族人口约50万，55个少数民族分布省内各地，呈现“大分散、小聚居”分布特点，其中，回族、满足、畲族为安徽世居少数民族。

二、经济发展

安徽是我国经济发展较快的省份，也是我国重要的农产品生产、能源、原材料和加工制造业基地，汽车、机械、家电、化工、电子加工业在全国占有重要地位。经济快速发展，产业结构呈现“二三一”。2017年全省生产总值（GDP）27018亿元，占全国GDP的3.3%，居全国第13位，比上年增长8.5%，居全国第6位。

三次产业结构为“二三一”，一产、二产占比分别比全国高 1.7、7 个百分点，三产比全国低 8.7 个百分点，其中工业占 GDP 比例为 40.4%，与全国的“三二一”结构相比，安徽产业发展尚处在工业化中后期阶段。

1. 农业大省和产粮基地。安徽省是我国的农业大省和产粮基地，粮食播种面积 7321.8 千公顷，居全国第 4 位；粮食总产量 4019.7 万吨，占全国粮食总产量的 6.1%，居全国第 5 位；棉花、肉类产量分别为 8.6、415.2 万吨，分别占全国的 1.5%、4.8%，居全国第 7 和第 10 位。

2. 工业大省和制造业基地。规模以上工业企业主营业务收入 43110.37 亿元，居全国第 8 位，同比增长 12.4%，规模以上工业企业主营业务成本为 37052.05 亿元，增长 11.9%，规上工业利润总额 2352.44 亿元，居全国第 12 位，增长 19.7%。规模以上工业企业新产品销售收入 8843.1 亿元，同比增长 20.8%；高新技术制造业增加值占工业增加值比重为 40.2%。

安徽是全国重要的制造业基地。家用洗衣机、家用电冰箱、房间空调器年产量为 2055.97、3256.75、3736.41 万台，分别占全国的 27.4%、38.1%、20.9%，居全国第 1、1、2 位。

3. 服务业增长较快、比重较低。2017 年服务业增加值 11597.45 亿元，增长 9.9%，高出全省平均水平 1.4 个百分点，但总体规模较小，居全国第 14 位，中部第 4 位，与湖南、湖北相差 5000 亿元左右，未来发展空间和潜力巨大。

三、生态环境

1. 生态环境多样。安徽襟江带淮、湖泊众多，境内平原、丘陵和山地纵横交错。地形地貌由淮河平原、江淮丘陵、皖西丘陵山地区、沿江平原和皖南山区组成；境内湖泊星罗棋布，是典型的山水江南、鱼米之乡。全省共有河流 2000 多条，长江、淮河和新安江在境内蜿蜒而过，除南部新安江属钱塘江流域外，其余均属长江、淮河流域。湖泊 580 多个，总面积 1750 平方千米，其中最大的湖泊巢湖面积为 770 平方千米，为全国第五大淡水湖。最高峰黄山莲花峰海拔 1873 米。

2. 环保压力较大。安徽是制造业大省、农业大省和煤炭生产消费大省。全省耕地保有量 5866.8 千公顷，与去年基本持平。森林覆盖率 27.53%，比全国平均水平高 5.9 个百分点，湿地面积 1041.8 千公顷。安徽是煤炭生产消费大省，2017 年原煤总产量 1.17 亿吨，位居全国第 7，煤炭消费在能源消费中比例较大，非化石能源消费占能源消费总量比重为 5.66%，比全国低 8.13 个百分点。

四、社会民生

财政增长较快。全省地方一般公共预算收入 2812.45 亿元，同比增长 7.9%，其中税收收入为 1970.68 亿元，增长 6.1%，地方一般公共预算支出为 6203.81 亿元，同比增长 12.3%。

金融机构存贷款规模扩大。全省年末金融机构人民币各项存款余额 45608.8 亿元，居全国第 13 位，增长 11.6%，速度居全国第 4 位；年末金融机构人民币各项贷款余额为 34481.2 亿元，居全国第 13 位，增长 14.3%，速度居全国第 10 位。

居民收入增长较快。全省城镇非私营单位就业人员平均工资 65150 元，居全国第 21 位，比去年同期增长 10.2%，居全国第 7；城镇常住居民人均可支配收入 31640 元，居全国第 14 位，为全国平均水平的 87%；同比增长 8.5%；农村常住居民人均可支配收入 12758 元，居全国第 16 位，同比增长 8.9%。城镇、农村恩格尔系数分别为 32.1%、33.5%。

五、交通邮电

信息邮电发展较快。全省固定资产投资额增长 11%，互联网接入用户 1323.7 万户，同比增长 23.1%，邮政业务总量 247.98 亿元，同比增长了 54%，电信业务总量 831.8 亿元，同比增长了 70.5%。

交通便捷、四通八达。安徽公路、铁路、航运发达。境内高速公路里程数 4673 公里，同比增长 2.9%，其中一级公路 4151 公里；铁路营业里程数 4275 公里，同比增长 0.5%，其中高速铁路营业里程 1379.1 公里；内河航道里程数 5641 公里，内河港口货物吞吐量 51249.4 万吨，同比下降 1.3%，机动运输船净载重量

4576.31 万吨，同比下降 1.29%。

六、科教文旅

科技创新迈入全国第一方阵。省会合肥作为全国四大科教城市之一，是国家科技创新型试点城市、中国综合性国家科学中心，是除北京之外国家重大科学工程布局最密集的城市。2017 年全省各项专业技术人员 228.4 万人，比上年增长 1.7%，科研机构 5360 个，从事研发活动人员 22 万人。全省每万人口发明专利拥有量 7.7 件，同比增长 20.3%；有 R&D 活动企业数 4697 个，同比增长 22.3%，全社会 R&D 经费支出 564.9 亿元，同比增长 18.9%；其中，规上工业研发经费支出 436.1 亿元，同比增长 17.6%。技术合同成交额 270.68 亿元，同比增长 34.2%。

文化昌盛、教育繁荣。安徽自古以来文化繁荣昌盛，境内徽州文化、皖江文化和淮河文化交汇融合，构成中华古代文化中最光辉灿烂的篇章。老子、庄子和陈抟代表的道家文化奠定了中华文化主要源流之一；管仲、鲍叔牙的管鲍之交流传千古；三曹、刘伶代表的建安文化、独具地方特色的徽文化、明清时期活跃文坛的桐城学派对历史影响深远；安徽有“中国戏曲之乡”之称，戏曲表演历史悠久，品种繁多、名家辈出，著名的有黄梅戏、徽剧，黄梅戏为中国三大戏曲剧种之一，徽剧则是京剧的主要源流之一，文化和戏曲繁荣发展。

安徽省是我国教育大省，全省 15 岁以上常住人口平均受教育年限为 9.27 年，比去年增长 0.4%；现有高等学校 119 所，其中，中国科学技术大学、合肥工业大学和安徽大学为 985、211 著名重点大学。普通高等学校在校学生数 114.7 万人，同比增长 0.2%。

旅游资源丰富。丰富的人文历史文化积淀和境内多山的地理格局，形成了安徽得天独厚的优质旅游资源，全省拥有 9 处世界文化遗产、2 处世界地质公园，8 个国家级自然保护区，9 家国家湿地公园，11 家国家地质公园，184 家 4A 级景区，11 家 5A 级景区；境内的歙县、寿县、亳州、安庆和绩溪县为国家级历史文化名城；黄山、九华山、天柱山、齐云山、采石矶为国家级重点风景名胜区，其中，九华山、齐云山位列中国佛教、道教四大名山之一，得天独厚的旅游资源给安徽带来了丰厚的旅游收入，也带动了其他相关服务业的发展。2017 年，安徽省入境旅游人数 549.2 万人，同比增长 13.1%，国际旅游收入 28.8 亿美元，同比增长 13.3%；国内旅游人数和旅游收入分别为 6.26 亿人次和 6002.4 亿元，同比分别增长 19.9% 和 26%。

江西省省情

江西简称“赣”，因公元 733 年唐玄宗设江南西道而得省名，又因江西最大河流为赣江而得简称，是中国内陆省份之一。江西位于中国东南部，在长江中下游南岸，以山地、丘陵为主，地处中亚热带，季风气候显著，四季变化分明。境内水热条件差异较大，多年平均气温自北向南依次增高，南北温差约 3℃。全省面积 16.69 万平方公里，2017 年总人口 4622 万，辖 11 个设区市、100 个县（市、区）。全省共有 55 个民族，其中汉族人口占 99%以上，少数民族中人口较多的有畲族、苗族、回族、壮族、满族等。

江西区位优越、交通便利。江西省地处中国东南偏中部长江中下游南岸，古称“吴头楚尾，粤户闽庭”，乃“形胜之区”，东邻浙江、福建，南连广东，西靠湖南，北毗湖北、安徽而共接长江。江西为长江三角洲、珠江三角洲和闽南三角地区的腹地，与上海、广州、厦门、南京、武汉、长沙、合肥等各重镇、港口的直线距离，大多在六百至七百公里之内。境内高速公路里程突破 6100 公里，出省主要通道全部高速化。京九线、浙赣线纵横贯穿全境。航空和水运便捷。

江西资源丰富、生态良好。江西 97.7% 的面积属于长江流域，水资源比较丰富，河网密集，河流总长约 18400 公里，有全国最大的淡水湖——鄱阳湖。已发现野生高等植物 5117 种，野生脊椎动物 845 种。全省现有世界遗产地 5 处，世界文化与自然双遗产地 1 处，世界地质公园 3 处，国际重要湿地 1 处，国家级风景名胜区 14 处，林业自然保护区 186 个（国家级 15 个），森林公园 180 个（国家级 46 个），湿地公园 84 处（国家级 28 处）。江西矿产资源丰富，已查明有资源储量的矿产有九大类 139 种，在全国居前 10 位的有 81 种，有色、稀土和贵金属矿产优势明显，是亚洲超大型的铜工业基地之一，有“世界钨都”、“稀土王国”、

"中国铜都"、"有色金属之乡"的美誉。

江西物产丰富、品种多样。景德镇的瓷器源远流长，以"白如玉、明如镜、薄如纸、声如磬"的特色闻名中外。樟树的四特酒，周恩来总理赞誉为"清、香、醇、纯"，四特酒由此而得名。遂川狗牯脑茶叶，曾获巴拿马国际食品博览会金奖。南丰蜜桔，历史上是皇室贡品。此外，还有庐山云雾茶、中华猕猴桃、赣南脐橙、南安板鸭、泰和乌鸡、江铃汽车、凤凰相机、金圣卷烟等，列入中国驰名商标的品种有 159 件。

江西名人辈出、文化璀璨。在中华文明的历史长河中，江西人才辈出，陶渊明、欧阳修、曾巩、王安石、朱熹、文天祥、宋应星、汤显祖、詹天佑等文学家、政治家、科学家若群星灿烂，光耀史册。江西红色文化闻名中外。井冈山是中国革命的摇篮，南昌是中国人民解放军的诞生地，瑞金是苏维埃中央政府成立的地方，安源是中国工人运动的策源地。第二次国内革命战争时期，江西籍有名有姓的革命烈士就有 25 万多人，占全国的六分之一，为中国革命胜利作出了重大贡献。

江西产业齐备、特色鲜明。江西农业在全国占有重要地位，是建国以来全国两个从未间断向国家贡献粮食的省份之一。生态农业前景可喜，有机食品、绿色食品、无公害食品均位居全国前列。进入新世纪以来，江西大力实施以新型工业化为核心的发展战略，有色产业、电子信息、医药、汽车、航空、食品、纺织、光伏、锂电、钢铁、石化、建材等产业呈现了良好的发展势头。同时，江西依托丰富的旅游资源大力发展旅游业，主要旅游景点可概括为"四大名山"、"四大摇篮"、"四个千年"、"六个一"。

江西经济平稳，质效提升。2017 年，GDP 逾 2 万亿元、增长 8.8%，规模以上工业增加值增长 9.1%，固定资产投资增长 12.3%，社会消费品零售总额增长 12.3%，进出口总值增长 14.1%，城乡居民收入分别增长 8.8% 和 9.1%。

江西前景美好、未来可期。勤劳智慧的江西人民在省委省政府的正确领导下，万众一心、众志成城、凝心聚力、顽强拼搏，按照省委十四届六次全体（扩大）会议提出的"从更高层次贯彻落实习近平总书记重要要求，共绘新时代江西物华天宝人杰地灵新画卷"的总要求，以"创新引领、改革攻坚、开放提升、绿色崛起、担当实干、兴赣富民""二十四字方针"为引领，努力实现"六大突破、三大提升"，为决胜全面建成小康社会、夺取新时代中国特色社会主义伟大胜利、实现中华民族伟大复兴的"中国梦"贡献江西力量。

湖北省省情

湖北位于中国中部、长江中游，因地处洞庭湖以北而得名，简称鄂。地跨东经108° 21′ 42″ ~ 116° 07′ 50″ 、北纬 29° 01′ 53″ ~ 33° 16′ 47″ ，东西长 740.6 公里，南北宽 470.2 公里，面积 18.59 万平方公里，占全国总面积的 1.94%，居全国第 1 6 位。湖北地势西高东低，东、西、北三面环山，中间低平，略呈向南敞开的不完整盆地。地貌类型多样，既有沃野千里的江汉平原，也有连绵起伏的丘陵岗地，还有层峦迭嶂的广大山区，以及适宜养殖的广阔水域。全省总面积中，山地占 56%，丘陵岗地占 24%，平原湖区占 20%。2017 年末，全省常住人口 5902 万人，其中：城镇 3500 万人，乡村 2402 万人。现设 12 个省辖市、1 个自治州、1 个林区， 24 个县级市（包括 3 个直管市），39 个县（包括 2 个自治县）。

（一）自然资源丰富

光热水资源充足。湖北属亚热带季风性湿润气候，光照充足、热量丰富、降水充沛、雨热同季。年均日照时数为 1200-2200 小时，无霜期在 230-300 天之间，年均降水量为 800 ~ 1600 毫米。由于南北纬度相差 4 度多，东西跨度较大，加之地貌类型复杂多样，使得湖北气候不仅南北有别、东西迥异，而且兼有北亚热带、中亚热带以及中温带、南温带等多种气候类型，为农业多种经营的全面发展提供了优越条件。

矿产资源丰富。湖北已发现的矿产有 153 种，占全国已发现矿产种类的 83%，其中已探明储量的有 92 种。除煤炭、石油、天然气比较贫乏外，其他矿产储量都比较大，尤其是化工、建材及部分冶金矿产资源丰富。其中化肥用橄榄岩、碘、石榴子石、累托石粘土、建筑用辉绿岩等 5 种矿产资源储量居全国首位，铌、泥灰岩、磷等 17 种矿产资源储量居全国 2-3 位；铁、铜、石膏、金、汞、锰、钒、镍等 35 种矿产资源储量居全国 4-10 位。主要矿产资源具有品位高、分布相对集中、易于开采等特点。

水能资源丰富。湖北境内河流众多，除长江、汉江干流外共有大小河流 5973 条（5 公里以上），其中河

长在 100 公里以上的有 38 条。全省水资源总量 1248.8 亿立方米，占全国的 4.3%，居全国第 8 位。丰富的水资源，使湖北成为南水北调中线工程的水源地。湖北水能资源的蕴藏量居全国第 7 位，可开发水能资源居全国第 4 位。举世闻名的三峡工程位于宜昌三斗坪，是世界上规模最大的水利水电枢纽工程，其总装机容量 2250 万千瓦，年发电量约 1000 亿度。

动植物资源种类繁多。湖北植被既具南北过渡特征，同时又处在中国东西植物区系的过渡地区，是中国生物资源较丰富的省份之一。全省植物资源有 3800 余种，其中许多属世界稀有或中国特有的珍稀品种，如：1 亿多年前遗留下来的“活化石”——水杉、中国特有的鸽子树——珙桐、名贵绿化树——白皮松，稀有名贵药材——文王一支笔、江边一碗水、七叶一枝花、小丛红景天、飞龙掌血等。土特产品多，鄂西的坝漆、房县的木耳、咸宁的桂花、罗田的板栗、秭归的脐橙等在国内外市场上享有较高的声誉。动物种类达 700 余种，其中国家珍稀保护动物 50 多种，特有的珍稀动物有白鳍豚、中华鲟和武昌鱼等。尤其是神农架有“绿色宝库”之称，是驰名中外的天然动植物园。

旅游资源丰富。湖北山川秀美，文化底蕴深厚，自然风景和名胜古迹众多，境内驰名世界的自然风景名胜有雄伟壮丽的长江三峡、古奥莫测的原始森林神农架、被联合国科教文组织列入 " 世界文化和自然遗产目录 " 的武当山道教建筑群、明显陵及唐崖土司城遗址。全省有世界文化遗产 3 处，联合国人与生物保护区网成员 1 家。5A 级景区达 11 家，总量居全国第 3 位。有国家级自然保护区 18 个，国家历史文化名城 5 座、国家级文物保护单位 89 处、楚城遗址 5 座、楚文化遗址 73 处、三国古战场遗址及陈迹 140 多处。湖北还是炎帝神农、华夏始母嫘祖、医圣李时珍、活字印刷术的发明者毕升、爱国诗人屈原和民族友好使者王昭君的故里。大自然的沧桑变化、鬼斧神工，加上数百万年来人类的嵌珠砌玉、涂红抹彩以及荆楚文化源远流长，湖北境内自然景观和历史遗存，比比皆是，颇具特色。

（二）交通通信发达

湖北是中国中部最大的综合交通通信枢纽。京九、京广、武广高铁、焦枝、枝柳铁路纵贯南北，武大、汉宜、汉丹、襄渝等铁路横穿东西。京珠、沪蓉和宜黄、黄黄、武十等高速公路纵横交错，连接武汉、黄石、鄂州、荆州、宜昌、襄阳、十堰等大中城市，将富庶的江汉平原和鄂西、鄂东南、鄂东北山区连成一体。境内的武汉天河国际机场为我国中部地区最大的空港，已开通美、法、日、韩等国际航班，宜昌、襄阳、恩施、荆州、神农架、十堰武当等地也开通了连接全国各地的空中通道。长江自西向东流贯省内 26 个县市，流程 1061 公里，占干流通航里程的三分之一。内河港口 163 个，其中，500-1000 万吨港口 2 个。武汉、黄石、荆州、宜昌等港口先后对外开放，海轮可直航港澳和日本、韩国、新加坡等国家。北京至广州中同轴电缆、南京至重庆光纤电缆在武汉交汇，形成了辐射全国的现代通信网络。省会武汉素有“九省通衢”之称，是全国重要的交通、通信枢纽。

（三）科教实力雄厚

湖北物华天宝、人杰地灵，素有“唯楚有才”之美誉。2017 年，湖北有普通高校 129 所，在校学生 153.65 万人，在校研究生 13.56 万人。拥有各类科学研究和开发机构 2100 多个，已建有国家认定企业技术中心 53 家，省认定企业技术中心 475 家，国家地方联合工程研究中心（工程实验室）32 个，国家工程实验室 3 个，国家工程研究中心 4 个，省级工程研究中心（工程实验室）160 个。从事科技活动人员 39 万多人，其中两院院士 74 人次。科学研究与开发能力较强，2017 年全年共登记重大科技成果 1600 项。其中，基础理论成果 20 项，应用技术成果 1540 项，软科学成果 40 项。全年共签订技术合同 24742 项，技术合同成交金额 1066.0 亿元，合同金额比上年增长 14.9%。在光纤光缆、光通信、“3C”和“3S”软件、生物医药、电动汽车等若干领域技术实力湖北位居全国领先地位。武汉科教优势十分突出，是全国第三大教育中心，第二大智力密集区。

（四）产业基础较好

湖北是我国重要的工农业生产基地之一，经济社会发展综合水平在中部地区居领先地位。2017 年全省实现地区生产总值 35478 亿元，居全国第 7 位，按可比价格计算，比上年增长 7.8%。其中：第一产业实现增加值 3529 亿元，增长 3.7%；第二产业实现增加值 15442 亿元，增长 7.1%；第三产业实现增加值 16507 亿元，增长 9.5%。

农业方面，素称“鱼米之乡”，是全国重要的商品粮棉油生产基地和最大的淡水产品生产基地。全省农作物总播种面积 7956.1 千公顷，已具备粮食 2500 万吨、棉花 1000 万担、油料 6000 万担、蔬菜 3000 万吨、肉类 400 万吨、淡水产品 400 万吨的生产能力；常年为国家提供商品粮 200 万吨以上、油料 2000 万担、生猪 1000 万头、淡水产品 60 万吨。2017 年，全省粮食总产量 2846.1 万吨；棉花总产量 18.4 万吨；油料总产量 307.7 万吨；生猪出栏 4299.63 万头。淡水产品产量达到 465.4 万吨，产量居全国首位。

工业方面，经过多年建设和发展，已形成以众多大中型企业为骨干，以汽车、农产品加工、电子信息、化工、建材、电力为支柱的门类比较齐全的现代工业体系。2017 年全省全部工业实现增加值 13874.21 亿元，增长 7.2%。规模以上工业企业 15097 家，千亿元产业达 17 个，东风、武汉商联、大冶有色等多家企业进入全国 500 强。工业综合配套能力比较强，是全国三大钢铁基地之一，全国最大的中、厚、薄板和特殊钢生产基地；全国第二大汽车生产基地和最大的中型货车生产基地；全国最大的联碱、农药和磷、盐化工及纤膏生产基地；全国最大的重型机床和包装机械生产基地；全国最大的水电基地和全国三大纺织基地之一。2017 年全省共生产汽车 266.6 万辆，钢材 3610.1 万吨，水泥 11192.7 万吨，布匹 75.9 亿米，发电量 2615.46 亿千瓦小时。进入新世纪以来，湖北以信息技术为标志的高新技术产业加快成长，初步形成了以电子信息、生物技术与新医药、新材料和制造业信息化等为核心的特色高新技术产业群。光纤、光通信设备、无线通讯设备、石英晶体及器件等产品的生产规模和技术水平具有参与国际竞争的实力。2017 年全省“四上”高新技术企业和高新产品登记备案企业数达到 4990 家。全省“四上”高新技术产业完成增加值 5841.29 亿元，增长 12.9%。

服务业比较发达。省会武汉历史上就是全国重要的通商口岸和商品集散中心，素有“东方芝加哥”之称，是全国重要的人流、物流、资金及信息流交汇和集散中心。近年来，湖北充分发挥承东启西、南北交汇的区位优势，着力构建具有区域特色的现代服务业发展新优势，加快推进物流企业改革重组，培植大型商贸流通企业，大力发展各种现代营销方式和流通组织形式，物流中心地位不断增强，商品交易额过亿元的市场达 143 家。

（五）对外开放日益扩大

2017 年湖北外贸进出口总值 3134.3 亿元，其中：出口 2064.1 亿元，进口 1070.2 亿元。出口商品种类较多，除纺织品、服装、大米、生猪、矿产品、钢材等传统商品外，还有光纤、船舶、火车机车等高技术产品和机电产品。出口市场多元化，目前湖北与 160 多个国家和地区有经济贸易往来，其中欧盟、美国、中国香港是湖北最大的三个贸易伙伴。

利用外资逐年增多。2017 年实际使用外资达 109.94 亿美元，增长 8.5%。全球最大的 500 家跨国公司有 267 家在湖北投资兴办企业，有 9 家外国金融机构在湖北设立代表处，法国兴业银行和香港汇丰银行等在武汉设立了分行。

对外合作不断深化。2017 年，全省非金融类对外直接投资实际投资额 16.1 亿美元，增长 15.4%。对外承包工程完成营业额 70.8 亿美元，增长 38.4%；新签合同额 148.7 亿美元，增长 17.7%；外派各类劳务人员 13830 人次。

（六）社会事业蓬勃发展

文化事业繁荣活跃。2017 年末，全省共有国有艺术表演团体 86 个，群艺馆、文化馆 125 个，公共图书馆 116 个，博物馆 199 个。电影放映管理机构 96 个，放映单位 1612 个。广播电台 8 座，电视台 6 座，广播电视台 75 座，有线电视用户 1079.4 万户。全年出版全国性和省级报纸 11.0 亿份，各类期刊 1.5 亿册，图书 2.3 亿册。

卫生事业发展迅速。截止 2017 年末，全省共有医疗卫生机构 36357 家，其中医院 979 家，基层医疗卫生机构 34756 家，专业公共卫生机构 534 家；全省共有卫生计生人员总数 51.0 万人，其中执业（助理）医师 14.7 万人，注册护士 18.4 万人。特别是近年来，进一步加强农村医疗卫生、省市县疾病控制中心、县级医院传染病区和乡镇卫生院发热门诊等医疗卫生基础设施建设，健全重大传染病防治工作长效机制，提高了对重大疫病的防治能力。

体育事业蓬勃发展。竞技体育实力较强，羽毛球、跳水 、举重、攀岩等优势项目一直保持较高水平，近年来涌现了赵芸蕾、尹成昕、刘惠瑕、昌雅妮、田涛、闫子贝等一批世界和奥运冠军。2017 年全省运动健儿在国际比赛中共获得冠军 48 项次、亚军 28 项次、季军 40 项次，其中奥运会项目最高水平比赛冠军 15 项次、亚军 6 项次、季军 21 项次；在各类全国比赛中，获冠军 107 项次、亚军 123 项次、第三名 124 项次，其中，全运会项目全国最高水平比赛中冠军 37 项次、亚军 34 项次、第三名 40 项次。

（七）居民生活显著改善

城乡居民收入持续增加。2017 年，湖北全体居民人均可支配收入 23757 元，增长 9.0%，其中，城镇常住居民人均可支配收入 31889 元，增长 8.5%；农村常住居民人均可支配收入 13812 元，增长 8.5%。

社会保障进一步加强。2017 年末全省参加城镇职工基本养老保险 1546.6 万人，其中：在职职工 1020.5 万人，离退休人员 526.1 万人；参加城乡居民基本养老保险 2214.6 万人；参加城镇职工基本医疗保险 1018.9 万人；参加城乡居民基本医疗保险 4603.3 万人；参加工伤保险 656.6 万人；参加生育保险 522.1 万人；参加失业保险人数 561.3 万人，全年累计领取失业保险金人数 12.6 万人。

社会福利事业不断发展。2017 年全省城镇居民最低生活保障对象 45.9 万人，农村居民最低生活保障人数 137.9 万人，国家抚恤、补助各类优抚对象 43.3 万人。社会福利事业不断发展。年末全省各类社会福利收养床位 32.5 万张，城镇社区服务中心、站共计 5074 个。

斗转星移，时新势异。当今湖北正迎来新一轮改革开放和复兴崛起之期，必以敢为天下之先，科教兴盛之优，九州通衢之便，市场枢纽之利，再展楚凤腾飞。全省上下以习近平新时代中国特色社会主义思想为指导，深入贯彻落实党的十九大精神，牢记习总书记视察湖北时的殷殷嘱托，扎实推进“建成支点、走在前列”的宏伟目标，以“一主两副多级区域发展战略”为抓手，立足中部，服务全国，积极打造先进制造业基地、高新技术产业基地、优质农产品加工基地、现代物流基地、综合交通运输枢纽，使湖北在转变经济发展方式上走在全国前列，为加快建成战略支点，实现中国梦谱写新篇章。

湖南省省情

湖南省位于我国中部、长江中游，因大部分区域处于洞庭湖以南而得名“湖南”，因省内最大河流湘江流贯全境而简称“湘”，省会驻长沙市。湖南自古盛植木芙蓉，五代时就有“秋风万里芙蓉国”之说，因此又有“芙蓉国”之称。湖南地处东经 108° 47′ ~ 114° 15′、北纬 24° 38′ ~ 30° 08′，总面积 21.18 万平方公里，占全国国土面积的 2.2%，居全国各省区市第 10 位。全省辖 13 个市 1 个自治州、122 个县（市、区）。2017 年末全省常住人口 6860.15 万人，其中城镇人口 3747.02 万人，城镇化率 54.62%。

历史文化。湖南是华夏文明的重要发祥地之一，相传炎帝神农氏在此种植五谷、织麻为布、制作陶器，坐落于株洲市的炎帝陵成为凝聚中华民族的精神象征；舜帝明德天下，足历洞庭，永州九嶷山为其陵寝之地。湖南境内历史遗存众多，出土和发现的澧县城头山古城遗址、里耶秦简、走马楼三国吴简以及凤凰古南方长城、岳麓书院、岳阳楼，是湖南悠久历史的浓缩与见证。悠久的历史孕育了灿烂的文化，湖南自古有“古道圣土”、“屈贾之乡”和“潇湘洙泗”的美誉，以“心忧天下、敢为人先、经世致用、兼收并蓄”为精神特质的湖湘文化薪火相传，培育形成了“忠诚、担当、求是、图强”的湖南精神。

资源禀赋。湖南地貌类型多样，以山地、丘陵为主，其中山地面积占全省总面积的 51.2%。湖南三面环山，形成从东南西三面向东北倾斜开口的不对称马蹄状，境内最低点是临湘县的黄盖湖，海拔 24 米；最高点是石门境内的壶瓶山，海拔 2099 米。湖南矿产丰富，矿种齐全，是驰名中外的“有色金属之乡”和“非金属矿产之乡”，全省已发现各类矿产 121 种，已探明储量的矿产 88 种，占全国已探明储量矿产 162 种的 54.3%。湖南河网密布，水系发达，水资源相对丰富，洞庭湖是全国第二大淡水湖，湘江、资水、沅水和澧水等四大水系覆盖全省，2017 年全省水资源总量 1912.4 亿立方米，人均水资源量 2795.5 立方米。湖南名胜古迹众多，是闻名遐迩的旅游胜地，古有“潇湘八景”（潇湘夜雨、平沙落雁、烟寺晚钟、山市晴岚、江天暮雪、远浦归帆、

洞庭秋月、渔村夕照），现有张家界世界地质公园 1 处、9 个 5A 级景区、22 个国家级风景名胜区。

区位交通。湖南处于东部沿海地区和中西部地区的过渡带、长江开放经济带和沿海开放经济带的结合部，具有承东启西、连南接北的枢纽地位。湖南交通便利，水陆空综合交通体系立体衔接、纵横交错、通江达海。2017 年，全省旅客周转量 1679.47 亿人公里，货物周转量 4316.43 亿吨公里。年末全省公路通车里程 23.97 万公里，其中高速公路通车里程 6419 公里。年末铁路营业里程 4745 公里，其中高速铁路 1396 公里。年末民用汽车拥有量 683.19 万辆，私人汽车拥有量 635.97 万辆。

产业基础。湖南是全国重要的粮食生产基地，自古就有“鱼米之乡”和“湖广熟、天下足”之说。主要农副产品产量如粮食、棉花、油料、苎麻、烤烟等均位居全国前列，其中稻谷产量多年为全国之冠。2017 年，全省粮食播种面积 4978.9 千公顷，粮食产量 3073.6 万吨。“鞭炮之乡”浏阳市是全球最大和最具盛名的烟花生产基地；醴陵陶瓷已有 1700 多年的历史，其生产的釉下五彩瓷、毛瓷、国宴专用瓷驰名中外。2017 年，全省工业增加值 11879.94 亿元，比上年增长 7.0%，工业增加值对经济增长的贡献率为 33.3%。第三产业发展较快，广播影视、动漫卡通、文化创意、出版、旅游等产业迅速崛起，特别是广电、出版等优势产业在全国保持领先地位，广电湘军、出版湘军、动漫湘军全国驰名。

综合实力。党的十八大以来，在以习近平同志为核心的党中央坚强领导下，全省上下大力推进科学发展，经济社会呈现又好又快发展的良好势头，经济实力迈上新台阶。2017 年，全省地区生产总值 33902.96 亿元，比上年增长 8.0%。其中，第一产业增加值 2998.40 亿元，增长 3.6%；第二产业增加值 14145.49 亿元，增长 6.7%；第三产业增加值 16759.07 亿元，增长 10.3%。人均地区生产总值 49558 元，增长 7.4%。全省三次产业结构为 8.8 ：41.7 ：49.5。第三产业占地区生产总值的比重比上年提高 2.1 个百分点；高新技术产业增加值占地区生产总值的比重为 24.0%，比上年提高 1.8 个百分点；非公有制经济增加值 20547.76 亿元，增长 8.4%，占地区生产总值的比重为 60.6%。

重庆市市情

重庆位于中国内陆西南部、长江上游地区。幅员面积 8.24 万平方公里，辖 38 个区县（26 区、8 县、4 自治县）。户籍人口 3390 万人，常住人口 3075 万人、城镇化率 64%。人口以汉族为主，土家族、苗族等少数民族人口 194 万人。地貌以丘陵、山地为主，其中山地占 76%，有“山城”之称。属亚热带季风性湿润气候。长江横贯全境，流程 691 公里，与嘉陵江、乌江等河流交汇。旅游资源丰富，有长江三峡、世界文化遗产大足石刻、世界自然遗产武隆喀斯特和南川金佛山等壮丽景观。

重庆是中国著名历史文化名城。有文字记载的历史达 3000 多年，是巴渝文化的发祥地。因嘉陵江古称“渝水”，故重庆又简称“渝”。北宋崇宁元年（1102 年），改渝州为恭州。南宋淳熙 16 年（1189 年），宋光宗赵惇先封恭王再即帝位，称为“双重喜庆”，遂升恭州为重庆府，重庆由此而得名。1891 年，成为中国最早对外开埠的内陆通商口岸。1929 年，正式建市。抗日战争时期，重庆是国民政府陪都和世界反法西斯战争远东指挥中心。抗日战争时期和解放战争初期，以周恩来同志为代表的中共中央南方局在重庆负责领导国统区、港澳及海外地区的党组织和统一战线工作，形成的“红岩精神”，是我们国家和民族的宝贵精神财富。民盟、民建、九三学社和民革前身之一的“三民主义同志联合会”均在重庆成立。

重庆是中国中西部唯一直辖市。新中国建立初期，重庆为中央直辖市，是中共中央西南局、西南军政委员会驻地和西南地区政治、经济、文化中心。1954 年，西南大区撤销后改为四川省辖市。1983 年，成为全国第一个经济体制综合改革试点城市，实行计划单列。为带动西部地区及长江上游地区经济社会发展、统一规划实施百万三峡移民，1997 年 3 月八届全国人大五次会议批准设立重庆直辖市。

直辖以来重庆发展取得显著成就。重庆紧紧围绕国家重要中心城市、长江上游地区经济中心、国家重要现

代制造业基地、西南地区综合交通枢纽和内陆开放高地等国家赋予的定位，谋划和推动经济社会发展。经济结构加快转型升级，老工业基地焕发生机活力，形成全球最大电子信息产业集群和国内最大汽车产业集群，战略性新兴产业蓬勃发展，经济发展质量和效益持续提升。三峡百万移民搬迁安置任务圆满完成，各项社会事业全面进步。基础设施明显提速，高速公路通车里程 3023 公里、“四小时重庆”全面实现，建成“一枢纽十干线”铁路网，港口年货运吞吐量 1.97 亿吨，江北国际机场年旅客吞吐量 3872 万人次。内陆开放高地加快崛起，以长江黄金水道、中欧班列（重庆）等为支撑的开放通道全面形成，中新第三个政府间合作项目以重庆为中心运营，中国（重庆）自贸区建设务实推进，内陆国际物流枢纽和口岸高地加快建设。长江上游重要生态屏障加快建设，长江、嘉陵江、乌江干流水质总体为优，主城区空气质量优良天数 303 天，全市森林覆盖率达 46.5%。

当前重庆保持良好发展势头。2017 年，GDP1.94 万亿元、增长 9.3%，规上工业增加值增长 9.6%，固定资产投资增长 9.5%，社会消费品零售总额增长 11%，进出口总值增长 8.9%，城乡居民收入分别增长 8.7% 和 9.4%。2018 年上半年，GDP 增长 6.5%，固定资产投资增长 5.5%，社会消费品零售总额增长 10.1%，进出口总值增长 11.0%，城乡居民收入分别增长 8.5% 和 8.9%。

中央对重庆发展十分关心、寄予厚望。2016 年 1 月，习近平总书记视察重庆并发表重要讲话；2018 年全国两会期间，习近平总书记参加重庆代表团审议并发表重要讲话，对重庆提出“两点”定位、“两地”“两高”目标和“四个扎实”要求，为做好重庆工作指明了方向。“两点”定位，即西部大开发的重要战略支点、“一带一路”和长江经济带的联结点，在国家区域发展和对外开放格局中具有独特而重要的作用。“两地”“两高”目标，即加快建设内陆开放高地、山清水秀美丽之地，努力推动高质量发展、创造高品质生活。“四个扎实”要求，即扎实贯彻新的发展理念、扎实做好保障和改善民生工作、扎实做好深化改革工作、扎实落实“三严三实”要求。

党的十九大擘画了新时代中国特色社会主义的宏伟蓝图。我们将紧密团结在以习近平同志为核心的党中央周围，深学笃用习近平新时代中国特色社会主义思想，认真贯彻党的十九大精神，全面落实习近平总书记视察重庆重要讲话和参加重庆代表团审议时的重要讲话精神，统筹推进“五位一体”总体布局和协调推进“四个全面”战略布局，坚决打好“三大攻坚战”，大力实施“八项行动计划”，推动重庆各项工作迈上新台阶，为决胜全面建成小康社会、夺取新时代中国特色社会主义伟大胜利、实现中华民族伟大复兴的中国梦贡献力量。

四川省省情

四川地处中国西部，是西南、西北和中部地区的重要结合部，是承接华南华中、连接西南西北、沟通中亚南亚东南亚的重要交汇点和交通走廊，是我们国家的资源大省、人口大省、经济大省。

一、地理条件

四川位于中国西南，地处长江上游，东连渝，南邻滇、黔，西接西藏，北界青、甘、陕三省。面积 48.6 万平方千米，次于新疆、西藏、内蒙和青海，居全国第五位。地貌东西差异大，地形复杂多样，位于中国大陆地势三大阶梯中的第一级和第二级，即处于第一级青藏高原和第二级长江中下游平原的过渡带，高差悬殊，西高东低的特点明显。西部为高原、山地，海拔多在 4000 米以上；东部为盆地、丘陵，海拔多在 1000-3000 米之间。可分为四川盆地、川西北高原和川西南山地三大部分。

气候复杂多样，且地带性和垂直变化十分明显。季风气候明显，雨热同季；区域间差异显著，东部冬暖、春早、夏热、秋雨、多云雾、少日照、生长季长，西部则寒冷、冬长、基本无夏、日照充足、降水集中、干雨季分明；气候垂直变化大，气候类型多；气象灾害种类多，发生频率高且范围大，主要有干旱，其次是暴雨、洪涝和低温等。

2017 年末，四川常住人口 8302 万人，居全国第 4 位，占全国总人口的 5.97%，其中城镇人口 4217 万人，乡村人口 4085 万人，城镇化率 50.79%。户籍人口 9113 万人，居全国第 4 位。少数民族人口 582.8 万人，占全省人口的 6.4%，其中彝族人口 321.5 万人、藏族人口 161 万人、羌族人口 34 万人，是全国唯一的羌族聚居区、最大的彝族聚居区和全国第二大藏区。下辖 18 个市，3 个民族自治州；183 个县（市、区），其

中 53 个市辖区、17 个县级市、109 个县、4 个民族自治县，县级行政区划个数居全国第 1 位。

二、自然资源

水资源丰富，居全国前列。水资源以河川径流最为丰富，境内共有大小河流近 1400 条，号称“千河之省”。水资源总量共计约为 3489.7 亿立方米，其中，多年平均天然河川径流量为 2547.5 亿立方米，占水资源总量的 73%；上游入境水 942.2 亿立方米，占水资源总量的 27%。有地下水资源量 546.9 亿立方米，可开采量 115 亿立方米。境内遍布湖泊冰川，有湖泊 1000 多个、冰川约 200 余条，在川西北和川西南还分布有一定面积的沼泽，湖泊总蓄水量约 15 亿立方米，加上沼泽蓄水量，共计约 35 亿立方米。

地质构造复杂，矿产资源丰富，矿产种类也比较齐全。矿产资源供应能力较强，是西部乃至全国的矿物原材料生产加工大省。具有查明资源储量的矿种 86 种，有 35 种矿产排位进入全国同类矿产查明资源储量的前三位。天然气、钒、钛、锂、硫铁矿、芒硝、盐矿等 15 种矿产在全国查明资源储量中排第一位。铁、石棉、天然沥青、页岩气等 10 种矿产在全国查明资源储量中排第二位。

能源资源丰富，主要以水能、煤炭和天然气为主，水能资源约占 75%，煤炭资源约占 23.5%，天然气及石油资源约占 1.5%。水能资源理论蕴藏量 1.43 亿千瓦，占全国的 21.2%，仅次于西藏；其中技术可开发量 1.03 亿千瓦，占全国的 27.2%，经济可开发量 7611.2 万千瓦，占全国的 31.9%，均居全国首位，是中国最大的水电开发和西电东送基地。现保有煤炭资源量 122.7 亿吨，煤炭种类比较齐全，有无烟煤、贫煤、瘦煤、烟煤，褐煤，泥炭。天然气资源十分丰富，已发现天然气资源储量 7 万多亿立方米，约占全国天然气资源总量的 19%。生物能源比较丰富，太阳能、风能、地热资源较为丰富。

生物资源十分丰富，保存有许多珍稀、古老的动植物种类，是中国及世界重要的生物基因宝库。野生植物资源种类繁多，有高等植物 1 万余种，约占全国总数的三分之一，仅次于云南居全国第二位。动物资源丰富，有脊椎动物近 1300 种，约占全国总数的 45% 以上，兽类和鸟类约占全国的 53%。据第四次全国大熊猫调查，四川省野生大熊猫种群数量占全国野生大熊猫总数的 3/4，其种群数量居全国第一位。

三、历史文化

四川自古以来就享有“天府之国”的美誉。优越的地理条件和经济条件，使四川成为中国经济开发最早的地区之一。据考古证明，旧石器时期今四川境内就有人类活动，在距今 4000 ~ 5000 年，成都平原地区是长江上游区域文化的起源中心。其中广汉三星堆和成都金沙遗址，是古蜀国政治经济和文化中心。农业文明和城市文明很早兴起，历史上四川的农业、冶金、丝织、建筑等都得到一定发展。

四川省简称川或蜀。在商周时期，四川地区建立了两个国家：一个是在今川西地区，由古蜀族为中心建立的蜀国；另一个是在今川东地区（包括今重庆市），由古巴族为中心建立的巴国。所以，四川地区古称“巴蜀”。公元前 316 年，秦灭巴蜀，置巴蜀二郡；汉属益州；唐属剑南道及山南东、西等道；宋置川陕路，后分置益、梓、利、夔四路，总称四川路，至此始有四川之名。元设四川行中书省，简称“四川行省”。明置四川布政使司，辖区内还包括今贵州省遵义和云南东北部及贵州西北部。清为四川省，并对川、滇、黔 3 省省界进行较大调整，基本确定了现在四川的南部省界。

四川主要属于巴蜀文化区，区域文化自成体系。四川语言文化、戏曲文化、茶文化、酒文化、饮食文化、织锦文化、盐文化等都具有浓郁的地方风格，如四川方言、川戏、川茶、川酒、川菜、川药及蜀绣、蜀锦、川派盆景等文化品牌都带有强烈的地方特色。川菜位居中国八大菜系之列，五粮液等川酒为国宴珍品，竹叶青、蒙顶茶、峨眉毛峰等名茶享誉全国。

四川是著名的旅游资源大省，拥有美丽的自然风景、悠久的历史文化和独特的民族风情，旅游资源极其丰富，具有数量多、类型全、分布广、品位高的特点，其资源数量和品位均在全国名列前茅。2017 年末共有博物馆 255 个，文物保护管理机构 175 个，全国重点文物保护单位 230 处，省级文物保护单位 969 处，市、县级文物保护单位 6565 处；全省拥有世界遗产 5 处，其中世界自然遗产 3 处、世界文化遗产 1 处，世界文化和自然遗产 1 处。列入中国传统村落名录的传统村落 225 个，公布为四川省级传统村落的有 869 个。国家级非物质

文化遗产名录 139 项，省级非物质文化遗产名录 522 项。

四、经济发展

经济总量稳步扩大。2017 年四川 GDP 达到 36980.2 亿元，排在广东、江苏、山东、浙江、河南之后，居全国第 6 位；增长 8.1%，增速居全国第 7 位。人均 GDP 为 44651 元，为全国平均水平的 74.8%，增长 7.5%，按 2017 年平均汇率（1 美元兑换 6.7518 元人民币）计算折合约 6613 美元，居全国第 22 位。

经济结构调整优化。三次产业结构调整为 2017 年的 11.6 ：38.7 ：49.7，实现“二、三、一”型向“三、二、一”型的重大转变，服务业跃升第一大产业，全省经济逐步由工业主导向工业与服务业主导并重转变。2017 年，规模以上工业企业前十大行业增加值占比提高到 60.7%。制造业传统行业比重下降，先进制造业比重提高，高技术制造业增加值占制造业的比重达 15.4%。七大优势产业增加值占规模以上工业的比重提高至 81.5%。

社会保障不断增强。2017 年，四川城镇居民人均可支配收入 30727 元，居全国第 20 位；农村居民人均可支配收入 12227 元，居全国第 21 位。居民生活水平明显改善，城镇居民恩格尔系数 33.3%，比全国高 4.7 个百分点；农村居民恩格尔系数 37.2%，比全国高 6 个百分点。2017 年末，参加城镇职工基本养老保险人数 2335.1 万人，参加失业保险人数 776.7 万人；职工基本医疗参保人数 1526.4 万人，工伤和生育保险参保人数分别是 876.0 和 776.3 万人。

区域经济协调发展。成都平原经济区（包括成都、德阳、绵阳、遂宁、乐山、眉山、雅安、资阳 8 市）作为四川经济发展的“龙头”，2017 年 GDP 总量达到 23378.9 亿元，占五大经济区合计的 60.6%；其中环成都经济圈 GDP 总量达 9489.5 亿元，占五大经济区合计的 24.6%。川南经济区（包括自贡、泸州、内江、宜宾 4 市）是四川经济第二极，GDP 总量超过 6000 亿元，达到 6087.6 亿元，占五大经济区合计的 15.8%。川东北经济区（包括广元、南充、广安、达州、巴中 5 市）GDP 总量 5919.2 亿元，占五大经济区合计的 15.4%。攀西经济区（包括攀枝花市和凉山州）2625.2 亿元，占五大经济区合计的 6.8%。

贵州省省情

贵州简称“黔”或“贵”，位于中国西南地区的东南部，东毗湖南，南邻广西，西连云南，北接四川和重庆，是一个风光秀丽、气候宜人、资源丰富、发展潜力巨大的省份。全省辖贵阳、六盘水、遵义、安顺、毕节、铜仁 6 个地级市，黔西南、黔东南、黔南 3 个民族自治州；设 8 个县级市、53 个县、11 个民族自治县、15 个市辖区和 1 个特区，行政区划面积 17.62 万平方公里，其中民族自治地方辖区面积占全省总面积的 55.5%。2017 年末，全省常住人口 3580 万人，城镇人口比重 46.02%。全省有汉、苗、布依、土家、侗、彝等 18 个世居民族。据 2015 年 1% 人口抽样调查，全省常住人口中少数民族人口占 36.33%。

贵州历史悠久。贵州是中国古人类发祥地之一，早在 24 万年前就有人类活动，创造了贵州史前文化。明永乐十一年（公元 1413 年）设置贵州布政使司，贵州正式成为省级行政单位。清雍正年间，贵州辖区地域基本形成。贵州具有光荣的革命历史，1930-1936 年，红七军、红八军、红三军及红六军团等先后在贵州开展革命活动，建立红色政权组织；1935 年中共中央在贵州召开了著名的遵义会议。1949 年 11 月 15 日，中国人民解放军解放省会贵阳，翻开了贵州历史发展的新篇章。

贵州自然风光优美。贵州地势西高东低，是喀斯特地貌发育最典型的地区之一。荔波喀斯特、赤水丹霞、施秉云台山入选世界自然遗产地。奇山秀水、瀑布峡谷、溶洞石林等构成了迷人的“天然公园”。有黄果树大瀑布、龙宫、马岭河大峡谷、黎平侗乡等 18 个国家级风景名胜区；有梵净山、赤水桫椤等 10 个国家级自然保护区；有国家级森林公园 30 个。

贵州气候舒适宜人。贵州属亚热带温湿季风气候区，冬无严寒、夏无酷暑，降水丰富、雨热同季。全省大

部分地区年平均气温在15℃左右。其中，最冷月（1月）平均气温7.3℃，高于同纬度其他地区；最热月（8月）平均气温25.0℃，为典型夏凉地区，省会贵阳被誉为“中国避暑之都”。

贵州文化丰富多彩。贵州民族民俗文化保护较为完整，侗族大歌、苗族飞歌享誉海内外。阳明文化、夜郎文化、屯堡文化、土司文化独树一帜。明代王阳明谪居龙场（今贵州修文县城），成就了“心即理”和“知行合一”学说。贵州是红色文化的热土，红军足迹遍及68个县，是红军长征经过的11个省中活动时间最长、区域范围最广、发生重大事件最多的省份之一，遵义会议是中国共产党历史上一个生死攸关的转折点，四渡赤水在中国革命战争史上有着非常重要的地位。

贵州资源禀赋良好。贵州能源资源优势明显。水能资源居全国第6位，煤炭保有储量居全国第5位，能源资源具有“水火互济”优势，为发展火电，实施“西电东送”和发展煤化工业提供了资源保障。贵州矿产资源十分丰富。已发现矿产（含亚矿种）137种，其中88种探明了资源储量，重晶石、汞矿、锰矿等资源储量位居全国第一。丰富的矿产资源为贵州发展以磷为重点的化学工业、以铝为主的有色金属工业及建材工业提供了资源基础。贵州生物资源种类繁多。有野生动物1000多种，列为国家一级保护动物的有黔金丝猴、黑叶猴、华南虎、黑颈鹤等15种；药用植物约4000种，占全国中草药品种的80%，是全国道地中药材四大产区之一，有“夜郎无闲草，黔地多良药”之美誉。天麻、杜仲、黄连、吴萸、石斛等道地药材享誉国内外。珍稀植物中，列为国家一级保护植物的有银杉、珙桐、桫椤、贵州苏铁等15种。

贵州区位优势明显。贵州是西南重要陆路交通枢纽，地处西南地区联接华南、华中和华东地区的前沿。近年来，贵州交通条件加速改善，是中国西部地区第一个县县通高速的省份，高速公路通车里程排全国第9位，综合密度排全国第3位；高速铁路实现历史性突破，贵广高铁、沪昆、黔渝高铁通车运营，实现了与珠三角、长三角、京津冀、成渝地区的快速连接；通航机场实现市州全覆盖，贵阳机场通航城市上百个。

近年来，在以习近平同志为核心的党中央坚强领导下，贵州认真贯彻党的十九大精神和习近平总书记对贵州工作的重要指示精神，全面贯彻落实中央各项决策部署，坚持稳中求进工作总基调，坚持以脱贫攻坚统揽经济社会发展全局，坚持以供给侧结构性改革为主线，坚持守好发展和生态两条底线，强力推进大扶贫、大数据、大生态三大战略行动，主动适应新常态、积极应对新挑战、有效化解新矛盾，全省经济社会发展取得了显著成效。2017年，全省地区生产总值13540.83亿元，比上年增长10.2%，经济增速连续7年位居全国各省份前列。城镇常住居民人均可支配收入29080元，比上年名义增长8.7%；农村常住居民人均可支配收入8869元，比上年名义增长9.6%。贫困发生率下降至7.75%，比上年下降3.17个百分点。森林覆盖率为55.3%，9个中心城市空气质量优良天数比例为96.5%，集中式饮用水水质达标率100%。

下阶段，贵州将更加紧密地团结在以习近平同志为核心的党中央周围，以习近平新时代中国特色社会主义思想为指导，深入贯彻落实中央各项决策部署，按照高质量发展要求，深入推进供给侧结构性改革，扎实推动质量变革、效率变革、动力变革，坚决打好防范重大风险、精准脱贫、污染防控三大攻坚战，促进全省经济持续健康发展，奋力推动实现决胜脱贫攻坚、同步全面小康，开创百姓富、生态美的多彩贵州新未来。

云南省省情

一、地理位置

云南省简称“滇”或“云”，地处中国西南边陲，位于东经 97° 31′ ~ 106° 11′ 和北纬 21° 8′ ~ 29° 15′ 之间，北回归线横贯本省南部。全省东西最大横距 864.9 千米，南北最大纵距 990 千米，总面积 39.41 万平方千米，占全国陆地总面积的 4.1%，居全国第 8 位。

云南东部与广西壮族自治区和贵州省为邻，北部同四川省相连，西北紧靠西藏自治区，西部与缅甸接壤，南部与老挝、越南两国毗邻。全省有 25 个县（市）分别与老挝、越南、缅甸交界。

二、自然地形、地貌

云南地形由山地、高原和盆地组成。山地、高原和盆地的面积分别占全省土地面积的 84%、10%、6%。地势西北高、东南低，自北向南呈阶梯状逐级下降，全省海拔高低相差很大。海拔最高点为滇藏交界的德钦县境内怒山山脉的梅里雪山主峰卡瓦格博峰，海拔 6740 米；最低点在河口县境内南溪河与红河交汇处，海拔 76.4 米。两地直线距离约 900 千米，高低相差 6000 多米。全省从南到北，平均每千米水平距离海拔升高 6 米。

三、河流、湖泊

云南河流众多，有大小河流 600 多条，分别属于金沙江、澜沧江、元江、南盘江、怒江、大盈江（瑞丽江）六大水系，集水面积遍布全省。其中，元江（红河）和南盘江（珠江）发源于省内，其余为过境河流，除金沙江、南盘江外，均为国际河流。这些河流分别注入南中国海和印度洋，多数具有落差大、水流急、水量变化大的特点。

四、气候环境

云南气候基本属于亚热带高原季风型。由于地形复杂和垂直高差大等原因，立体气候特点显著，类型多样。区域内年温差小、日温差大，干湿季节分明，气温随地势高低呈垂直变化。

云南山区的立体性、多样性气候被形容为“一山分四季，十里不同天”。全省平均气温，最热（7 月）月均气温在 19℃～22℃之间，最冷（1 月）月均气温在 6℃～8℃之间，年温差一般只有 10℃～12℃。一天的温度呈现早晚较凉，中午较热，尤其是冬、春两季，早晚日温差可达 12℃～20℃。

五、行政区划及人口

云南省政区辖 16 个州（市），其中，8 个民族自治州、8 个省辖市；共有县级行政单位 129 个，其中，16 个市辖区、15 个县级市、69 个县、29 个民族自治县。省会昆明市。2017 年末，全省常住人口为 4801 万人，位居全国第 12 位。

六、民族

云南是少数民族种类最多的省份。除汉族以外，人口在 6000 人以上的世居少数民族有 25 个，其中（按人口数多少为序）哈尼、白、傣、傈僳、拉祜、佤、纳西、景颇、布朗、普米、阿昌、怒、基诺、德昂、独龙 15 个少数民族是云南特有的。少数民族人口总数超过全省总人口的三分之一，是全国少数民族人口超过千万的 3 个省区（广西、云南、贵州）之一。民族自治地方的土地面积为 27.67 万平方千米，占全省总面积的 70.2%。

七、资源

（一）土壤资源

因气候、生物、地质、地形等的相互作用，形成了云南土壤类型的多种多样，以及土壤垂直分布明显的特点。全省有 16 个土壤种类，占全国土壤种类的 1 ／ 4。其中，黄壤占 20%，红壤占全省土地面积的 50%，是省内分布最广、最重要的土地资源，故云南有“红土高原”及“红土地”之称。

云南土地资源占有情况不平衡，人均占有土地山区多、坝区少，边疆多、内地少。现有耕地 70%以上田块小，分布零星；农田建设底子薄，抗御自然灾害能力弱；普遍缺乏有机质，缺氮缺磷的比重较大；耕地后备资源较少。

（二）植物资源

云南是全国植物种类最多的省份，被誉为“植物王国”。热带、亚热带、温带、寒温带等植物类型都有分布，古老的、衍生的、外来的植物种类和类群很多。在全国约 3 万种高等植物中，云南占 60%以上。云南树种繁多，类型多样，有不少优良、速生、珍贵用材树种，被列入国家一、二、三级重点保护和发展的树种有 150 多种。经济林木有 300 多种，而且经济价值较高，特别是茶叶和橡胶已发展为较大的产业。松脂等各种林副产品和山林特产资源极为丰富。药用植物、香料植物以及观赏植物，在全省范围内均有分布。故云南还有“药物宝库”、“香料之乡”、“天然花园”的美称。2017 年，云南森林面积为 2300 万公顷，居全国第 3 位；森林覆盖率（含灌木林）为 59.7%，比全国平均水平高 1 倍多；全省森林蓄积量为 19.3 亿立方米。

（三）动物资源

云南的动物种类为全国之冠，有“动物王国”之称。脊椎动物达 1737 种，占全国的 58.9%。其中：鸟类 793 种，占全国的 63.7%；兽类 300 种，占 51.1%；鱼类 366 种，占 45.7%；爬行类 143 种，占 37.6%；两栖类 102 种，占 46.4%。昆虫类，全国见于名录的有 2.5 万种，云南就有 1 万余种。云南珍稀保护动物较多，有许多动物在国内仅分布在云南。珍禽异兽，如蜂猴、滇金丝猴、野象、野牛、长臂猿、印支虎、犀鸟、白尾梢虹雉等 46 种，均属国家一类保护动物；熊猴、猕猴、灰叶猴、穿山甲、麝、小熊猫、绿孔雀、蟒蛇等 154 种，属国家二类保护动物；还有许多小型珍稀动物种类。

（四）矿产资源

云南地质资源优越，矿产丰富，是“有色金属王国”，尤以有色金属及磷矿著称。矿产资源的主要特点：一是矿种全，现已发现的矿产有 143 种，已探明储量的有 86 种；二是分布广，金属矿遍及 108 个县（市），煤矿已在 116 个县（市）发现，其他非金属矿产各县都有；三是共生、伴生矿多，利用价值高，全省共生、伴生矿床约占 31%。云南有 61 个矿种的保有储量居全国前 10 位，其中，铅、锌、锡储量居全国第 1 位，磷、铜、银等 25 种矿产保有储量居全国前 3 位。

（五）能源资源

云南能源资源得天独厚，尤以水能、煤炭资源储量较大，开发条件优越；地热能、太阳能、风能、生物能都有较好的开发前景。水能资源主要集中于滇西北的金沙江、澜沧江、怒江三大流域，云南水能资源蕴藏量达 1.04 亿千瓦，居全国第 3 位；可开发装机容量约 0.98 亿千瓦，居全国第 2 位。煤炭资源主要分布在滇东北，全省现已探明储量 240 亿吨，居全国第 9 位，煤种也较齐全，烟煤、无烟煤、褐煤都有。地热资源以滇西腾冲县最为集中，全省有出露的天然温热水约 700 处，居全国之冠，年出水量约 3.6 亿立方米，水温最低的为 25℃，高的在 100℃以上（腾冲县的温热泉，水温多在 60℃以上，高者达 105℃）。太阳能资源也较丰富，仅次于西藏、青海、内蒙古等省区，全省年日照时数在 1000 ~ 2800 小时之间，年太阳总辐射量每平方厘米在 90 ~ 150 千卡之间，省内多数地区的日照时数为 2100 ~ 2300 小时，年太阳总辐射量每平方厘米为 120 ~ 130 千卡。

（六）旅游资源

云南以独特的高原风光，热带、亚热带的边疆风物和多彩多姿的民族风情而闻名于海内外。旅游资源十分丰富，全省有景区景点 200 多个，国家级 A 级以上景区有 134 个，其中，12 处被列为国家级风景名胜区的有：石林、大理、西双版纳、三江并流、昆明滇池、丽江玉龙雪山、腾冲地热火山、瑞丽江－大盈江、宜良九乡、建水、文山普者黑、泸西阿庐，列为省级风景名胜区的有陆良彩色沙林、禄劝轿子雪山等 53 处。有昆明、大理、丽江、建水、巍山和会泽 6 座国家级历史文化名城，有腾冲、威信、保山、石屏、广南、漾濞、孟连、香格里拉、剑川、通海 10 座省级历史文化名城，有禄丰县黑井镇、会泽县娜姑镇白雾街村、剑川县沙溪镇、腾冲县和顺镇、云龙县诺邓镇诺邓村、石屏县郑营村、巍山县永建镇东莲花村、孟连县娜允镇 8 座国家历史文化名镇名村，还有 14 个省级历史文化名镇、14 个省级历史文化名村和 1 个省级历史文化街区。丽江古城、红河哈尼梯田被列入世界文化遗产名录，三江并流、石林、澄江古生物化石地被列入世界自然遗产名录。丽江纳西东巴古籍文献被列入世界记忆遗产名录。

八、云南特色产业

云烟产业是云南最大的传统支柱产业。烤烟种植面积和产量居全国第一，约占全国总量的 30% 以上。“两烟”产量已从上世纪 90 年代以来一直保持全国第一位。烟草工业创造的增加值占全省规模以上工业增加值的 30% 左右。“两烟”实现的利税是云南财政收入的重要来源，也是烟叶种植区农民创收的主要渠道。

云糖产业和云茶产业是云南除烟以外两大传统骨干产业。云南蔗糖品质好、糖分含量高。2017 年，甘蔗种植面积 23.99 万公顷，产量 1516.15 万吨；成品糖产量为 227.13 万吨；甘蔗和成品糖的产量均居全国第 2 位，仅次于广西，是全国重点产糖省份之一。

云茶产业是云南传统优势产业，云南是世界茶树核心起源地。近年来，省委、省政府高度重视云茶产业的发展，全省上下共同努力，紧紧围绕推进农业供给侧结构性改革这条主线，以保障茶产品有效供给、促进茶农持续较快增收和茶叶可持续发展为目标，提高茶叶发展的质量效益和竞争力，有力地促进了云茶产业的稳步发展，茶农增收。

云胶产业已有相当规模，已建成了仅次于海南的天然橡胶生产基地。云南创造出一套适合云南特点的橡胶树抗寒高产综合技术，使得全省橡胶大面积速生丰产，橡胶的单位面积产量居全国之冠，达到了世界先进水平。2017 年，云南橡胶种植面积和产量均居全国第 2 位。

云花产业是云南的新兴产业。云南花卉品种资源十分丰富，有野生花卉约 2500 多种，在长期的栽培选育中，已推出一批有色有香的奇花异草，其中尤以山茶、杜鹃、报春花、兰花、百合、木兰、龙胆、绿绒蒿等“八大名花”最负盛名。2017 年，全省鲜切花产量已达 110.29 亿枝，居全国第 1 位，出口量占全国的近 50%，云南为亚洲最大的花卉出口基地。

以磷化工和有色金属为主的矿产业，以及以水能为主的电力业，在全国占有较突出地位，从“九五”时期开始已先后列为云南的支柱产业，逐步加大了开发力度。磷矿资源储量居全国第 1 位；十种有色金属产量居全国第 3 位，仅次于河南和湖南，居西部省市第 1 位；规模以上工业发电量居全国第 11 位，西部第 4 位。

云南全面唱响“云南只有一个景区，这个景区就叫云南”，全力推动全域旅游发展。随着“一部手机游云南”的上线运行，国内外游客享受“吃住行游购娱 ”各环节“一键订单”，感受“旅游体验自由自在，政府管理服务无处不在”。

九、建设面向东南亚南亚辐射中心的优势

云南正在建设成为中国面向东南亚南亚的辐射中心，主要有四个优势：一是得天独厚的区位优势。云南地处我国与南亚东南亚的结合部，是能够通过公路、铁路和水路进入环太平洋和环印度洋地区的省份。云南拥有国家一类口岸 18 个、二类口岸 7 个，与东盟的缅甸、越南、老挝三国接壤，与泰国和柬埔寨通过澜沧江 - 湄公河相连，并与马来西亚、新加坡、印度、孟加拉等国邻近，云南是我国毗邻周边国家最多、边境线最长的省份之一，具有建设面向南亚东南亚辐射中心的先天条件。二是源远流长的人文优势。云南与周边国家山水相连、血脉相通、民族相依、人文相亲。“古南方丝绸之路”和“茶马古道”，造就了历史上开放和鼎盛的云南。二战期间，云南的“史迪威公路”和“驼峰航线”成为救民族于危难之中的血脉大通道。三是日趋明显的开放优势。云南是畅通“一带一路”和长江经济带的重要节点，是参与中国—中南半岛和孟中印缅两个经济走廊建设的主要承载省份。四是云南的路网、航空网、能源保障网、水网、互联网五大基础设施网络建设正加快推进，国际大通道方便快捷。云南形成了通往东南亚、南亚国家的三条国际大通道。

云南将进一步完善辐射机制。围绕国家“一带一路”规划、布局和目标，积极构建开放型经济新体制。发挥沿边优势，坚持机制先行，在推动“两廊”建设、参与澜沧江—湄公河合作机制等国家重大使命中发挥更大作用，承担更大责任。进一步拓宽辐射路径。以“五通”为抓手，扎实推进与周边国家的互联互通，既全面加强基础设施等“硬联通”，又着力加强政策衔接等“软联通”。因地制宜发挥优势，积极开辟具有比较优势的国际合作渠道。创新开放合作载体，加大自由贸易试验区成功经验的复制推广力度，突出沿边特色优势，争取在云南设立自由贸易试验区。进一步扩大辐射成果。牢牢抓住“一带一路”建设重大机遇，科学发挥市场和政府“两只手”的作用，聚合发展要素。通过加快建设区域性国际经济贸易中心、科技创新中心、金融服务中心、人文交流中心，实现在更大范围集聚要素资源，在更深层次融入国际经济循环，在主动服务和融入国家战略中争取更多机遇、实现更快发展、作出更大贡献。